总序

新中国成立以来，我国的教育方针历经多次演进，但强调学生德、智、体等方面全面发展是一以贯之的基本原则和思想。1957年，我国的教育方针是“使受教育者在德育、智育、体育几方面都得到发展，成为有社会主义觉悟的有文化的劳动者”。至1995年，教育方针表述为“教育必须为社会主义现代化建设服务，必须与生产劳动相结合，培养德、智、体等方面全面发展的社会主义事业的建设者和接班人”。2015年，教育方针表述为“教育必须为社会主义现代化建设服务、为人民服务，必须与生产劳动和社会实践相结合，培养德、智、体、美等方面全面发展的社会主义建设者和接班人”。2021年，教育方针表述为“教育必须为社会主义现代化建设服务、为人民服务，必须与生产劳动和社会实践相结合，培养德智体美劳全面发展的社会主义建设者和接班人”。教育方针的演进充分体现了不同时期国家对人的发展的总体方向和要求，但随着时代的发展会增加和融入新的元素和内容。总体而言，对人的身心等方面全面发展的要求始终是我国教育方针的大方向，这也体现了马克思主义关于人的全面发展学说的本质规定性。

党的十九大报告指出，“优先发展教育事业。建设教育强国是中华民族伟大复兴的基础工程，必须把教育事业放在优先位置，深化教育改革加快教育现代化，办好人民满意的教育。要全面贯彻党的教育方针，落实立德树人根本任务，发展素质教育，推进教育公平，培养德智体美全面发展的社会主义建设者和接班人”。2019年，中共中央、国务院在《关于深化教育教学改革全面提高义务教育质量的意见》中进一步提出，“坚持以习近平新时代中国特色社会主义思想为指导，全面贯彻党的教育方针，落实立德树人根本任务”“培养德智体美劳全面发展的社会主义建设者和接班人”。要“坚持五育并举，全面发展素质教育”，要突出德育实效，提升智育水平，强化体育锻炼，增强美育熏陶，加强劳动教育。我国义务教育和普通高中课程方案中都明确提出，课程要“全面贯彻党的教育方针，落实立德树人根本任务”“培养德智体美劳全面发展的社会主义建设者和接班人”。可以说，立德树人作为我国教育的根本任务，围绕人的全面发展而提出的“五育并举”，以及由此而引发的学校全面、全程、全员育人机制的转变，是新时代教育发展的关键。

“全息”一词原意指一种可以全面、多角度地再现物体的原貌，反映物体所承载的各种信息和状态的光学成像技术。引用其部分含义，教育领域的全息育人指的是学生成长过程中所涉及时空的全部信息都是育人的信息源，发挥这些信息源的共同与合力作用来有效促进学生的各方面发展。作为一种育人理念，其主张调动和运用各种可以利用的因素，全方位、全过程地促进学生各个方面的共同发展。具体到学科领域，在新时期探索“五育”共同发展的过程中，学科教学中“五育融合”的观念应运而生，并开展了诸多有益的实践探索。

我国当前中小学的教学组织形式仍然是班级授课制为主，教学工作仍然是学校的中心工作，学科课程仍然是学校课程的主体，课堂仍然是育人的主阵地。因此，在遵循现行中小学教学形式的前提下，课堂教学还是落实立德树人根本任务、促进学生德智体美劳全面发展的最直接途径。今天，在学科教学中，“育什么人”“为谁育人”已经非常明晰，“怎样育人”以及如何提升“育人质量”，成为学校教学亟须回答的重大问题。通往学科“育人质量”提升的路径多种多样，全国教育理论研究者和中小学教师都进行了卓有成效的探索，其中“五育融合”是最值得关注的发展方向和路径之一。重庆市北碚区教师进修学院与西南大学教育学部和教育部西南基础教育课程研究中心共同开展的“学科全息育人”研究，就比较好地回答了在学科教学中如何实现“五育融合”“怎样育人”的重大问题。他们采取的主要策略是以学科的教科书作为引领载体，以“五育融合”为视角和眼光，以单元教学为单位，按照德智体美劳从学科到单元或主题建立学科育人框架，全面挖掘单元教学内容中的“认知育人点”“德性育人点”“审美育人点”“健康育人点”和“劳动育人点”等，实行基于“五育融合”的整体教材解读和教学设计，进而将德智体美劳等育人要素有机融合，利用课堂主阵地开展学科育人，实现学科教学向学科育人的转变。

重庆市北碚区中小学校实施的学科全息育人，坚持以马克思的“人的全面发展”学说和赫尔巴特的“教育性教学”原则为理论基础，高扬“立德树人”的大旗，以社会主义核心价值观为统领，将“德智体美劳”育人要素融入中小学各学段、各学科，使所有学科都从学科性质、地位、任务出发，既体现学科特质，又彰显育人的特殊功能，指向德智体美劳，实现由“学科教学”到“学科育人”的转变，学生通过学科学习，实现“成人”与“成才”的双统一、双发展。在育人理念层面，以学科育人的“全息性”，解决学科价值与育人价值分离或单项推进的问题；在课堂实践层面，以学科育人的全面性，解决学科育人随意化、碎片化或无视化问题；在区域推进层面，通过“全要素落实、全学段推进、全学科联动”，有效破解了学校、学段、学科等育人壁垒问题。

学科全息育人需要育人理念的重构。学科课程是学校落实立德树人根本任务的基本载体，每个学科都要围绕“有理想、有本领、有担当”这三个维度培养未来担当民族复兴大任的时代新人，这是对学科课程和教学的基本要求。所有学科都从学科性质、地位、任务出发，把人的发展作为学科教学的旨归，使学科价值与育人价值融合共生，既体现学科特质，又与其他学科协同为学生的成长起作用，彰显育人的特殊功能，把学科价值作为育人价值实现的条件，把育人价值作为学科价值实现的目的。这样就能把“有理想、有本领、有担当”落实到每个学科的综合素养培养中，落实到每节课、每所学校的育人目标中，学生德智体美劳全面发展的总目标就不会落空。无论是学科教学设计还是课堂教学，教学思维的起点就是将这堂课要达成的教学目标，逆向分解成每一个时段的子目标，同时，在教学中又从一堂课的时间轴进行正向思考，依据逆向设计的子目标开展多样化的学习活动。在此基础上，教师还要立体思考，将除本学科认知目标以外的其他育人目标放在何处，以怎样的方式达成，确保每个学科、每节课都将育人贯穿始终。

学科全息育人需要育人课程的设计。课堂教学既是学校教育的主阵地，也是学校教育体系的核心要素，一旦离开学校教育体系，课堂教学很难真正实现学科全息育人。实现学科课堂教学的全息育人，关键就是要找出能包含教学内容的全部信息，或能进行全息育人教学内容的整体信息，我们称之为“关键信息”（关键知识、关键方法、关键思维等）。贯穿于教学活动中的“五育”是具有“五育间性”的，也就是每“一育”既关涉其他“四育”，又在教学过程中保持和谐。教学中通过“五育间性”建立基于教育学立场、育完整人的教学生态体系，实现由“渗透”到“互联”至“互育”达“合育”的逻辑演绎。重庆市北碚区的做法是，每个学科以现行国家教科书为蓝本，以“单元”为单位挖掘五育“育人点”和“融合点”。这个“单元”既可以是教科书上所列的单元，又可以是按照综合学习或跨学科学习的主题、专题设置单元，既考虑了各学科独有的“模式语言”特征，做到学科“双基”扎实“有本领”，又关注到融合育人的“五育间性”，做到铸魂立德“有理想、有担当”，同时，避免“穿靴戴帽”式、“空洞说教”式的“五育融合”、学科全息育人。

学科全息育人催生育人方式的转型。育人方式就是要回答“新时代教育三问”的“怎样培养人”，对于课堂教学的主体而言，“怎样培养人”一定是贯穿于学科教学始终的，学科全息育人引领下的教学催生育人方式的转型。一是要对“学科全息育人”理念有非常透彻的理解，把育人方式本身作为育人的重要资源；二是要把党和国家的课程方案、课程标准的要求与课堂教学及其评价关联，将“五育”要求与课程核心素养关联，并恰当融入课堂教学活动之中；三是要在课堂教学、作业布置与批改、学生学习指导、考试评价等育人环节以是否有利于学生综合素养、“五育”全面发展来衡量，将那些不经意的细节都看成会给学生带来终身影响的重要环节。特别是在智能化时代，育人方式更要从“重教书”向“重育人”转变，从固定学习到泛在学习，从储备学习到即时学习，从寻找答案的学习到寻找问题的学习，从接受性学习到批判性学习，从独自性学习到合作性学习，从烧脑学习到具身学习，从线下学习到融合学习，切实破解“见分数不见素养”“见学科不见学生”的教育难题。

学科全息育人需要育人师资的再造。学科全息育人的成与败都在教师。什么样的教师能够实施学科全息育人？具有“全息”的视野、思维与能力的教师。首先，教师要有“全息”视野，也就是能从“培养完整的人”角度看待“五育”的整体性、统一性，理解德育、智育、体育、美育和劳动教育有机融合对促进学生全面发展的意义，追求“五育”相互融合、有机统一的整体融通式育人观。正如苏霍姆林斯基所言，“没有单独的智育，也没有单独的德育，也没有单独的劳动教育”，这样才能将“全息育人”理念作为学科教学的起点和归属。其次，教师要有“全息”思维，关注育人过程的关联性和整体性，培养教师用关联式、融通式思维设计与实施“全息育人”。教师要摒弃用割裂式思维看待“五育”，简单地将单科对应“单育”，认为学科课程对应智育，体育课程对应体育，音乐、美术课程对应美育。用关联式思维引导教师看到所教学科有“五育”渗透的可能性和必要性，突破“分科单育”的狭隘认知，在落实学科核心目标的同时兼顾渗透并关联其他“四育”，实现学科内的“五育融合”。用融通式思维观念引导教师打破学科逻辑和领域界限，设计跨学科、多学科的综合性主题，看到各学科交叉点与整合点之间的“相融”关系，实现学科间的“五育融合”。

重庆市北碚区中小学学科全息育人研究，切中了近年基础教育时弊，符合教育教学规律以及核心素养教育改革发展方向，以教科书为载体的“五育融合”研究范式切实有效，可借鉴、可推广，其主体研究成果《全息育人教学论》具有学术性和创新性，系列成果各学科全息育人研究对学科开展“五育融合”“全息育人”具有较强的指导性和实践性。当然，该项研究主要是在2022年版的义务教育课程方案和课程标准发布之前进行的，可能还与学科课程标准提倡的学科核心素养要求有一定差距，在小学至高中学段也还有个别学科的研究成果没有出来，但是，这些不会影响该项研究及其成果的总结与推广，也希望他们能够继续深入研究，取得更有价值的研究成果。

2022年10月

（朱德全，西南大学教育学部部长，教育学博士、二级教授、博士生导师）

前言

20世纪90年代，中央文件中正式使用“素质教育”概念。2001年，教育部启动了新一轮基础教育课程改革，提出三维目标。2003年，第一次出现了课程标准，指导我国第八次课程改革十余年。2012年，党的十八大提出立德树人的根本任务。2014年，教育部印发《关于全面深化课程改革落实立德树人根本任务的意见》，提出研究制订学生发展核心素养体系。2016年，《中国学生发展核心素养》框架正式发布。2017年，教育部发布高中新课程标准，凝练学科核心素养。从素质教育到立德树人，从三维目标到核心素养，一脉相承的是国家对“培养什么人、怎样培养人、为谁培养人”的教育改革的顶层设计。

学生发展核心素养是对党的教育方针、社会主义核心价值观、素质教育、立德树人等一系列教育政策和思想的具体化、明确化与深化，是连接宏观教育理念、培养目标与具体教育教学实践的中间环节和桥梁。关注学生适应当今与未来发展的需要，是所有学生应具备的最关键、最必要的素养，强调其对于每个学生的“整体效应”，强调跨学科及学科内跨领域的综合能力，强调知识、能力和态度的综合，具有综合性和整体性。

学科核心素养是学生发展核心素养的具体育人价值。在今天的学校内，学科是育人的基本形态，教师是育人的关键主体，课堂是育人的主要载体。学科育人就要致力于唤起每位教师自觉育人的责任心，使学习过程成为智力发展和生命成长统一的过程；使教学内容中的学科知识成为学生精神和德性发展升华的智力基础；使教学组织形式对学生形成合作、互动的心理品质，起到潜移默化的作用；使教学过程所营造的自由、民主、平等的氛围，有利于学生形成创新精神和对真理与正义不懈追求的品性，最终促进学生发展。

重庆市北碚区教师进修学院在传承和发展“双主共学”教学模式和“浇根式改善型”教师研训的基础上，于2016年提出“学科全息育人”这一概念，并成立学科研究小组，进行集体攻关。几年来，研究团队开展了基于“学科全息育人”的教师专项培训、大单元教学设计、课例研讨、课堂评价等实践研究，积极探索由学科教学转向学科育人，实现全员、全课程、全方位育人的新生态课堂的建构，明晰学科全息育人的研究视角，界定学科全息育人的相关概念，明确学科全息育人的重点是在教学实践、课堂实施中去探索中国学生核心素养如何落地、生根、生长的路径与方法。

本书由孙霞领衔编写，由一线高中思想政治教师参编，是集体智慧的结晶。本书的编写提纲、前言和后记由孙霞负责设计和撰写，各章书稿完成之后，由孙霞负责全面审阅、修改、统编、定稿。本书分为高中思想政治学科全息育人概述、高中思想政治学科全息育人点导引框架、高中思想政治学科全息育人教学设计、高中思想政治学科全息育人教学实施、高中思想政治学科全息育人教学评价、高中思想政治学科全息育人学科研修，共六章。

由于水平所限，书中难免出现疏漏和错误，恳请读者、学者、专家不吝赐教，以便我们进一步修改完善。本书在编写过程中曾参考和借鉴了许多专家、学者的研究成果，在此表示衷心的感谢！

目录

第一章

高中思想政治学科全息育人概述

随着基础教育新课程改革的深入进行,学科全息育人理念正在以这样或者那样的方式推动着新课堂教学文化样态的构建。虽然学科全息育人的理念正在被大家接受,但对什么是高中思想政治学科全息育人,如何将其与传统高中思想政治课堂进行对比,一线高中思想政治教师有着许多不同的认识,这些认识直接影响着教学行为和教学效果。为此,我们需要首先厘清高中思想政治学科全息育人的内涵、特征、背景和价值,为高中思想政治学科全息育人的实施做好充分的理论准备。

第一节 高中思想政治学科全息育人的内涵与特征

一、高中思想政治学科全息育人的内涵

(一)全息

全息是光学应用的描述,我们把一面镜子摔碎,每个碎片都可以当镜子使用,每个碎片可以看成是整个镜子的全息缩影。现代科技最早把全息理论运用在激光照片里。一张照片里面有一个人像,如果把这张照片撕成两半,从任何一半中我们都能看到原先完整的人像,再把它撕成许多碎片,我们仍能从每块小碎片中看到完整的影像,这样的照片就叫作全息照片。

全息包括时间和空间两个方面。从时间上看,瞬间是永恒的缩影;从空间上看,局部是整体的缩影。全息在本质上是事物之间的相互联系性。

全息理论是基于全息现象抽象提炼的理论,是研究事物间所具有的全息关系的特性和规律的学说。全息理论的基本原理是,自然界和人类社会各个系统都具有整体和部分(单元)的内在关系。部分(单元)包含整体的信息,部分(单元)因具有整体的全部信息,而具有发展为整体的条件,部分(单元)在发展为整体的过程中,重演了整体的历史进化过程。全息理论的核心思想认为,宇宙是一个不可分割的、各部分之间紧密关联的整体,整体的任何一部分或母体系统中的任何一个子系统,都包含着整体或母体

系统的全部信息。

全息理论带给我们观察世界的不同视角，如果认真思考，我们就会发现，我们所生活的这个世界，似乎每个局部都包含了整个世界。全息理论可以迁移到生物学、医学、哲学、天体研究等领域，也可以将全息理论迁移到人类的认识过程：人类的个体认知可以拓展为整体认知，整体认知与个体认知具有结构一致性。个体认知的发展可以迁移并撬动整体认知的发展，个体认知过程在一定程度上是对人类整体认知过程的重演。近年来，全息理论在社会学和教育学中也得到了经验性的迁移和应用。

（二）学科全息育人

学科育人通过发挥不同学科的特色和优势，在促进学生知识增长、能力提升的同时，为其提供丰富生命内涵、体验幸福人生的思维和视野；在传授知识的同时，注重让受教育者形成正确的“三观”，这对其终身发展产生有益而久远的影响。

学科育人不是把学科都上成德育课、美育课、健康教育课。学科育人的关键是让学生在学科符号与日常生活实际之间建立有机联系，逐步理解学科符号的内在意义，体验学科符号系统背后的思想观念、学科精神、做人的美德等，而不是单纯地背诵这套学科符号体系。挖掘学科精神价值是教师长期的教学任务和努力方向，具体每节课的教学之间并不存在简单的一一对应关系，更不会通过某一节课、某个专题的学习就能完成。教师在教学中能够做的是创设有意义的教学情境，激发学生的思维张力与想象力。

全息是反映物体在空间存在时整个情况的全部信息。这里借用全息来反映学科在育人这个空间里应该发挥的全部作用。一是由学科教学转向学科育人，即从关注学科知识学习转变为通过学科学习促进学生全面发展；二是重视全员、全过程、全方位立体式的育人。全息育人是发展学生核心素养在课堂实践中的全息演绎，是德智体美劳全面育人在学科教学中的全息回归。

综上所述，学科全息育人是依据学科性质、地位、任务，彰显学科育人特殊功能的教育性教学。通过充分挖掘教材文本内容的育人要素，以学科知识、能力探究为中心，自然地把学科认知、德性育人、健康育人、审美育人、劳动育人相融合，并渗透在教学中，让每一节课成为提高学科整体素养和带动学生生命发展的全息载体，从而实现整体性育人。

（三）高中思想政治学科全息育人

要把立德树人融入思想道德教育、文化知识教育、社会实践教育各方面，贯穿基础教育、职业教育、高等教育各领域。学科体系、教学体系、教材体系、管理体系要围绕这个目标来设计，教师要围绕这个目标来教，学生要围绕这个目标来学。

从素质教育到立德树人，从三维目标到核心素养，一脉相承的是国家对培养什么样的人、怎样培养人、为谁培养人的教育改革的顶层设计。它要求在教学设计中，教师要善于用“五育融合”的视角和眼光，解读教材，发现教材中蕴藏的“五育融合”的育人点，研究学生，了解学生在“五育融合”上的起点、需要及缺失，进而转化为体现“五育融合”的教学目标、教学环节和教学方法。在教学过程中，教师要善于及时捕捉课堂中的生成性资源，将其转化为促进学生“五育融合”发展的育人资源。在教学反思中，好的教师善于依据“五育融合”教学评价机制，对照教学目标，反思育人效果，寻找教学过程中的亮点、问题及原因，提出自我改进的具体建议。

高中思想政治课程作为落实立德树人根本任务的关键课程，以培育社会主义核心价值观为目的，是帮助学生确立正确政治方向、提高思想政治学科核心素养、增强社会理解和参与能力的综合性、活动型学科课程。高中思想政治学科育人的特性表现为兼具知识性与思想性，突出思想性，强调观点教育和价值引领，注重学以致用、知以导行，强调知行统一。高中思想政治学科育人的全息性表现为学科课程、学科教学、学科评价是一个完整的育人体系；以政治认同、科学精神、法治意识和公共参与这四方面为学科核心素养要素，即要有信仰、有思想、有尊严、有担当，在内容上相互交融，在逻辑上相互依存，是一个有机整体。

高中思想政治学科全息育人是指在学科全息育人的理论指导下，从学科认知、德性育人、审美育人、健康育人和劳动育人五个维度挖掘教材文本内容的具体育人点，引导教师深入把握教材，基于育人目标，确定教学立意、整合教学素材、设计教学内容、实施教学过程和评价教学效果，促进学生思想政治学科核心素养发展的一种教学理念和方式。

二、高中思想政治学科全息育人的特征

传统高中思想政治学科大部分是以知识讲授为主的“一言堂”“满堂灌”等方式进行教学的，在教学活动中没有留下足够的时间和空间，让学生能够以自身生活实践的经历作为源头来丰富自身知识，提高自身实践能力。学生处于被动接受知识的状态，主要还是机械地把老师讲的内容记录下来，再进行背诵的方式学习，不懂得主动思考、探索学习。学生无法成长为素养立意时代下所需要的德智体美劳全面发展的社会主义建设者和接班人。高中思想政治学科全息育人是依据立德树人根本任务，以高中思

想政治学科课程为基础，从学科认知、德性育人、审美育人、健康育人和劳动育人五个维度来开展促进学生德智体美劳全面发展的融合性育人活动。具体来看，它有以下几方面的特征。

（一）政治性

高中思想政治学科全息育人坚持党的领导，坚持社会主义办学方向，充分体现马克思主义的指导地位和基本立场，充分反映习近平新时代中国特色社会主义思想，在培养什么人、怎样培养人、为谁培养人这一根本问题上，牢牢把握社会主义办学方向，帮助学生确立正确的政治方向，充分发挥高中思想政治学科对学生的价值引领和政治引领作用。

在具体的育人过程中，高中思想政治学科全息育人坚持以习近平新时代中国特色社会主义思想为指导，通过行之有效和形式多样的育人活动，有机地把坚持和发展中国特色社会主义、培育和践行社会主义核心价值观的基本内容和要求融入高中思想政治课堂教学中，在不断丰富高中思想政治教学理论内涵的同时，引导学生坚定政治立场和政治方向，增进学生对中国共产党和中国特色社会主义制度的真挚情感和政治认同，强化学生对中国特色社会主义的道路自信、理论自信、制度自信和文化自信，提升学生的思想政治素质和道德品质素养，培养学生健全的人格，引领学生成为有信仰、有思想、有尊严、有担当的社会主义事业建设者和接班人。

（二）综合性

《普通高中思想政治课程标准（2017年版2020年修订）》（以下简称《课程标准》）指出，高中思想政治课程是落实立德树人根本任务的关键课程，以培育社会主义核心价值观为目的，是帮助学生确立正确的政治方向、提高思想政治学科核心素养、增强社会理解和参与能力的综合性、活动型学科课程。高中思想政治学科全息育人从学科认知、德性育人、审美育人、健康育人和劳动育人五个方面多维度培育学生的综合素养，促进学生德智体美劳全面发展，是对《课程标准》要求实施综合性教学的具体落实，具有明显的综合性特征。

高中思想政治学科全息育人以马克思主义理论为基础，有宽泛的学科背景、课程背景和复杂的时代背景，既涉及政治学、经济学、法学、哲学、伦理学、社会学、体育学、美学、人类文化学等学科，又涉及班主任工作、党团工作、社会认识和公民教育等德育工作，还涉及个人生活、职业体验等生涯规划课程内容和大学选修课程，更涉及当前社会变革和实践创新中出现的以多种多样且复杂的新挑战、新问题为主要内容的时事政治教育课程，是多学科、多课程、多问题的深度融合育人。

在具体的育人活动中，高中思想政治学科全息育人活动既着眼于同一课程模块的内容，综合不同的学科核心素养要素，又着眼于同一学科核心素养要素，综合不同课程模块的内容。它以跨学科的、跨课程的高中思想政治全息育人内容为载体，引领学生整合相关内容，通过自主、合作、探究等多样化的学习方式，学会多角度、多层面地分析和判断生活中丰富的、现实的、典型的、复杂的育人情境问题，并能提出多种多样的方式与方法以应对这些情境问题的挑战，从而获得综合素养的全面发展与提升。整个育人活动既具有育人内容的综合性和广泛性，又具有育人情境的复杂性和典型性，更具有学习方式多途径和多样化的特征。

（三）实践性

高中思想政治学科全息育人是与社会生活实践紧密相连的实践性课程育人活动。它的基本内容是马克思主义基本原理，特别是马克思主义中国化的最新成果，以及有关社会科学的基本知识和社会生活的基本规范。这些内容在社会实践中形成，接受社会实践的检验，在社会实践中完善，并指导社会实践，本身就是理论性和实践性高度统一的体现。在具体的育人活动中，高中思想政治学科全息育人的实践性表现为育人活动的生活化、情境化、社会化，要积极引导学生参与各种实践活动，使学生真正做到知行合一，逐步成为一个能够承担社会责任的，德智体美劳全面发展的社会主义建设者和接班人。

一方面，高中思想政治学科全息育人活动是以学生的整个社会生活实践为育人内容的育人活动。它以与学生实践生活密切相连的话题为载体，以学生已有的知识储备和生活经验为出发点，从发生在学生身边的事入手，寻找切入点和联系点，以此创设生活化、社会化、活动化的育人问题情境，让学生在情境体验活动的过程中，自主辨识、合作分析、探究解决，构建知识体系、整合学科内容、培养综合素养。

另一方面，高中思想政治学科全息育人是以回到学生的整个社会生活实践为归宿的育人活动。它依据学生当前的学习情况和长远发展的需要，拓展育人资源、拓宽育人空间，带领学生走出教室，迈入社会实践活动的大课堂，引导学生把已经获得的学科认知、学科能力和学科素养运用到各类主题鲜明的社会实践活动中，让学生在社会实践活动的真实体验和教师的价值引领下，积极主动地观察、辨析、解决社会变革和实践创新中的新挑战、新问题，不断完善知识体系，深度整合学科内容，逐步增强社会理解和参与能力，稳定提升综合素养水平，实现社会生活实践能力的长远发展。

(四)开放性

《课程标准》明确指出,本课程针对高中学生思想活动和行为方式的多样性、可塑性,着力改进教学方式和学习方式。教学需在师生互动、开放民主的氛围中进行。高中思想政治学科全息育人是一种面向每个学生,全面、自由、个性化发展的全员育人、全过程育人、全方位育人、全时空育人的开放性育人活动。它所涉及的育人内容、育人主体、育人方法、育人过程、育人评价,以及学习载体、学习过程、学习途径、学习结果等都是开放的。开放性是高中思想政治学科全息育人活动生命力的所在。

在育人内容方面,教师不再拘泥于教材内容,而是打破大中小幼的学段壁垒和相关学科间的学科壁垒,灵活地设计开放性的育人内容,根据学生成长的需要,富有创造性地开发具有时代性、新颖性的育人资源,建造具有延展性、广阔性的育人时空,以此拓宽学生的思维世界,培养学生的创新思维和创新能力。

在育人主体方面,高中思想政治全息育人活动不再是高中思想政治教师唱独角戏,而是高中思想政治教师与最重要的学习主体——学生,以及学生家长、相关学科教师、校内外相关专家学者、相关社区工作人员等多元化主体协同配合的全员育人活动。

在学生的学习活动方面,教师不再用预设的教学方案去限制学生的想象,僵化学生的学习活动,而是采用灵活多样的育人方法和方式,鼓励学生运用相关学科知识和技能,表达不同见解,提出不同的解决方案,倡导多元化、多维度的发展性学习评价方式和过程性评价方式,让学生自由地、开放地思考学习。

在育人过程方面,育人过程不再处于"教师主宰灌输,学生被动接受"的封闭状态之中,而是教师放下主宰学生学习的心理,蹲下身子把自己融入学生的学习活动中,从基于学生学习的视角出发,创设一系列开放式的,有助于促使学生敞开心态的育人情境,营造出一种开放的、活跃的、民主的、师生互动的育人氛围,提供给学生充足的时间和空间,让学生在积极主动的学习过程中,提升自身的综合素养,从而获得自身全面而有个性的发展。

第二节 高中思想政治学科全息育人的背景

一、理论基础

(一)马克思关于“人的全面发展”学说

教育的根本任务是立德树人,是要培养德智体美劳全面发展的社会主义建设者和接班人。关于人的全面发展理论,马克思在对人的本质进行科学剖析的基础上指出,人的本质不是单个人所固有的抽象物,在其现实性上,它是一切社会关系的总和。[①]而这一本质的体现,则是建立在劳动的基础上。马克思认为,人的需要即人的本性,为了满足这样的需要,人必须进行必要的活动,这种为了满足人的需要的活动正是人本质的体现。人在满足其需要的实践过程中,结成了一定的社会关系。那么,生活在一定社会关系中的个人应该以什么样的状态存在呢?马克思提出了“人的全面发展”这一概念,并逐步建立起了科学的人的全面发展学说。

马克思和恩格斯认为,人的全面发展应该包括人的需要、劳动、才能和社会关系等方面的全面发展。人的需要是人发展的根本动力,这种需要是丰富多样的,既有物质需要也有精神需要,只有不断丰富和发展这些需要,才能筑好人全面发展的基础。人的全面发展主要体现在体力和智力的充分自由发展,这是人全面发展的主要内容,对人的全面发展起着关键的作用。人的体力和智力在实践中外化出的各种能力就是人的才能,主要分为体力劳动能力和脑力劳动能力,人的才能的全面发展要求既要充分发挥现实的能力,同时又要不断挖掘自身潜能。人是社会的人,是处在一定社会关系中的人,社会关系直接决定着一个人能够发展到什么程度,因此个人只有不断丰富和发展自己的社会关系,才能更好地促进自身的全面发展。

(二)杜威相关教育理论

美国著名教育家约翰·杜威,被视为20世纪最伟大的教育改革者之一。他从实用主义经验论和机能心理学出发,批判了传统的学校教育,并就教育本质提出了他的基本观点——“教育即生活”和“学校即社会”。

杜威批判传统教育,他认为传统教育消极对待儿童,机械地使儿童集合在一起,课

① 中共中央马克思恩格斯列宁斯大林著作编译局.马克思恩格斯选集:第1卷[M].北京:人民出版社,2012:135.

程和教法划一,没有让学生回归到真正的行动和实践中。他认为教育应该是个人在社会生活中与人接触、相互影响、逐步扩大和改进经验,养成道德品质和习得知识、技能的过程。从教育与生活的关系看,两者应当是相互促进、协调发展的,教育来自生活,在生活中接受教育的同时,也因受教育而增进我们对生活的了解。要实现个人的成长和经验的累积改进,离不开真实的生活情境,因而在教育的过程中,我们需要创设真实的社会生活情境或是引导学生积极地参与真实的社会实践,从这样的实践活动中实现生活、成长和经验的改造,这也是杜威所主张从做中学理念的直接要求。

(三)陶行知相关教育思想

陶行知认为,教育应以生活为中心,没有生活做中心的教育是死的教育,并提出了生活即教育、社会即学校、教学做合一的主张,由此形成了其"生活教育"教育思想体系。他认为要培养全面发展的人的根本问题就是要劳力者劳心,劳心者劳力,培养手脑并用、手脑双敲的人,实现教人求真、学做真人的目标追求。

"生活即教育"是陶行知"生活教育"思想的核心理论。他指出,教育的根本意义是生活之变化,然而生活无时不变,也就意味着生活无时不含有教育的意义,本质上就是生活决定教育,即有什么样的生活就有什么样的教育,教育就在这变化的生活中进行。这一思想主要批判了脱离生活实际、以书本为中心和单纯的知识教育为主的传统教育,突出强调了教育要以生活为中心。只有源于生活的教育才是鲜活的教育,如果脱离了实际生活,教育将变成空洞的说教。与"生活即教育"相关联的就是"社会即学校"。陶行知提出,整个的社会活动就是我们教育的范围,不消谈什么联络,而他的血脉是自然流通的。陶行知所要求的是"要把笼中的小鸟放到天空中,使他能任意翱翔,是要把学校的一切伸张到大自然里去"①。简单说就是要打通学校与社会的联系,使教育的材料、工具和环境等方面都得改进或提升,根据社会需要来办学,以便能更好地培养学生适应社会生活需要的必备品质和关键能力。"教学做合一"是陶行知生活教育思想体系的教学论。他强调,教学做是一件事,不是三件事。我们要在做上教,在做上学。他指出"做学教合一"应集中在一个"做"字上,"做"是基础。他主张事怎样做就怎样学,怎样学就怎样教;教的法子要根据学的法子,学的法子要根据做的法子。

综上可见,陶行知所提出的"生活即教育""社会即学校""教学做合一"的主张,重点强调了社会生活实践对于教育的重要性,突出其科学性、实践性和创造性等特征。在教人求真、学做真人目标的指引下,教师教会学生学会学习、生活和创造性的劳动,在劳动中培育自身实现终身发展所需的品质和能力。

---

① 陶行知.生活即教育[M].武汉:长江文艺出版社,2021:202.

(四)苏联关于劳动教育的理论

马克思、恩格斯的劳动教育理论经过苏联几十年的实践,其经验教训是极其丰富的,甚至还把劳动看成是人民有觉悟以及政治思想成熟的标志,看成是教育取得成效的标志。在这一大背景下,产生了如苏霍姆林斯基、马卡连柯等一大批劳动教育专家,推动了苏联教育发展,也给我国教育工作提供了一定的启示。

列宁在论述关于新一代青年的教育问题时强调,要将教育与生产劳动相结合。在这一原则的指导下,苏霍姆林斯基提出了和当前“五育并举”一致的观念。他指出,教育的重要任务就是要把青少年培养成全面和谐发展的人,而要实现这一任务就要使智育、体育、德育、劳动教育和审美教育深入地相互渗透和相互交织在一起,使这几个方面的教育呈现一个统一的完整的过程。他指出,劳动以外的教育和没有劳动的教育是不存在,也不可能存在的。实现劳动与教育的内在统一,是培养全面和谐发展人才的重要渠道,这一观点指出了劳动教育的重要意义。马卡连柯也提到了劳动永远是人类生活的基础,他认为苏联的教育目的应该是把社会需要和个性发展需要结合起来,要实现这一目的,需要进行必要的集体教育和纪律教育,但如果没有劳动,不进行劳动教育,集体教育就无法建立,真正的纪律教育也无法顺利进行;劳动不仅是劳动教育不可或缺的措施,而且是全部教育总体中至关重要的手段。

二、相关政策

在不同的历史时期,国家对人才的需求、高校的人才培养目标、高考的人才选拔目标会随着经济社会发展等因素的变化而不同,高中思想政治学科的地位和高中思想政治课的教学也会随着时代的发展而发生相应变化。在着力推进普通高中育人方式变革的大背景下,探究高中思想政治学科全息育人,有其国家政策依据。

1999年,中共中央、国务院印发的《关于深化教育改革全面推进素质教育的决定》中明确指出,全国中小学都大力推行素质教育。由此,高中思想政治教学与素质教育相结合,教学关注的重点由教师教学转向学生发展,由理论知识的传授转向基本思想政治素质的提高。

2003年,教育部颁布《普通高中课程方案(实验)》,启动我国普通高中的课程改革。

2004年,为了适应高中新课程改革要求,教育部印发了《普通高中思想政治课程标准(实验)》。高中思想政治教学由过去的学科为本转向以学生的全面发展为本,尊重学生。

2014年,教育部印发《关于全面深化课程改革 落实立德树人根本任务的意见》,明确指出要改进学科教学的育人功能，全面落实以学生为本的教育理念。各地要组织开展育人思想和方法研讨活动，将教育教学的行为统一到育人目标上来。要在发挥各学科独特育人功能的基础上，充分发挥学科间综合育人功能，开展跨学科主题教育教学活动，将相关学科的教育内容有机整合，提高学生综合分析问题、解决问题能力。该文件明确了学科育人任务。

2018年9月，习近平总书记在全国教育大会上发表重要讲话，他指出，我国是中国共产党领导的社会主义国家，这就决定了我们的教育必须把培养社会主义建设者和接班人作为根本任务，培养一代又一代拥护中国共产党领导和我国社会主义制度、立志为中国特色社会主义奋斗终身的有用人才。他强调，要在坚定理想信念上下功夫，要在厚植爱国主义情怀上下功夫，要在加强品德修养上下功夫，要在增长知识见识上下功夫，要在培养奋斗精神上下功夫，要在增强综合素质上下功夫。可以说，六个“下功夫”进一步明确了培养德智体美劳全面发展的社会主义建设者和接班人的基本要求。

2019年2月，中共中央、国务院印发了《中国教育现代化2035》及《加快推进教育现代化实施方案(2018—2022年)》。“提高教育质量是教育现代化的核心要求。十大战略任务的许多部分都涉及高质量教育和高质量人力资源开发的内容，其中最为主要的是发展中国特色世界先进水平的优质教育。要构建德智体美劳全面培养的教育体系和科学评价体系，将中国特色社会主义特色和优势有效转化为培养社会主义建设者和接班人的能力，努力培养又红又专、德才兼备，能够满足党、国家、人民及时代需要的人才。这是新时代中国教育的新任务，也是人力资源强国建设的更高目标”①。在理念现代化方面，“《中国教育现代化2035》提出了八大基本理念，主要包括：更加注重以德为先，更加注重全面发展，更加注重面向人人，更加注重终身学习，更加注重因材施教，更加注重知行合一，更加注重融合发展，更加注重共建共享”②。因此，我们的教育不仅要引导学生乐于学习、勤于学习、善于学习，还要努力实现德智体美劳的总体要求，在综合能力、创新思维、文明素养的培育上有更多进益。

2019年3月，习近平总书记在学校思想政治理论课教师座谈会上发表重要讲话。他强调，推动思想政治理论课改革创新，要不断增强思政课的思想性、理论性和亲和力、针对性。要坚持政治性和学理性相统一，以透彻的学理分析回应学生，以彻底的思想理论说服学生，用真理的强大力量引导学生。要坚持价值性和知识性相统一，寓价值观引导于知识传授之中。要坚持建设性和批判性相统一，传导主流意识形态，直面

① 高书国.《中国教育现代化2035》的“四个里程碑”[N].中国教育报，2019-04-04(8).
② 杨志成.中国教育现代化的逻辑坐标[N].中国教育报，2019-11-13(5).

各种错误观点和思潮。要坚持理论性和实践性相统一，用科学理论培养人，重视思政课的实践性，把思政小课堂同社会大课堂结合起来，教育引导学生立鸿鹄志，做奋斗者。要坚持统一性和多样性相统一，落实教学目标、课程设置、教材使用、教学管理等方面的统一要求，又因地制宜、因时制宜、因材施教。要坚持主导性和主体性相统一，思政课教学离不开教师的主导，同时要加大对学生的认知规律和接受特点的研究，发挥学生主体性作用。要坚持灌输性和启发性相统一，注重启发性教育，引导学生发现问题、分析问题、思考问题，在不断启发中让学生水到渠成得出结论。要坚持显性教育和隐性教育相统一，挖掘其他课程和教学方式中蕴含的思想政治教育资源，实现全员全程全方位育人。

2019年6月，国务院办公厅印发了《关于新时代推进普通高中育人方式改革的指导意见》。从五个方面确立了新时代普通高中教育的质量体系。一是高举立德树人的旗帜。要求“坚持把立德树人融入思想道德教育、文化知识教育、社会实践教育各环节”。二是高举核心素养的旗帜。要求“改进科学文化教育，统筹课堂学习和课外实践，强化实验操作，建设书香校园，培养学生创新思维和实践能力，提升人文素养和科学素养”。“促进学生系统掌握各学科基础知识、基本技能、基本方法，培养适应终身发展和社会发展需要的正确价值观念、必备品格和关键能力”。三是高举健康教育的旗帜。要求“强化体育锻炼，修订学生体质健康标准及评价办法，丰富运动项目和校园体育活动，培养体育兴趣和运动习惯，使学生掌握1—3项体育技能”。四是高举美育工作的旗帜。要求“加强美育工作，积极开展舞蹈、戏剧和影视与数字媒体艺术等活动，培养学生艺术感知、创意表达、审美能力和文化理解素养”。五是高举劳动教育的旗帜。要求“重视劳动教育，制定劳动教育指导纲要，统筹开展好生产性、服务性和创造性劳动，使学生养成劳动习惯、掌握劳动本领、树立热爱劳动的品质”①。

2019年8月，中共中央办公厅、国务院办公厅印发的《关于深化新时代学校思想政治理论课改革创新的若干意见》，明确提出了深化新时代学校思想政治理论课改革创新的基本原则：一是坚持党对思政课建设的全面领导，把加强和改进思政课建设摆在突出位置。二是坚持思政课建设与党的创新理论武装同步推进，全面推动习近平新时代中国特色社会主义思想进教材进课堂进学生头脑，把社会主义核心价值观贯穿国民教育全过程。三是坚持守正和创新相统一，落实新时代思政课改革创新要求，不断增强思政课的思想性、理论性和亲和力、针对性。四是坚持思政课在课程体系中的政治引领和价值引领作用，统筹大中小学思政课一体化建设，推动各类课程与思政课建设

① 张志勇.质量、育人、评价：新体系构筑高质量现代化[N].光明日报，2019-07-16(14).

形成协同效应。五是坚持培养高素质专业化思政课教师队伍，积极为这支队伍成长发展搭建平台、创造条件。六是坚持问题导向和目标导向相结合，注重推动思政课建设内涵式发展，全面提升学生思想政治理论素养，实现知、情、意、行的统一。“在新时代背景下，尤其是在当前国际形势日趋复杂的现实下，《意见》的出台无论在理念还是操作层面，对于学校更好立德树人、培养德智体美劳全面发展的社会主义建设者和接班人，都具有深远的指导意义，可谓党中央、国务院对学校思政课发出的改革创新再出发动员令。”①

2019年11月，教育部发布《关于加强和改进新时代基础教育教研工作的意见》也指出，要突出全面育人研究。聚焦构建德智体美劳全面培养的教育体系，健全立德树人落实机制，围绕如何突出德育实效、提升智育水平、强化体育锻炼、增强美育熏陶、加强劳动教育等方面重点问题，强化学科整体育人功能，深入开展内容、策略、方法、机制研究，指导学校将德智体美劳全面培养的要求有机融入教育教学全过程，促进学生德智体美劳全面发展、健康成长。

2020年1月10日至11日，2020年全国教育工作会议在京召开。会议强调，2020年是一个具有标志性、转折性意义的年份，十分关键特殊。落实立德树人根本任务的针对性、实效性，对准“五育并举”体系中的短板弱项，保持定力、持续用力、精准发力。要绘好爱国主义同心圆，推动教体融合，划出美育硬杠杠，构建劳动教育责任链条，打通家校连心桥。

2020年3月，中共中央、国务院印发《关于全面加强新时代大中小学劳动教育的意见》强调，以习近平新时代中国特色社会主义思想为指导，全面贯彻党的教育方针，落实全国教育大会精神，坚持立德树人，坚持培育和践行社会主义核心价值观，把劳动教育纳入人才培养全过程，贯通大中小学各学段，贯穿家庭、学校、社会各方面，与德育、智育、体育、美育相融合，紧密结合经济社会发展变化和学生生活实际，积极探索具有中国特色的劳动教育模式，创新体制机制，注重教育实效，实现知行合一，促进学生形成正确的世界观、人生观、价值观。

2020年5月，教育部印发了新修订的《普通高中课程方案(2017年版2020年修订)》。新修订的普通高中课程方案突出体现了普通高中课程体系是全面贯彻党的教育方针，落实立德树人根本任务，发展素质教育，推进教育公平，努力构建具有中国特色、体现国际发展趋势、充满活力的课程体系。它特别强调普通高中的培养目标是进一步提升学生综合素质，着力发展核心素养，使学生具有理想信念和社会责任感，具有

① 刘洋.改革创新思政课为新时代铸魂[N].中国教育报，2019-08-21(2).

科学文化素养和终身学习能力,具有自主发展能力和沟通合作能力。文件明确规定了高中思想政治课程是落实立德树人根本任务的关键课程,以培育社会主义核心价值观为目的,是帮助学生确立正确的政治方向、提高思想政治学科核心素养、增强社会理解和参与能力的综合性、活动型学科课程。基于国家和时代需要,《课程标准》特别强调了学科核心素养,明确了学生学习思想政治学科课程后应达成的正确价值观、必备品格和关键能力。明确提出要在党的坚强领导下,全面贯彻党的教育方针,坚持马克思主义指导地位,坚持中国特色社会主义教育发展道路,坚持社会主义办学方向,立足基本国情,遵循教育规律,坚持改革创新,以凝聚人心、完善人格、开发人力、培育人才、造福人民为工作目标,培养德智体美劳全面发展的社会主义建设者和接班人,加快推进教育现代化、建设教育强国、办好人民满意的教育。

2020年10月,中共中央、国务院印发的《深化新时代教育评价改革总体方案》中明确指出,要完善立德树人体制机制,扭转不科学的教育评价导向,坚决克服唯分数、唯升学、唯文凭、唯论文、唯帽子的顽瘴痼疾,提高教育治理能力和水平,加快推进教育现代化、建设教育强国、办好人民满意的教育。并强调,要改革学校评价,推进落实立德树人根本任务。加快完善各级各类学校评价标准,坚决克服重智育轻德育、重分数轻素质等片面办学行为,促进学生身心健康、全面发展;改革学生评价,树立科学成才观念,完善德育评价,强化体育评价,改进美育评价,加强劳动教育评价,坚持以德为先、能力为重、全面发展,坚持面向人人、因材施教、知行合一,坚决改变用分数给学生贴标签的做法,创新德智体美劳过程性评价办法,完善综合素质评价体系,切实引导学生坚定理想信念、厚植爱国主义情怀、加强品德修养、增长知识见识、培养奋斗精神、增强综合素质。这就为高中思想政治学科全息育人活动的开展提供了明确的方向。

2020年10月,中共中央办公厅、国务院办公厅印发的《关于全面加强和改进新时代学校体育工作的意见》中明确指出,学校体育是实现立德树人根本任务、提升学生综合素质的基础性工程,是加快推进教育现代化、建设教育强国和体育强国的重要工作,对于弘扬社会主义核心价值观,培养学生爱国主义、集体主义、社会主义精神和奋发向上、顽强拼搏的意志品质,实现以体育智、以体育心具有独特功能。要把学校体育工作摆在更加突出的位置,构建德智体美劳全面培养的教育体系。在同日印发的《关于全面加强和改进新时代学校美育工作的意见》中明确指出,美是纯洁道德、丰富精神的重要源泉。美育是审美教育、情操教育、心灵教育,也是丰富想象力和培养创新意识的教育,能提升审美素养、陶冶情操、温润心灵、激发创新创造活力。要进一步强化学校美育育人功能,弘扬中华美育精神,以美育人、以美化人、以美培元,把美育纳入各级各类学校人才培养全过程，贯穿学校教育各学段，培养德智体美劳全面发展的社会主义建设者和接班人。

2021年，全国教育工作会议强调，要落实立德树人根本任务，培养德智体美劳全面发展的社会主义建设者和接班人。要持续完善德智体美劳全面培养的育人体系。

2022年10月，党的二十大报告指出要“坚持以人民为中心发展教育，加快建设高质量教育体系，发展素质教育，促进教育公平”，“引导广大人才爱党报国、敬业奉献、服务人民”。

三、实践追溯

经过对知网、维普、万方等网络数据库的查询，以及借助西南大学图书馆的资源，笔者对有关高中思想政治学科全息育人的相关研究和实践进行了整理，发现将全息理论用于指导课程与教学在20世纪90年代已有人开始研究与实践，经历了变化发展的过程。可以把高中思想政治学科全息育人的实践追溯分为以下三个阶段。

（一）20世纪90年代全息育人实践的状况

20世纪90年代将全息理论用于指导课程与教学的全息育人是关于课堂教学的研究与实践，全息育人课堂教学的研究与实践主要有以下几类：一是1990年山东大学出版社出版的刘宗寅、秦荃田的专著《全息教学论原理》，该书以现代全息理论为基础，借鉴古今中外教育理论研究的成果，结合教学实验，提出了全息教学律、全息教学原则、课程的全息设置与教材的全息构建、学生能力的全息培养、全息教学法等一系列崭新的理论；二是以“宇宙全息统一论”为基本理论，山东的刘双全老师提出了“全息教学概论”的观念，根据全息理论，该理论认为全息教学是指基于全息理论，对教学信息全息化，通过全息式教学活动，实现师生全息发展的教学活动，每一个全息单元都包含整体或母体系统的全部信息，把每一节课作为整个学科课程和学校课程的全息单元；三是21世纪初出现了一些立足于具体知识的全息性特点来构建的全息教学法，如：萧启宏教授发明的“汉字全息高效教学法”，杨文的“全息全感幼儿英语教学法”。

可见，将全息理论用于指导课程与教学的初期，都重点强调学科课堂教学这一方面，各个学科运用全息理论于课堂教学中也是为了促进学生学科知识的发展进步，将全息理论用于指导课程与教学有待于进一步发展。

（二）2001年至2014年实施新课程以来全息育人实践的状况

2001年，教育部印发了《基础教育课程改革实施纲要（试行）》，对中小学课程设置、教材内容、教法学法、教学目标和评价标准进行了大刀阔斧的改革。同年颁布的《基础教育课程改革纲要》提出整体设计九年一贯课程体系，在初中开设思想品德课。2003年，教育部颁布《普通高中课程方案（实验）》，开启了我国普通高中的课程改革。全息育人随着新课程的实施，受到了学界越来越多的关注，很多学者和学校对全息育人的必要性以及如何做到全息育人进行了探索，取得了较为丰硕的成果。

2007年，学者马福运在《"全息育人"德育模式的构建途径探析》一文中认为，构建全息育人的德育模式，"就是要在学校内建立起上下联动、全员负责的德育管理系统，建设一支适应德育现代化要求，具备现代化德育理念、现代化德育手段的德育师资队伍，寻求学校德育落实到实践、内化为自身素质的德育模式"①。

在学校全息育人实践特别是中学全息育人实践不断发展的过程中，2013年7月，甘肃平凉十中开始实践全息育人新型育人模式，不断深化教育教学改革。全息育人实践以后，我们在普通高中可以深入实践全息育人德育模式，全息育人作为立德树人教育方针和核心价值落地的具体形式，随后经过不同的学者进行研究，不断发展、进步和完善。

总之，此阶段将全息理论用于指导课程与教学研究与实践的过程中，都认为全息育人本质上是一种德育模式，重点放在学校德育管理研究与实践上，各个学校在学校德育管理中运用全息育人理论，也是为了促进学生思想政治教育的发展进步，将全息理论用于指导课程与教学有待于进一步发展。

（三）2014年至2018年，深化课程改革以来全息育人实践的状况

为把党的十八大和十八届三中全会提出的关于立德树人的要求落到实处，2014年3月，教育部颁发了《关于全面深化课程改革 落实立德树人根本任务的意见》，2016年9月《中国学生发展核心素养》发布，关注的焦点是立德树人、核心素养和深化考试招生制度改革。在此阶段，随着新课程的深入实施，学界也将眼光从学科教学过渡到学科育人，对学科全息育人进行了很多有益的探索。学科全息育人首先考虑学科对人的影响，以学科为育人载体，始终关注学科精神和思想，关注学科知识与生活的联系，尽量使学生在德智体美劳上都有发展，在这样的思想指导下设计并开展教学。比如，语文学科在以综合实践为主的整合教学中，借力知识与学生、社会的联结，让课程回归学生

---

① 马福运."全息育人"德育模式的构建途径探析[J].湘潭大学学报(哲学社会科学版),2007,31(02):149－153.

的生活世界。特别注重赋予教育以生活意义和生命价值。生物学科的育人理念为:丰富有趣的学习体验,点燃孩子们关注生命现象和探究生命活动规律的热情;系统地思考与实施,润物无声地培养孩子们的生命观念、科学思维和社会责任。①

全息育人的实践研究发展到此阶段,已经由过去的以学科为本的课堂教学实践研究或者作为德育模式的研究,转向为以学生的全面发展为本的学科全息育人的实践活动。此阶段的全息育人研究主张要让学生在成长过程中所涉及时空的全部信息都能成为育人的信息源,发挥育人作用,运用全息理论,全面、全程地关注和发展每一位学生,以促进学生全面发展为基本宗旨,确立学科认知、德性育人、审美育人、健康育人和劳动育人五个维度的全学段、全学科、全过程、全方位的育人方法、路径、策略。教师也不再是单纯的知识技能的传授者,而是学生学习的组织者、引导者、评价者,教师的工作要充分发挥学生的主体性,依靠学生的能动性、自主性、创造性而获得发展。倡导研究性学习方式,能够使学生在充满民主的教学过程中,提高主动学习、自主学习的能力。

(四)2018年至今,高中思想政治学科全息育人实践的状况

在十多年实验基础上,2017年教育部颁布了《普通高中思想政治课程标准(2017年版)》,2020年又颁布了《课程标准》,这次基本的设计理念没有很大的变化,最大的变化是提炼了学科核心素养。高中思想政治课堂教学由关注三维目标转向关注培养学生的学科核心素养,教师从"重学会"走向"重会学",从"以教论学"转向"以学论教",激发教学主体作用,变独白为对话。教师观也发生改变,从"一杯水"走向"一桶素养水",教师要做终身学习者、创新行动的学习者、反思研究的学习者。学生观从"死记硬背"走向"参与体验",学生是课堂真正的主人,使学生在教师的有效引导下,在真实情境问题中培养自主、合作和探究精神。课堂教学评价不仅倡导"多元化",更凸显"个性化"。基于这样的时代背景,重庆市北碚区高中思想政治学科全息育人研究团队依据立德树人根本任务、社会主义核心价值观、《课程标准》、全国教育大会精神、高中思想政治学科育人功能,以高中思想政治学科课程为基础,于2018年首次提出了高中思想政治学科全息育人的概念,并于2018年7月结合重庆市北碚区高中思想政治学科自身的实际情况,正式启动高中思想政治学科全息育人实践研究。可以把重庆市北碚区高中思想政治学科全息育人的实践研究分为三个阶段。

第一阶段,2018年7月到2018年9月。在重庆市北碚区教师进修学院的领导下,组

① 张新民."全息树人"的教学改革路径与实施策略——以成都金苹果锦城第一中学教学改革为例[J].教育科学论坛,2019(11):5-10.

建了“高中思想政治学科全息育人”专家支撑团队和核心研究团队，团队成员积极参加了“区学科全息育人研究”培训，建立了高中思想政治学科全息育人研究工作坊，制订了高中思想政治学科研究年度计划和方案。

第二阶段，2018年9月到2020年2月。第二阶段前期，以高中思想政治学科为载体，开展“高中思想政治学科全息育人研究”教师全员培训，于2019年1月参加了由区教师进修学院、重庆市北碚区教育学会主办的重庆市北碚区中小学“学科全息育人”全国性教学研讨会，获得了参会专家与教师的一致好评；第二阶段后期，强化“高中思想政治学科全息育人研究”课堂教学实践，于2019年10月开展“首届高中思想政治学科全息育人”教学大赛和论文评选，收集整理“学科全息育人”优秀教学设计、教学案例，取得了亮眼的成绩。

第三阶段，2020年2月至今。在重庆市北碚区教师进修学院的领导下，研究团队举办了重庆市北碚区“高中思想政治学科全息育人”经典课例展示活动，掀起了整个地区中小学的观摩学习热潮，重庆市北碚区高中思想政治学科全息育人发展更加成熟。

重庆市北碚区高中思想政治学科教师在重庆市北碚区教师进修学院的领导下，全面贯彻国家的教育方针，落实立德树人的根本任务，充分发挥高中思想政治学科的独特育人功能，扎实推进重庆市北碚区高中思想政治学科全息育人的育人实践研究活动，必将有效促进学生德智体美劳全面发展。

第三节　高中思想政治学科全息育人的价值

高中思想政治学科全息育人既是落实高中思想政治学科核心素养培育的重要渠道，也是转变教学观念、转化教学方式、创新教学设计的重要途径，能很好地体现和落实《课程标准》中所规定的课程性质和课程理念的要求，对落实立德树人根本任务，提升高中思想政治学科育人效果具有重要的理论和实践指导价值。

一、有利于更新高中思想政治教学设计理念

新课程改革倡导的核心理念是坚持以生为本，促进学生全面发展。《课程标准》提出明确要求：构建学科逻辑与实践逻辑、理论知识与生活关切相结合的活动型学科课

程。学科内容采取思维活动和社会实践活动等方式呈现，即通过一系列活动及其结构化设计，实现“课程内容活动化”“活动内容课程化”。教学设计要坚持教育与生产劳动和社会实践相结合，着眼于学生的真实生活和长远发展，使理论观点与生活经验、劳动经历有机结合，让学生在社会实践活动的历练中、在自主辨析的思考中感悟真理的力量，自觉践行社会主义核心价值观。

而在目前的高中思想政治教学设计中，还存在新的理念未能很好体现的问题，如：过分强调单向“灌输”和被动“接受”，重知识、轻实践，重教材、轻学生，重结论、轻过程，重知识教学、轻学科育人等。这些问题会阻碍学生身心智慧的开发，会导致高中思想政治学科核心素养育人目标无法落实，不利于培养德智体美劳全面发展的社会主义建设者和接班人。

高中思想政治学科全息育人中的“全息”是包括五育之间的全息、学科之间的全息、学科自身内部的全息。这是一种以学生为本的融合教学，蕴含了一种新的教学设计理念，即“融合理念”。它与普通高中思想政治新课程理念一样，直指以往高中思想政治教学设计中普遍存在的问题之一：学科育人的任务被成绩、分数、升学所遮蔽、所排斥。高中思想政治学科全息育人强调高中思想政治教学设计要突出学生在高中思想政治教学中的主体地位，要以学生的整个生活世界为起点，以培养学生应具备的适应终身发展和社会发展需要的政治素质、道德品质和健全人格为方向，充分考虑学生的身心特点、思想情况、家庭环境、生活实践经验等情况，着眼于学生的真实生活和长远发展，把学科育人知识与生活经验、社会实践有机结合起来，围绕学生思维和能力的全面发展来设计，使学生学科知识的增长过程同时成为学生人格的健全与发展过程。这种“融合理念”使高中思想政治教学目标设计理念从“知识本位”转向“育人本位”，教学过程设计理念从“以教师的教为本”转向“以学生的学为本”，教学方式设计理念从“单向灌输”转向“互动启发”，教学评价设计理念从“以考试为主的单一评价”转向“多元科学的综合评价”，从而促进高中思想政治教学设计理念的更新。

二、有利于丰富高中思想政治教学实施路径

高中学生的思想活动和行为方式具有多样性、选择性、可塑性的特点，这就要求教师在高中思想政治教学中采用多种实施的路径、方式和方法，来培育学生的思想政治学科核心素养。然而长期以来，高中思想政治教学习惯于固定单一的“课堂传授式”教学，在教学中往往把理论知识的传授和讲解作为教学实施的主体部分，而忽略了设计活动对学生进行社会理解和实践参与能力的培养，存在“重理论知识传授，忽略活动实

践养成”的严重问题，造成思想政治学科理论知识与社会变革、创新实践之间的割裂，学生观察问题、分析问题、解决问题的能力得不到提高，对马克思主义也不能做到真学、真懂、真信、真用，学科核心素养更是无法发展和提升。

一方面，高中思想政治学科全息育人具有实践性的特点，把高中思想政治学科全息育人活动与社会实践活动相结合是其基本要求。它以融合实践育人的理念为指导，将宏大的社会场景、更广阔的空间、更丰富的资源、更真实的社会生活融合为实践育人的大课堂，从学生多样化的学习兴趣和个性化成长的需要出发，精心组织开展主题鲜明、内容丰富、形式多样、富有吸引力的各类社会实践活动，如：志愿服务、社会调查、专题访谈、参观访问，以及各种职业体验等，把思想政治小课堂与社会大课堂结合起来，培养学生历史的眼光、国情的眼光、辩证的眼光、文化的眼光和国际的眼光，引领学生在接触社会、认知社会、参与社会的融合实践活动中，运用所学的马克思主义理论知识来观察、辨析、反思、解决在社会实践活动中遇到的问题，让学生深刻体验到所学内容的实际应用价值，从而自觉把所学知识内化于心、外化于行，丰富社会生活实践经验，增强社会理解和参与的能力，促进正确思想观念和良好道德品质的形成和发展，在人生成长的道路上把握正确的价值取向。从这个意义上讲，高中思想政治学科全息育人不仅仅是课堂上的学科教学，还是具有实践、创新、社会责任感等特点的学科育人，彰显的是高中思想政治教学实践形式，即“融合实践”，这是对传统高中思想政治教学实施路径的创新，能很好地弥补传统思想政治教学实施路径的缺陷，拓宽了高中思想政治的教学实施路径。

另一方面，全息育人理论认为单元包含了系统整体的信息。单元即整体的全息元，部分单元性认知可以拓展为整体认知，因此，我们在教育过程中可以通过部分认知的发展迁移撬动整体认知的发展。把全息育人理论运用于高中思想政治学科教育教学就形成了相应的高中思想政治学科全息育人教学模式。高中思想政治学科全息育人教学模式是以主题为线索，以一个主题单元为一个整体，引导学生从整体入手整体把握，开发和重组相关的教学内容，把相关知识联系成一条教学线索，进行连续课时单元教学的育人方式。“整体认知”在“部分单元性认知”的育人活动中得到充分体现，“部分单元性认知”在“整体认知”知识体系中的地位体现得更加明显。高中思想政治学科全息育人“整体认知”的育人方式，有利于教师对同一主题的学习内容进行全局性的有机整合，可以跨学科，可以跨年级，形成相应的知识体系，避免教学情境、内容、形式的频繁变换，便于学生完整地理解学习内容和建构知识技能，从方法上扩展了高中思想政治教学的广度，从形式上丰富了高中思想政治教学的种类，从情感上增强了高中思想政治教学中学生的获得感。基于全息育人理论的高中思想政治学科全息育人“整体认知”的育人方式，有更为丰富的技术载体、形象载体、知识载体、意识载体和文化载体，具有感染性强、可见度高、参与度大、效果显著的特点，更易于学生接受和认同，形成更具情感共鸣的价值导向。高中思想政治学科全息育人“整体认知”的育人方式在形式表达与行为内涵上的有效衔接，既突显了高中思想政治全息育人与高中思想政治教学在价值上的契合性，又建构了高中思想政治教学实施路径的新载体和新形式。

三、有利于落实高中思想政治教学评价维度

《课程标准》指出，具体教学目标的制订与评价方式的选择应该聚焦学生思想政治学科核心素养的发展，整合知识与技能、过程与方法、情感态度价值观。要注重学生学习、劳动和社会实践活动的行为表现，采用多种评价方式，综合评价学生的理论思维能力、政治认同度、价值判断力、法治素养和社会参与能力等，全面反映学生思想政治学科核心素养的发展状况。对照《课程标准》对教学评价的要求来看，目前高中思想政治学科在教学评价方面还存在一些问题：评价方法以传统纸笔考试为主，过多地注重量化的结果，而很少采用体现新评价思想的、质性的评价手段和方法，导致学生被动、机械化地理解、记忆知识。显然，这样的教学评价体系不利于学生学科思维、探究能力、批判和创新精神以及情感体悟的发展，更不能全面反映学生思想政治学科核心素养的发展状况。

全息育人理论运用于高中思想政治学科教育教学评价，也促进了相应的高中思想政治学科全息育人教学评价模式的形成，提倡运用多元科学、行之有效的教学评价方法，评价教学是否达到全息育人目标要求。高中思想政治学科全息育人评价依据立德树人根本任务、社会主义核心价值观、《课程标准》、全国教育大会精神、高中思想政治学科育人功能，以高中思想政治学科课程为基础，挖掘高中思想政治育人点，建构了学科认知、德性育人、审美育人、健康育人和劳动育人五个维度的高中思想政治学科全息育人教学评价指标体系。从评价对象来看，高中思想政治学科全息育人教学评价指标体系是以育人活动的全部领域作为对象，评价对象不仅包括学生的学习，也包括教师的教学，即只要哪里有学习发生，哪里有课程教学，哪里就伴随着评价，坚持以生为本、以学评教，实现教、学、评有机统一，协调各种环境、各个阵地、各方力量，发挥其育人功能，评价贯穿于整个教学的全过程、全学段、全方面；从评价主体来看，高中思想政治学科全息育人教学评价指标体系不仅包括直接从事育人活动的教师本人和学生群体，还包括间接参与育人活动的家长、社会组织、教研员、评价专家、学校领导、教务人员以及

教师同行等；从评价原则来看，高中思想政治学科全息育人教学评价着眼于促进学生全面发展，侧重于考查的是学生能否综合运用思想政治学科内容在真实情境中提出问题、分析问题和解决问题的能力，以及在这些过程中能否表现出坚持正确思想政治方向的情感和行为，注重的是对学生学习能力和学习过程的发展性评价；从评价目标来看，高中思想政治学科全息育人教学评价目标是面向当前教育发展的新形势，围绕立德树人教育工作的根本任务，落实学科核心素养的培养，强化育人导向，促进师生五育融合；从评价方法来看，高中思想政治学科全息育人教学评价不仅有量表或者纸笔测验评价，还强调通过成长记录袋对不同的学生采用不同评价标准的差异性评价，帮助学生更清晰地掌握自己的实际情况，激发学生的学习动力，挖掘学习潜能，改进学习策略，以促进所有学生得到不同程度的发展。

综上所述，高中思想政治学科全息育人教学评价模式充分考虑了高中生的心理和生理特点，能做到全面聚焦高中学生思想政治学科核心素养的养成与发展状况，与高中《课程标准》对高中思想政治教学评价的要求有很高的契合度，是对高中思想政治教学评价维度的有效落实。

四、有利于提升高中思想政治教师教学能力

高中思想政治学科全息育人提出，高中思想政治教学要由知识技能教学转向核心素养教学，由学科教学转向学科育人，由智育第一转向“五育融合”。这三个转向具体的实践都是由教师来实现，这就需要高中思想政治教师把自己的角色定位从单一的学科知识传输者提升为综合型育人教师。有专家表示，高中思想政治学科全息育人的教师应该具有四大素养：一是纯正的思想素养，包含政治、思想、道德、心态等方面；二是精深的专业素养；三是广博的文化素养，做到以文化育人；四是厚重的教育素养，把教育当作学问来研究，把教育当作艺术来追求，显示出教育的厚重感。因此，这三个转向的实现对思想政治教师的综合教学能力提出了更高的要求。

在传统思想政治教学中，学生主要通过学科教材获取知识，教师只需要开展学科知识教学就能完成教学任务，对教师的教学能力要求比较单一，学科专业发展空间相对有限，学科教学理念僵化，难免会沦落为知识经验灌输者。高中思想政治学科全息育人要求高中思想政治教师顺应普通高中课程改革的需要，按照学科认知、德性育人、审美育人、健康育人和劳动育人五个维度来开展教学活动，教学的素材、内容和活动设计等都可能会超出教师所掌握的本学科知识的广度和深度，甚至跨越教师本身的专业领域。例如：在教学设计时，高中思想政治学科全息育人需要教师全方位、多角度、跨

学科地深入挖掘教材内容、教学素材与学科认知、德性育人、审美育人、健康育人和劳动育人相关的问题，这就需要高中思想政治教师具备丰富的知识储备：一方面是广博的基础知识，即需要对涉及的政治学、经济学、法学、哲学、伦理学、社会学、体育学、美学、人类文化学等学科内容，班主任工作、党团工作、社会认识和公民教育等德育工作内容，以及个人生活、职业体验、大学必修课程内容等知识进行了解，这有助于调动学生的学习兴趣；另一方面便是扎实的专业知识储备，即除精准把握高中思想政治教学的专业知识内容和体系、基本原理和思想、技能和方法外，还要了解高中思想政治学科的发展前景，这是高中思想政治教师开展高中思想政治学科全息育人的基本前提。

在教学实施时，一方面，高中思想政治学科全息育人需要充分利用现代信息技术来搜集信息、整理信息、处理信息，从而充分发挥高中思想政治学科全息育人实施过程中所涉及的全部信息的育人功能，这就要求高中思想政治教师紧跟高中思想政治学科全息育人活动对信息技术要求的步伐，扎实学好相关信息技术的使用方法和操作技巧，“必须具备信息化教育教学能力，善于用信息传媒来提高课程知识的表达力、传输力与教育力，成为信息科技赋能教育的主力军”[①]。在育人活动中灵活应用相关信息技术，努力增强育人效果；另一方面，高中思想政治学科全息育人活动的实施是互动化、个性化的过程，需要采用启发式、探究式、议题式、辨析式、参与式等多种教学方式，这就要求高中思想政治教师必须提高自身学科全息育人的实施能力，即熟练掌握这些教学方式的有效实施策略，创新高中思想政治学科课堂教学形式，灵活多样地选择与育人对象、育人目标、育人内容相适应的教学方法，科学合理地安排育人活动的各个环节，有意识恰当地运用生动的事例保持和激发学生的学习兴趣，这是高中思想政治教师开展高中思想政治学科全息育人活动的核心要求，更是保证学生学科核心素养得到有效落实，增强高中思想政治学科全息育人活动育人效果的关键所在。

在拓展教学时，高中思想政治学科全息育人需要根据学生的心理特点、兴趣和爱好有针对性地组织开展志愿服务、社会调查、专题访谈、参观访问等社会综合实践，要与学生、不同学科老师、不同组织及其相关人员进行沟通和合作，这就要求高中思想政治教师提高与学生沟通交流的能力，与不同学科同事合作交流的能力，与不同组织相关人员沟通合作的能力，以更好地满足高中思想政治学科全息育人的需要。

综上所述，高中思想政治教师开展高中思想政治学科全息育人的过程，既是培育学生学科核心素养的过程，也是不断提高高中思想政治教师思想素养、专业素养、文化素养、教育素养等综合素养的过程，从而推动教学功底的夯实和教学能力的提升。

---

① 龙宝新. 教师素质现代化是教育现代化的内核[J]. 教育家，2020(01)：32-33.

五、有利于培育高中学生思想政治学科核心素养

学科核心素养是学生通过学科学习而逐步形成的正确价值观、必备品格和关键能力，主要包括政治认同、科学精神、法治意识和公共参与。高中思想政治学科全息育人的价值集中体现为思想政治学科核心素养，对培养学生的政治认同、科学精神、法治意识和公共参与有着独特作用。

（一）有利于培育学生的政治认同素养

政治认同是高中思想政治学科核心中的首要学科核心素养，关乎学生的成长方向和理想信念的确立，也是科学精神、法治意识和公共参与的共同标志，培育学生的政治认同素养是高中思想政治课程实施过程中的首要任务和根本任务。高中阶段的学生正处于人生发展的重要时期，他们的思想信仰、道德情感、政治素质具有多样性、选择性、可塑性的特点，“三观”还没定型，对政治理论知识认识模糊，缺乏政治思维和政治判断能力，面对当前社会变革和实践创新中的新挑战、新问题，往往人云亦云，不能做出正确判断，有时甚至会发表一些负面言论；与此同时，在传统高中思想政治教学过程中，部分老师在教的过程中是为教而教，或让学生死记硬背，仅仅教给了学生课本知识，而没有通过具体的实践活动把这些知识内化为学生的能力，仅停留在“知”的层面，使得学生缺乏政治行为能力，不能将知识运用于实际的政治社会问题，政治认同也就没有真正落实。

高中思想政治学科全息育人建构了基于学科认知、德性育人、审美育人、健康育人和劳动育人五个维度的高中思想政治教学目标，把马克思主义基本理论教育、革命传统等红色基因的传承和习近平新时代中国特色社会主义思想的学习引进教材、引进课堂、引进头脑，从内容上能够满足高中学生成长成才的需要；在他们困惑、迷茫的时候，根据学生的实际，依据高中思想政治学科全息育人点导引框架，开展议题式、辨析式等方式的教学，以议题引导学生观察、辨析、反思和解决当前社会变革和实践创新中的新挑战、新问题，增强学生的道路自信、理论自信、制度自信、文化自信，让学生从心灵深处拥护党的领导和社会主义制度，从而做出正确的价值判断与价值选择，引领学生沿着社会主义方向成长前进，让学生的政治认同素养得到真正的落实。

（二）有利于培育学生的科学精神素养

《课程标准》明确指出，“科学精神”既显示学生认识社会、参与社会的能力和态度，也显示人自身自由发展的文明程度，体现中国特色哲学社会科学的有关原理和方法，

是达成“政治认同”、形成“法治意识”、实现“公共参与”的基本条件。培育学生的科学精神素养，对实现高中思想政治课程目标和落实立德树人根本任务来说都具有重要的作用，能顺应时代发展的趋势，更能促进学生养成终身发展必备的个人素质。

传统高中思想政治教学主要是以教师主导的“填鸭式”教学为主，没有引导学生进行思维的锻炼，在教学评价中也主要是检查学生对学科内容知识的背诵程度，对科学精神素养的考查力度不够，缺乏对学生科学精神素养的培育。

高中思想政治学科全息育人是以培育学生科学精神素养为导向的育人活动，倡导教师在课前布置学习任务，让学生收集感兴趣的社会新闻和热点事件，并为课堂交流分享做准备；在课堂中，教师指导学生把熟悉的、有价值的社会热点转化为课堂教学中的议题，组织学生进行交流和探讨。例如，在讲《经济与社会》第二课时的时候设置以下议题：“从‘低价’入场到‘涨价’收割——共享充电宝‘真翔’还是‘真香’”。共享经济通过闲置资源使用权的暂时转移，提高资产使用效率来为各方创造价值，是社会服务行业内最重要的一股力量，为我们的生活带来了诸多便利，人们也越来越适应“共享”带给我们生活的改变，但凡事都是双刃剑，共享理念在方便群众生活的同时也给我们带来了不小的烦恼，例如，景区充电宝1小时10元，共享单车一小时6.5元……近日，多个共享经济平台产品纷纷宣布涨价。许多网友感叹，曾经“价格真香”的共享神器，一夜之间已经“高攀不起”了；“大数据杀熟”；很多共享经济平台在用户不知情的情况下，将用户个人信息当作大数据进行商业化利用，甚至进行交易。……那么，共享经济给我们的生活带来了什么利弊？共享充电宝是“真翔”还是“真香”？我们就以上问题展开辨析。教师最后基于本节课的教学目标和科学精神素养的要求做好辨析的评论和总结，对学生的观点给予及时的肯定和鼓励，对偏激的观点给以恰当的引导，指出本次辨析与“充分发挥市场在资源配置中的决定性作用”相关，升华主题，帮助学生深入理解教学内容——建立健全规范的市场体系，体会在辨析过程中知识内化的感受，以便让学生在学习学科知识的同时，能够改进思维、把握规律，增强科学思辨能力。

在这一系列以培育学生科学精神素养为导向的育人活动的过程中，引导学生学会分析当今社会的各种现象和事件，教会学生能够运用所学的学科知识进行深度、理性的思考，以此提高学生的思辨能力，帮助学生学会自主解决自身在观察社会、理解社会的过程中所产生的种种疑问，从而提升学生做出正确价值判断和价值选择的能力，促进科学精神素养培育目标的达成。

（三）有利于培育学生的法治意识素养

法治意识体现当代中国公民依法行使权利、履行义务的必备品质，是公共参与的必要前提,也是政治认同和科学精神的必然要求。2016年6月颁布的《青少年法治教育大纲》进一步规定了在国民教育体系中安排法治教育的目标定位、原则要求和实施路径,要求对高中生加强法治意识素养培育,培养他们的法律观念和法治思维习惯,引导高中学生尊法学法守法用法,拥有应对未来的真实生活或工作问题的关键能力和必备品格。这对推进全面依法治国、建设中国特色社会主义具有重要的意义。

思想政治学科历来都是学生接受法治素养培育的主要路径与载体。在传统高中思想政治教学中,教材中法治知识较少,相关内容在高考中涉及的也较少,在实际的高中思想政治教学中这些知识往往被教师当作理论内容,照本宣科地讲解给学生听,教学中常常以如何得分为目的,让学生机械性地记忆教材中的相关知识,难以将法律规范所蕴含的法治精神传达给学生,忽视了对学生法治意识的培养,这在很大程度上限制了学生法治意识的养成。

将法治教育寓于高中思想政治课堂教学之中,是高中思想政治全息育人的内在要求。高中思想政治学科全息育人教师在高中思想政治学科全息育人点导引框架内,深入挖掘和提炼教材中的法治教育内容,将教材中分散的法治教育内容集中化、系统化,确定单元教学的主题,让学生根据课程主题自行查找与主题相关的法律知识。在具体的育人活动中,根据学生的认知特点在教学中创设符合教学内容的情境,设置与法治主题相关的法庭模拟活动和观摩参观活动,加工处理涉及的法律素材,将抽象的法律素材具体化,从而引导学生在层层深入、由表及里的理性思考中正确地认识法律,注重带领学生探究法治与生活、法治与道德的关系,让学生认识到建设法治社会的重要意义,进而帮助学生养成依法办事、依法行使权利、依法履行义务的习惯,引领学生做社会主义法治的忠实崇尚者、自觉遵守者、坚定捍卫者,从而达成学生法治意识素养培育的目标。

(四)有利于培育学生的公共参与素养

公共参与素养体现人民当家作主的责任担当,是政治认同、科学精神和法治意识的行为表现,是高中思想政治学科核心素养的实践归宿,只有培育好学生的公共参与素养,才能将理论外化为行为,在真正意义上落实思想政治学科《课程标准》的要求。

传统的高中思想政治学科课程教学是被动和封闭的,学生缺乏活动和体验。部分老师为应付考试,将教学重心偏向于公共参与理论知识的灌输,重视学生对于知识体系的构建,而缺乏必要的公共参与实践活动性课程的课时安排,多数老师依然没有摆脱传统的“独奏者”身份,忽视了学生在学习中的主体地位,过于强调教师的权威作用,学生成为单纯的被动学习者,无法自主发现和解决问题,产生惰性思维,自主思辨能力降低，容易出现盲从的心理和行为，不利于公共参与知识的积累和参与能力的提高。

高中思想政治学科全息育人注重建立学生与社会公共事务和国家治理之间的有机联系。在具体的教学实施中，它注重以社会公共事务情境素材为载体，创设社会公共事务情境问题，加强学生参与社会公共事务的体验，让学生设身处地思考公共参与和政治生活之间的联系，引导学生把所学的观念和知识应用在具体的社会公共事务生活实践中。例如，在讲授《有序参与政治生活》时，教师就打开了该地区的政府网站，让学生们就该地区政府发布的《调整本市自来水费阶梯价格工作特向本市人民征求意见》这一公开消息展开了讨论，由于这一消息与学生们密切相关，学生们都积极参与了问题的讨论，还在教师的引导下将意见上传到了该政府网站上。教师采用了与学生生活紧密联系的事件，激发了学生公共参与的热情。学生在亲身体验了有序的政治参与之后，增强了参与政治生活的情感体验，促进了对所学知识的理解、内化，树立了积极有序参与政治生活的意识，通过建言献策，也提高了学生公共参与的能力。这样的教学实施过程能够有效激发学生公共参与的热情，提升学生主动有序参与社会公共事务的能力，从而促进对学生公共参与素养的培育。

六、有利于以高中思想政治学科为载体促进学生全面发展

随着全球化的深入发展、科技的日新月异、社会的日益多元化、世界联系思维日益加强，学生的成长环境发生了深刻变化，未来社会对中学生素养培育的要求是要重视不同学科的相互融合，以合力促进学生的全面发展。特别是21世纪以来，课程改革的目标或者出发点，是通过跨学科知识素材的融合育人，培育全面发展的人。高中思想政治课程是落实立德树人根本任务的关键课程，高中思想政治学科全息育人以自己特有的方式，紧紧围绕立德树人，培养德智体美劳全面发展的社会主义建设者和接班人这一根本任务，对促进中学生全面发展有着独特的作用。

以往高中思想政治课堂教学基本上都是以学科、知识体系为本位，主要追求的是分数和升学率，大部分学生过着背书、做作业、考试等单调的学习生活。在这样的课堂文化环境的综合影响下，大部分学生主要获得的是学科理论知识和考试能力的提高；对于跨学科的内容，比如反复强调学生的社会责任感、创新精神、动手能力、实践能力等，在过去很长的时间里，处在一个政策上和观念上不断宣传，但落实上似乎又非常松散的状态，因此，部分学生的逻辑思维能力和实践动手能力等发展较弱，这严重阻碍了学生的全面发展。

高中思想政治学科全息育人是对学生开展学科认知、德性育人、审美育人、健康育

人和劳动育人等多维度的综合性育人活动。它特别强调育人活动要以主题为引领、学科大概念为核心，使课程内容情境化、结构化，由此实现以知识或者课程为主要形式的课程建设转向服务于学生全面发展的课程建设；在具体的育人活动中，它依据学生的年龄特点和学科特征，重视创设一系列真实鲜活、具有时代感的案例情境，引导学生用历史的眼光、国情的眼光、辩证的眼光、文化的眼光和国际的眼光观察、辨析、反思社会发展的新成就、新成果，能让社会主义核心价值观、中华优秀传统文化、革命文化和社会主义先进文化等教育内容更加充分地贴近学生的生活实际、认知水平和情感状态，从而让学生不仅能收获学科知识，还能培养逻辑思维、创新精神、实践能力等。

在这样的高中思想政治学科全息育人活动中，所有的学科知识都是培养全面发展的人的一个材料，或者说是一个载体。这样的转变对促进学生全面发展起着积极的推动作用。一方面，这样的转变可以强化对学生感性思维的培养，挖掘学生内在的形象思维，引导学生通过想象、联想等方式来探寻事物的本质，在一定程度上改变了学生的创造性思维培养不足的现象，丰富了培养学生社会责任感、创新精神、实践能力的相关内容；另一方面，这样的转变可以促进学生主动开展知识吸收，进行有效的自我思考、自我判断和自我想象，有助于他们在有限的学习时间内正确、积极地对自我以及身边环境进行认知，能够潜移默化地浸润学生的心灵，引导他们在接受德智体美劳素养培育的过程中，充分发掘生活乐趣和个人兴趣，减少学业压力所带来的负面情绪，同时激发自身在德智体美劳各方面的潜能，促进自身德智体美劳等各个方面素养的整体提升，从而获得全面又有个性的发展。

第二章

高中思想政治学科全息育人点导引框架

在高中思想政治学科全息育人教学中，制订科学合理的学科全息育人点导引维度，挖掘教材中的学科全息育人点，建构高中思想政治学科的全息育人点导引框架，指引教师在教学中准确地制订学科全息育人教学目标，以此设计和观察评价课堂教学，是体现学科全息育人的首要标志。

第一节　高中思想政治学科全息育人点导引框架的价值取向和功能

一、高中思想政治学科全息育人点导引框架的价值取向

高中思想政治学科全息育人点导引框架的设计，主要体现了社会本位的价值取向、学生本位的价值取向和学科本位的价值取向。

（一）社会本位的价值取向

法国教育社会学家涂尔干认为，道德的目的即是社会的目的。合乎道德的行为就是为着集体的利益去行动，道德的出发点正是社会的出发点。社会本位的价值取向强调教育要为社会输送优秀人才，以社会的需要作为教学的主导方向，以社会发展为中心设计学科教学目标。根据这种价值取向，高中思想政治学科全息育人点导引框架的设计，以社会需要和社会发展为侧重点，在德智体美劳等方面挖掘教材中的育人点，体现社会发展的基本要求。

（二）学生本位的价值取向

学科核心素养是学科育人的集中体现。学生本位的价值取向主要强调教学的个体发展价值，以学生核心素养发展为本，并通过发展学生的素养，满足社会对人才的需求。根据这种价值取向，高中思想政治学科全息育人点导引框架的设计，以学生学科核心素养发展为核心，从必备知识、关键能力和正确价值观等方面挖掘教材中的学科

全息育人点，满足学生发展的需要。

（三）学科本位的价值取向

学科本位的价值取向强调教学应当遵循学科自身的逻辑结构和知识体系，强调学科教学传递文化的功能。根据这种价值取向，高中思想政治学科全息育人点导引框架的设计，以学科教材知识为载体，突出学科知识、学科能力和学科思维的培养要求。

二、高中思想政治学科全息育人点导引框架的功能

高中思想政治学科全息育人点导引框架的功能，是指它对课程与教学活动可能产生的作用和影响。高中思想政治学科全息育人点导引框架主要具有导向功能、制约功能、激励功能和评价功能。

（一）导向功能

高中思想政治学科全息育人点导引框架规定了教学中的育人标准，提供了教学提示，为教师“教”和学生“学”提出了方向性的要求，规定并指导着教学的每一项活动范围和方向，使思想政治教学的所有环节都能紧紧围绕学科全息育人点有效进行，对高中思想政治教学坚持立德树人的目标具有导向作用。

（二）制约功能

高中思想政治学科全息育人点是学科全息育人所有教学要素中的核心要素，它决定和制约了教学其他环节和要素都应当围绕着学科全息育人点加以选择和实施。高中思想政治学科全息育人点制约着教师对教学内容、教学策略、教学方法和手段的选择。高中思想政治学科全息育人点导引框架是高中思想政治学科教师制订教学计划，确定教学内容的深度、广度以及选择教学方法、手段的依据。

（三）激励功能

高中思想政治学科全息育人点导引框架的预见性和理想性，决定了它具有激励教学行为的功能。适当、合理的学科全息育人点导引框架能激发教师教学活动的动机，激励教师通过一定方式，把学科育人点转化为学生的学习目标，成为学生学习活动的诱因，激励学生自觉地、积极地参与教学活动，产生良好的学习效果。

(四)评价功能

高中思想政治学科全息育人点导引框架为高中思想政治学科全息育人教学评价提供了依据和可以遵循的标准。高中思想政治学科全息育人点导引框架是对学习者通过学习后应该表现出来的可见行为具体的、明确的表述,通过教学可以达到并用现有技术手段能够测量的教学结果。评价一堂课的优劣,首要标准就是看教师的育人点是否明确、适当、科学。评价指标必须与高中思想政治学科全息育人点目标一致。

第二节 高中思想政治学科全息育人点导引框架育人维度

一、高中思想政治学科全息育人点导引框架育人维度阐释

2019年,国务院办公厅发布了《关于新时代推进普通高中育人方式改革的指导意见》,指出要通过突出德育时代性、强化综合素质培养、拓宽综合实践渠道、完善综合素质评价等,来构建全面培养体系。高中思想政治全息育人点导引框架从学科认知、德性育人、审美育人、健康育人、劳动育人五大维度着手,在《课程标准》的指导下,对统编版高中《思想政治》四本必修教材内容中的育人点进行挖掘,构建高中思想政治学科全息育人点导引框架,坚持贯彻落实高中思想政治学科备、教、学、评一体化要求。

(一)学科认知:凸显高中思想政治学科育人的独特性

认知是指通过心理活动(如形成概念、知觉、判断或想象)获取知识。高中思想政治学科全息育人点导引中的学科认知是指学生通过高中思想政治学科的学习,应获得的学科知识、学科能力和学科思维,是高中思想政治学科育人的独特性所在。

1.学科知识主要是指高中思想政治教材中的基本概念、观点、原理及其重难点。

2.学科能力主要是指高中思想政治课程基本理念中所提出的五大能力:理论思维能力、政治认同度、价值判断力、法治素养和社会参与能力。

3.学科思维是运用学科知识解决学科问题过程中体现的学科特质。依据学科任务的类型,高中思想政治学科思维主要包含归纳思维、演绎思维、求证思维和推理思维。

（二）德性育人：高中思想政治学科育人价值的集中体现

《课程标准》明确指出，学科核心素养是学科育人价值的集中体现。据此，德性育人包括政治认同、科学精神、法治意识和公共参与，即培养有信仰、有思想、有尊严和有担当的社会主义建设者和接班人。

1.政治认同（有信仰）。青少年的政治认同是他们创造幸福生活的精神支柱、价值追求和道德准则。发展政治认同素养，才能牢固树立中国特色社会主义理想信念，成为社会主义合格建设者和可靠接班人。政治认同包括四个方面：对领导力量的认同，对根本道路和制度的认同，对国家、民族和文化的认同，对价值观的认同。即三个身份，认同（认同中华人民共和国、中华民族、中华文化），三个政治行为认同（拥护中国共产党的领导，坚持和发展中国特色社会主义，弘扬和践行社会主义核心价值观）。

2.科学精神（有思想）。培养青少年的科学精神，有助于他们形成正确的价值取向和道德定力，提升辩证思维能力，立足基本国情、拓展国际视野，在实践创新中增长才干，既能让学生的生命个体得以全面发展，又能体现出学生作为社会人和国家公民的责任担当。我国公民的科学精神，就是在认识世界和改造世界的过程中表现出来的一种精神取向，即坚持马克思主义的科学世界观和方法论，能够对个人成长、社会进步、国家发展和人类文明做出正确的价值判断和行为选择。

3.法治意识（有尊严）。法治意识更多的不是落实于法治教育的具体条文的理解上，而是聚焦于“置法于何处”的法治信仰的要求上，既注重法治内容的讲授，也重视法治思想意识的养成。我国公民的法治意识，就是尊法学法守法用法，自觉参加社会主义法治国家建设。

4.公共参与（有担当）。让学生理解民主政治，具备公民意识，增强公德意识和社会参与能力，追求更高的道德境界。我国公民的公共参与，就是有序参与公共事务，勇于承担社会责任，积极行使人民当家作主的政治权利。

（三）审美育人：高中思想政治教育的基础性功能

“所谓审美，指正确地、透彻地了解事物所包含的内在美与外在美，并给予正确的评价。”①“美育是通过各种美的事物培养学生审美欣赏力、审美表现力和审美创造力，同时也有助于培养良好人格品质、启发智慧、促进学生个性全面发展的教育。”②

著名教育家蔡元培先生说过，凡是学校所有课程，都没有与美育无关的。政治教

① 胡晓红.浅谈中学生素质教育的内容[J].思想政治课教学.2001(06):27-28.

② 刘兆吉.美育心理研究[M].成都:四川教育出版社,1993:177.

育在发展学生审美评价和培养审美个性上具有基础性功能。因为人类除了有共同的美感外,审美评价、审美倾向、审美能力都受一定的时代、民族特点和阶级性质所制约,特别为一定的哲学、道德和政治观念所左右,并随着思想、文化、道德等观点的改变而变化。思想政治教学建立在学生的审美系统、审美价值和能力上,它从世界观、价值观、人生观的高度奠定了思想理论基础,在丰富学生审美情感、培养审美个性中处于主导性地位。

高中思想政治审美育人就是要充分挖掘教材中所蕴含的丰富的美育资源,将美育思想融入实际教学,帮助学生在知美、爱美的基础上,树立正确的审美观和较强的审美能力,从而培养真、善、美的高尚情操和良好的文明行为习惯。

1.审美感知。感知是审美活动的心理基础,是人们进入审美世界的大门。教师要帮助学生从教材的文字表达、内容及其呈现方式中感受美、发现美和欣赏美。主要表现为引导学生发现、感受和欣赏教材中的社会经济生活的规律美、中国社会的时代发展美、哲学思辨的学理美、中华优秀传统文化美等,使学生在教学过程中获得审美体验。

2.审美能力。审美能力是人文素养的重要组成部分,是判断认知水平高低的标志。正如席勒所说,若要把感性的人变成理性的人,唯一的途径是先使他成为审美的人。如何认识美、面对美是人的一种修养,也是人的一种精神境界。要通过高中思想政治教材中蕴含的美育素材,培养学生评价美、展现美和创造美的能力,主要表现为能够明辨是非曲直的真善美,展现文明的行为习惯,有能力处理闲暇时间,让生活充满乐趣、充满快乐,追求美好的人生价值。

(四)健康育人:高中思想政治学科贯彻显性教育和隐性教育相统一的要求

健康作为现代人的立身之本,是必备的基本素质。健康育人是指培育学生健康的身体和健康的心理。只有身心健康的人,才能适应社会生活、健康成长,成为社会所需要的人才。高中思想政治教材中有许多显性或隐性的健康教育内容。特别是在统编版高中《思想政治》必修4《哲学与文化》中,许多知识直接与心理健康教育的内容相关,是心理健康教育最重要的资源。而统编版高中《思想政治》必修1《中国特色社会主义》、必修2《经济与社会》、必修3《政治与法治》中有许多内容从不同的方面渗透着对学生的人格要求。充分挖掘高中思想政治教材中的健康育人点,在教学中渗透健康育人,培养学生的心理健康和生活健康,是贯彻显性教育与隐性教育相统一的要求。

1.心理健康。主要表现为面对复杂的社会问题时,有着认知正确、行为恰当、态度积极的心理品质。

2.生活健康。主要表现为具有健康的生活经验观念,养成文明的生活方式。

(五)劳动育人:联系高中思想政治学科知识与学生实际的纽带

马克思指出,劳动是一切价值的创造者。劳动教育既是立德树人的基本要求,也是在个人成长成才的过程中服务国家经济社会发展的价值引领。劳动教育与德智体美教育相辅相成,必不可分。劳动可以树德,可以增智,可以健体,可以育美。

2018年9月,习近平总书记在全国教育大会上强调,要在学生中弘扬劳动精神,教育引导学生崇尚劳动、尊重劳动,懂得劳动最光荣、劳动最崇高、劳动最伟大、劳动最美丽的道理,长大后能够辛勤劳动、诚实劳动、创造性劳动。2020年3月,中共中央、国务院印发《关于全面加强新时代大中小学劳动教育的意见》提出,要培养勤俭、奋斗、创新、奉献的劳动精神,这为新时代劳动教育指明了方向。2020年7月,教育部印发的《大中小学劳动教育指导纲要(试行)》对劳动教育的内涵做了精准的定位,一是全面的劳动教育,从技能性到思想性,强调劳动教育是发挥劳动的育人功能;二是系统的劳动教育,从小学到中学再到大学,根据年龄段的特点,分类施教,既有劳动又有教育,形成覆盖学校教育的过程体现。这既为劳动教育正本清源,也为劳动教育课的探索与实践提出了方向。

劳动教育的本质是品质教育,劳动教育培养的是劳动意识、劳动习惯、劳动精神,最终目的是让劳动者将其内化为劳动素养。中小学劳动教育的重点应该放在对学生热爱劳动的意识和基本生活技能等方面的培养上,培养学生的劳动习惯、劳动技能和劳动品德,使其树立正确的世界观、人生观、价值观,为将来的发展奠定坚实的基础。

挖掘高中思想政治教材中的劳动育人点,将劳动教育的理念和目标弥漫并渗透于日常的教育教学,实现劳动教育的日常化,发挥劳动育人联系学科知识与学生实际的纽带作用。

1.劳动认知。主要是指高中思想政治教材中的马克思主义劳动价值论、历史唯物主义、劳动对社会发展和进步的意义、我国劳动者的权利与义务、民族精神等关于劳动、劳动者、劳动创造的知识内容。

2.劳动精神。主要表现为弘扬勤俭、奋斗、创新、奉献的劳动精神,锻造学生的劳动品质,养成崇尚劳动、热爱劳动,尊重劳动,厉行勤俭,勤奋学习、创新实践,诚实劳动、热心公益劳动的优良品行。

二、高中思想政治学科全息育人点导引框架育人维度层级与具体描述

表2-1 高中思想政治学科全息育人点导引框架

育人维度	一级维度	二级维度	具体描述
学科认知	学科知识	必修教材的基本概念、观点、原理和重难点	为何开创和发展中国特色社会主义，如何坚持和发展中国特色社会主义。
	学科能力	理论思维能力	运用马克思主义理论思维，揭示客观事物本质和规律的能力。
		政治认同度	学生在社会政治生活中产生的一种感情和意识上的归属感。
		价值判断力	对道德价值与伦理学价值进行善恶判断的能力。
		法治素养	运用法律基本知识、规范、技能、价值，追求分析解决问题的能力。
		社会参与能力	有序参与公共事务，勇于承担社会责任，行使人民当家做主权利的能力。
	学科思维	归纳思维	从具体事例中推导出一般规律和共同结论的思维。
		演绎思维	把一般规律应用于具体事例的思维。
		求证思维	用掌握的知识和经验去验证某一个结论的思维。
		推理思维	通过判断、推理去解答问题的思维。
德性育人	政治认同	领导力量认同	拥护中国共产党的领导。
		根本道路和制度认同	坚持和发展中国特色社会主义。
		国家、民族和文化认同	认同中华人民共和国、中华民族、中华文化。
		价值观认同	弘扬和践行社会主义核心价值观。
	科学精神	科学的世界观和方法论	坚持马克思主义的科学世界观和方法论。
		价值判断和价值选择	能够对个人成长、社会进步、国家发展和人类文明做出正确的价值判断和行为选择。
	法治意识	尊法学法守法用法	依法行使权利、履行义务。
		自觉参与社会主义法治国家建设	严守道德底线，维护公平正义，做社会主义法治的忠实崇尚者、自觉遵守者、坚定捍卫者。
	公共参与	有序参与公共事务	了解民主管理的程序，体验民主决策的价值，感受民主监督的作用。
		勇于承担社会责任	热心参与公益活动，增强公德意识和社会参与能力，追求更高的道德境界。
		积极行使人民当家作主的政治权利	行使知情权、参与权、表达权、监督权。

续表

育人维度	一级维度	二级维度	具体描述
审美育人	审美感知	感受美、发现美、欣赏美	社会经济生活的规律美,中国社会的时代发展美,哲学思辨的学理美,中华优秀传统文化美。
	审美能力	评价美、展现美、创造美	明辨是非曲直的真善美,展现文明的行为习惯,有能力处理闲暇时间,让生活充满乐趣、充满快乐,追求实现美好的人生价值。
健康育人	心理健康	认知正确、行为恰当、态度积极	树立正确的意识,以高昂的精神不断奋进;树立正确的消费观,理性消费;树立正确的价值观,选择正确的人生道路;维护良好的生态环境。
	生活健康	健康的生活经验观念,养成文明的生活方式	坚持适度原则,适度运动、适度消费;支持健康有益的文化,抵制不良文化。
劳动育人	劳动认知	马克思主义劳动价值论	物质资料的生产是人类社会赖以存在和发展的基础;了解商品、货币和价值规律。
		历史唯物主义	人民群众是社会物质和精神财富的创造者,在劳动奉献中创造人生价值。
		劳动对社会发展和进步的意义	劳动是一切物质和精神财富的源泉,是价值的唯一源泉,是人们获取收入最基本的渠道。劳动最光荣、最伟大、最崇高、最美丽。
		我国劳动者的权利与义务	劳动法、劳动合同、劳动维权、劳动仲裁、劳动者素质
		民族精神	伟大创造精神、伟大奋斗精神、伟大团结精神、伟大梦想精神
	劳动精神	勤俭、奋斗、创新、奉献	崇尚劳动、热爱劳动;尊重劳动、厉行勤俭;勤奋学习,创新实践;诚实劳动、热心公益劳动。

第三节　高中思想政治学科全息育人点导引框架具体呈现

一、必修1《中国特色社会主义》主题单元育人点导引

本册教材内容着眼于人类社会的发展历程,立足于中国特色社会主义的伟大实

践，明确中国特色社会主义是科学社会主义理论逻辑与中国社会发展历史逻辑的辩证统一的观点。中国特色社会主义已进入新时代，要帮助学生树立为共产主义远大理想和中国特色社会主义共同理想而奋斗的信念。本册教材内容共四课，外加两个综合探究，整合为两大主题单元。

表2-2 必修1《中国特色社会主义》主题单元育人点导引

育人维度	育人点及具体描述
第一单元 人类社会发展的进程与趋势（整合教材第一课和综合探究一的内容）	
学科认知	【学科知识】1.基本概念：生产力、生产关系、经济基础、上层建筑。2.基本观点：社会发展的历史进程取决于社会基本矛盾的运动；生产力和生产关系的矛盾运动是社会发展的根本动力；生产关系是否适合生产力发展是衡量社会进步的标准（难点）；生产社会化与生产资料资本主义私人占有之间的矛盾是资本主义社会的基本矛盾；中国特色社会主义是科学社会主义的成功实践，是中国近代历史发展的必然选择；坚持和发展中国特色社会主义，是实现中华民族伟大复兴的必由之路（重点）。3.基本原理：生产力与生产关系、经济基础与上层建筑相互作用的原理；人类社会历史进程的统一性和多样性原理。 【学科能力】1.理论思维能力：揭示社会发展基本规律和社会发展的总趋势。2.政治认同度：坚信社会主义终将代替资本主义是不可逆转的，共产主义一定要实现的信念是不可动摇的。 【学科思维】1.归纳思维：描述各种社会形态的本质特征，概述社会主义从空想到科学、从理论到现实的历史发展轨迹。2.求证思维：阐明社会发展的历史进程取决于社会基本矛盾的运动，社会主义终将取代资本主义是不可逆转的，阐明人类社会发展的趋势。
德性育人	【政治认同】1.确信社会主义终将代替资本主义是不可抗拒的历史趋势。2.理解中国特色社会主义是实现中华民族伟大复兴的必由之路。3.坚定中国特色社会主义道路自信、理论自信、制度自信、文化自信。4.坚定中国特色社会主义共同理想，树立共产主义远大理想。 【科学精神】1.结合社会实践活动，了解人类社会发展的一般规律。2.懂得中国特色社会主义是科学社会主义的成功实践，是中国近代历史发展的必然选择。 【法治意识】着眼于人类文明演进的进程，说明法治是先进的国家治理方式。
审美育人	【审美感知】1.从具体的史实中认识社会发展的规律美。2.感知各种社会形态的生产关系，既有随着生产力的发展或迟或早发生的变革美，又有与当时生产力水平相适应的协调美。 【审美能力】1.评价社会文明的演进。2.展现“四个自信”之美。3.共产主义理想之美。
健康育人	【心理健康】坚信共产主义一定会实现，有着坚定走中国特色社会主义道路的正确认知和积极态度。
劳动育人	【劳动认知】1.物质资料的生产是人类社会赖以存在和发展的基础。2.生产力是社会发展的最终决定力量。3.劳动者在社会生产中起决定作用。4.必须提高劳动者素质，以促进社会生产力的发展。 【劳动精神】努力奋斗是使理想变为现实的桥梁。要勤奋学习，用劳动创造幸福生活。

续表

<table>
<tr><th>育人维度</th><th>育人点及具体描述</th></tr>
<tr><td colspan="2">教学提示</td></tr>
<tr><td colspan="2">◆以“怎样揭示人类社会发展的奥秘”为议题，探究社会发展的基本规律和主要阶段。可以绘制展板，制作各种社会形态的标志，展示不同时期的生产工具，比较不同生产力发展水平和社会形态的差异；可以通过检索网络或实地参观博物馆、观看反映社会形态的文学作品如《诗经》《论语》《红楼梦》等，理解不同社会形态的特点。可以组织研讨，说明为什么存在剥削的奴隶社会比原始社会更加进步。可以采用图说等方式，阐释生产力与生产关系、经济基础与上层建筑相互作用的原理，揭示生产力与生产关系的矛盾运动是社会发展的根本动力。可以列举社会历史实例，了解不同社会形态的更替情况，证实生产关系是否适合生产力发展是衡量社会进步与否的标准。
◆以“怎样看待资本主义社会的兴衰”为议题，探究资本主义社会的基本矛盾。可以回顾资本主义生产关系的形成与发展，了解生产社会化与生产资料资本主义私人占有之间的矛盾；可以阅读经典文学作品《双城记》《愤怒的葡萄》等，了解和评析当代资本主义的发展困境，发现社会主义终将代替资本主义的历史趋势。
◆以“科学社会主义为什么科学”为议题，探究科学社会主义的基本原则。可以讲述空想社会主义代表人物的故事，理解空想社会主义的局限性与产生的历史条件。可以讲述马克思、恩格斯从事科学研究和革命活动的故事，了解科学社会主义诞生的时代背景，明确唯物史观和剩余价值学说是科学社会主义的两大理论基石。可以朗读《共产党宣言》《在马克思墓前的讲话》中的名言名句，分享对科学社会主义理论的感悟，表达对共产主义社会的憧憬。可以查阅十月革命的相关资料，观看有关电影《列宁在十月》《列宁在一九一八》，讨论科学社会主义从理论到实践的发展。
◆以“不同国家、地区的历史各具特色，是否有悖社会发展的一般进程”为议题，探究历史进程的统一性和多样性。可以列举不同国家发展道路的表现，如社会制度的形式、社会变革的方式、发展程度的差距、发展阶段的跨越等，分析地理环境、文化传统、外部影响等因素对发展道路选择的影响。查阅历史事件，如西欧的日耳曼民族从原始社会直接走向封建社会、北美洲随着欧洲移民的到来建立了资本主义制度等，或观看电影《从奴隶到将军》等，理解人类社会发展的一般过程是由各国、各地区、各民族历史的多样性反映出来的。</td></tr>
<tr><td colspan="2">第二单元　中国特色社会主义的开创与发展(整合教材第二课、第三课、第四课和综合探究二的内容)</td></tr>
<tr><td>学科认知</td><td>【学科知识】1.基本概念：新民主主义革命、中国特色社会主义进入新时代、社会主要矛盾、中国梦。2.基本观点：只有社会主义才能救中国；只有中国特色社会主义才能发展中国；习近平新时代中国特色社会主义思想是马克思主义中国化最新成果(重点、难点)。
【学科能力】1.理论思维能力：了解新中国确立社会主义制度的历史趋势；论证中国特色社会主义是当代中国发展的根本方向。2.政治认同度：坚定坚持和发展中国特色社会主义的自信。3.价值判断力：阐明中国特色社会主义道路、理论、制度、文化是党和人民长期奋斗、创造、积累的根本成就；阐明中国特色社会主义进入新时代，我们比历史上任何时期都更接近、更有信心和能力实现中华民族伟大复兴的目标。4.社会参与能力：把爱国情、强国志、报国行自觉融入坚持和发展中国特色社会主义事业、建设社会主义现代化强国、实现中华民族伟大复兴的奋斗之中。
【学科思维】1.归纳思维：中国特色社会主义的科学真理性和历史必然性。2.求证思维：论证中国特色社会主义是当代中国发展的根本方向。3.推理思维：中国为什么能，马克思主义为什么行，中国共产党为什么好。</td></tr>
</table>

续表

育人维度	育人点及具体描述
德性育人	【政治认同】1.坚持和发展中国特色社会主义，是实现中华民族伟大复兴的必由之路。2.坚定中国特色社会主义道路自信、理论自信、制度自信、文化自信。3.坚定中国特色社会主义共同理想，树立共产主义远大理想。 【科学精神】1.理解新中国确立社会主义制度的历史必然性。2.理解坚持和发展中国特色社会主义，是实现中华民族伟大复兴的必由之路。 【公共参与】积极参与中国特色社会主义实践，为实现中华民族伟大复兴中国梦而奋斗，为中华之崛起而读书。
审美育人	【审美感知】1.从新中国成立以来，特别是改革开放以来的巨大变化中，体会中国特色社会主义理论的科学美，中国特色社会主义所特有的制度美、社会美。2.感悟现阶段我国各族人民的共同理想和共产主义理想，在更高层次上展现出的社会美。
健康育人	【生活健康】知道我国社会主要矛盾为人民日益增长的美好生活需要和不平衡不充分的发展之间的矛盾。树立中国梦的本质是国家富强、民族振兴、人民幸福的正确认知。
劳动育人	【劳动认知】新时代属于每一个人，每一个人都是新时代的见证者、开创者、建设者。青年兴则国家兴，青年强则国家强。 【劳动精神】新时代中国青年要砥砺奋斗，为实现中国梦而努力学习。
教学提示	
◆以“社会主义为什么是近代中国历史发展的必然”为议题，探究只有社会主义才能救中国的道理。观看影视作品《走向共和》《辛亥革命》等，列举基本事实，了解近代中国探索复兴之路的悲怆历程，分析多种尝试终归失败的原因，证实只有经过新民主主义革命建立人民政权，确立社会主义制度，才能实现中国历史上最为广泛而深刻的社会变革，为当代中国的发展进步奠定根本政治前提和制度基础。可以基于我国社会主义政治制度、经济制度的特色，讨论社会主义初级阶段的基本国情。 ◆以“中国为什么能”为议题，探究只有中国特色社会主义才能发展中国的道理。可以讲述党的十一届三中全会实现历史性转折的意义，理解中国特色社会主义是党和人民在革命、建设时期付出各种代价，经过接力探索，在改革开放新时期开创的。开创中国特色社会主义从根本上改变了中国人民和中华民族的前途命运，不可逆转地开启了中华民族走向伟大复兴的征程。可以讨论改革开放以来中国发生的巨变和社会主要矛盾的变化，评述中国特色社会主义进入新时代，意味着近代以来久经磨难的中华民族迎来了从站起来、富起来到强起来的伟大飞跃，意味着科学社会主义在21世纪的中国焕发出强大的生机和活力；了解我国在国际交往中的重大事件，如重返联合国、加入世界贸易组织、提出“一带一路”倡议、构建人类命运共同体等，评述中国特色社会主义道路、理论、制度、文化的不断发展，拓展了发展中国家走向现代化的途径，给世界上那些既希望加快发展，又希望保持自身独立性的国家和民族提供了全新选择，为解决人类问题贡献了中国智慧和中国方案。 ◆以“为什么要一脉相承、与时俱进”为议题，探究如何站在新的历史起点上，夺取新时代中国特色社会主义伟大胜利，实现中华民族伟大复兴的中国梦。可以结合马克思主义与中国实际和时代特征相结合的历史经验，说明习近平新时代中国特色社会主义思想是对马克思列宁主义、毛泽东思想、邓小平理论、“三个代表”重要思想、科学发展观的继承和发展，是马克思主义中国化最新成果，是党和人民实践经验和集体智慧的结晶，是中国特色社会主义理论体系的重要组成部分，是全党全国人民为实现中华民族伟大复兴而奋斗的行动指南，必须长期坚持并不断发展。可以展望新时代全面建设社会主义现代化国家的奋斗目标，坚定坚持和发展中国特色社会主义的信心。	

二、必修2《经济与社会》主题单元育人点导引

本册教材内容依据习近平新时代中国特色社会主义经济思想的基本原理，讲述我国社会主义基本经济制度，解析社会主义市场经济的基本特征，阐释指导我国经济社会发展的新理念，帮助学生理解全面深化改革的意义，提升在新时代参与社会主义现代化建设的能力。本册教材内容共四课，外加两个综合探究，整合为两大主题单元。

表2-3　必修2《经济与社会》主题单元育人点导引

育人维度	育人点及具体描述
第一单元　生产资料私有制与经济体制（第一课、第二课、综合探究）	
学科认知	【学科知识】1.基本概念：基本经济制度、公有制、非公有制、按劳分配、非按劳分配、市场经济、国家宏观调控、企业、资源配置、财政政策、货币政策。2.基本观点：社会主义基本经济制度既体现了社会主义制度的优越性，又同我国社会主义初级阶段社会生产力发展水平相适应，是党和人民的伟大创造；公有制经济与非公有制经济相互促进、共同发展；坚持毫不动摇巩固和发展公有制经济，毫不动摇鼓励、支持、引导非公有制经济发展（重点）；在资源配置中市场起决定性作用，更好地发挥政府作用（难点）。3.基本原理：坚持公有制为主体，多种所有制经济共同发展的必要性和重要性；生产力、经济基础、经济制度、基本经济制度和经济体制的关系；社会主义市场经济的基本特征。 【学科能力】1.理论思维能力：理解公有制经济与非公有制经济、市场与政府、社会主义生产资料所有制与社会主义市场经济体制之间的相互关系。2.政治认同度：理解以公有制为主体、多种所有制经济共同发展和按劳分配为主体、多种分配方式并存等社会主义基本经济制度的优越性，它是党和人民的伟大创造；坚持毫不动摇巩固和发展公有制经济，毫不动摇鼓励、支持、引导非公有制经济发展。3.价值判断力：树立诚信意识。4.法治素养：树立规则意识。5.社会参与能力：就如何完善混合所有制经济改革进行调研，提出对策和建议；调研某市场，分析市场调节的局限性，就如何更好发挥政府作用提出建议。 【学科思维】1.归纳思维：利用国内生产总值的数据，解析宏观调控的意义。2.演绎思维：引用典型案例，说明市场在资源配置中如何发挥决定作用。3.求证思维：印证坚持公有制主体地位，发挥国有经济主导作用的必要性和重要性。4.推理思维：我国的基本经济制度是同我国社会主义初级阶段社会生产力发展水平相适应的。
德性育人	【政治认同】1.认同社会主义基本经济制度的优越性；理解坚持社会主义市场经济和深化经济体制改革的意义。2.坚持毫不动摇巩固和发展公有制经济，毫不动摇鼓励、支持、引导非公有制经济发展。3.理解建设高标准市场体系的意义。4.了解国家宏观调控的目标和手段。 【科学精神】1.初步运用中国特色社会主义政治经济学的基本观点，观察和分析经济社会现象，证实我国社会主义基本经济制度的优越性，解析国家宏观调控的意义，解析社会主义市场经济的基本特征。 【法治意识】市场经济是法治经济，各类市场主体要强化规则意识、法治意识。 【公共参与】收集和查阅资料，积极调研，提出对策或建议，提升在新时代参与社会主义现代化建设的能力。
审美育人	【审美感知】1.从坚持基本经济制度，及社会主义市场经济体制取得的成就中，感知多样统一的和谐美、时代创造美；增强支持改革、投身改革的情感美。2.感知并坚持正确义利观，体会诚实守信、奉公守法、正当竞争等行为中的人格美。
健康育人	【心理健康】开展正当竞争，养成诚信为本、操守为重的良好品质。 【生活健康】养成诚信为本、操守为重的良好生活习惯。

续表

育人维度	育人点及具体描述
劳动育人	【劳动认知】感悟我国社会主义基本经济制度的确立是党和人民的伟大创造,中华民族是勤劳勇敢的民族,弘扬中华民族精神,懂得幸福是创造出来的。 【劳动精神】崇尚劳动、尊重劳动,勤奋学习。
教学提示	
◆以“为什么要坚持‘两个毫不动摇’”为议题,探究我国社会主义基本经济制度的优越性。可以调研某项公共工程,印证坚持公有制主体地位,发挥国有经济主导作用的必要性和重要性。可以通过评析国有企业混合所有制改革的案例,或开展“非公有制经济发展是否会改变公有制经济主体地位”的主题辩论,了解混合所有制经济是如何实现公有制经济与非公有制经济相互促进、共同发展的;或就如何完善混合所有制经济改革进行调研。通过问卷调查、访谈或网络收集,结合学生家庭生活的变迁,了解发展非公有制经济对促进经济发展和提高人民生活水平的意义。 ◆以“为什么‘两只手’优于‘一只手’”为议题,探究在资源配置中市场起决定性作用和更好发挥政府作用的道理,了解社会主义市场经济体制的特点。可以结合企业经营活动的特点,或调研某商品的生产和销售情况,引用典型案例,说明市场在资源配置中如何发挥决定性作用。可以调研某市场,分析市场调节的局限性,就如何更好地发挥政府作用提出建议。 ◆以“怎样保持经济平稳运行”为议题,探究如何正确运用宏观调控手段,实现宏观调控目标。可以搜集有关资料,了解国内生产总值的构成,讨论国内生产总值作为宏观经济统计指标存在的价值与不足,并利用国内生产总值的数据,解析宏观调控的意义。可以邀请专家或银行、财政部门的管理者,举办一场关于宏观经济调控的讲座;搜集实例,探究如何随着宏观经济形势的变化,合理运用调控手段。	
第二单元　经济发展与社会进步(第三课、第四课、综合探究)	
学科认知	【学科知识】1.基本概念:新发展理念、经济发展方式、供给侧结构性改革、个人收入的方式、个人收入的合法途径、个人收入分配政策、社会保障政策、现代化经济体系、劳动、劳动精神。2.基本观点:加快建设现代化经济体系(难点);树立以人民为中心的发展思想(重点);促进社会公正、实现共同富裕、营造良好社会风尚、完善社会保障。3.基本原理:树立以人民为中心的发展思想;理解实现共同富裕蕴含着人民是社会实践的主体,是历史的创造者这一深刻认识;理解完善分配政策蕴含着生产关系必须适应生产力的发展的含义;劳动精神蕴含着物质资料的生产是人类生存和发展的基础,生产实践是最基本的实践活动。 【学科能力】1.理论思维能力:阐释以人民为中心的发展思想和创新、协调、绿色、开放、共享的新发展理念,解释结构性改革和供给侧结构性改革;解释个人收入分配政策的完善措施;阐明劳动对社会发展和进步的意义。2.政治认同度:坚持新发展理念,转变经济发展方式的意义;实现共同富裕、深化供给侧结构性改革的必要性、意义;劳动对社会发展和进步的意义;弘扬劳动精神,树立崇尚劳动、热爱劳动的观念。3.价值判断力:评析经济发展中践行社会责任的实例;评析政府运用再分配手段保障和改善民生的举措。4.法治素养:了解促进社会公平公正的收入分配政策与社会保障政策中蕴含的宪法、劳动法、劳动者权益保护法等;了解企业法对企业应履行的社会责任的规定。5.社会参与能力:针对发展理念,为社区或学校制作数字化宣传资料;调研当地转变经济发展方式的某方面情况,剖析存在的问题及原因,提出对策建议;调研现代化经济体系建设中的某个问题,撰写报告,提出对策建议;讨论如何成为知识型、技能型、创新型劳动者,结合自己的实际情况,拟订学习计划。 【学科思维】1.演绎思维和推理思维:评析经济发展中践行社会责任的实例;评析实现共同富裕、促进社会公平正义的收入分配与社会保障政策。2.求证思维:列举完善社会保障体系的措施。

续表

<table>
<tr><th>育人维度</th><th>育人点及具体描述</th></tr>
<tr><td>德性育人</td><td>【政治认同】明确加快建设现代化经济体系的必要性，树立以人民为中心的发展思想，弘扬和践行社会主义核心价值观；弘扬劳动精神，树立崇尚劳动、热爱劳动的观念。
【科学精神】结合社会实践活动，初步运用中国特色社会主义政治经济学的基本观点，观察和分析经济社会现象；评析经济发展中践行社会责任的实例；评析政府运用再分配手段保障和改善民生的举措。
【法治意识】了解宪法、劳动法、劳动者权益保护法等有关收入分配、保障劳动者权益的相关规定；了解企业法对企业的权利、义务的相关规定。
【公共参与】尝试对促进社会公正、实现共同富裕、营造良好社会风尚、完善社会保障的政策提出建议。</td></tr>
<tr><td>审美育人</td><td>【审美感知】感受中国社会主义市场经济下的良好社会风尚之美；深化社会主义市场体制改革，体会实现共同富裕的劳动创造之美和理想信念之美。</td></tr>
<tr><td>健康育人</td><td>【心理健康】1.能够正确辨别与评价绿色生产和绿色消费行为。2.能够提出符合绿色生产和绿色消费要求的可行性建议。
【生活健康】能够树立正确的消费观，坚持简约适度、绿色低碳的生活方式，反对奢侈浪费和不合理消费。</td></tr>
<tr><td>劳动育人</td><td>【劳动认知】能够正确认识岗位劳动的价值，能够清晰了解自主创业应该具备的基本素质。
【劳动精神】能够弘扬劳动精神、劳模精神和工匠精神，树立正确的择业观与创业观，养成尊重劳动、热爱劳动的品质。</td></tr>
<tr><td colspan="2">教学提示</td></tr>
<tr><td colspan="2">◆以“为什么发展必须以人民为中心”为议题，探究坚持新发展理念、转变经济发展方式的意义。可以针对发展理念，为社区或学校制作数字化宣传资料。可以就某个发展理念进行专题调研，如组织参观当地高新技术企业、制作“科技创新推动经济发展”的展板。可以结合当地实际，举办“经济社会发展与生态文明建设并举”的征文比赛；或对当地转变经济发展方式的某方面情况进行调研，剖析存在的问题及其原因，提出对策建议。
◆以“如何建设现代化经济体系”为议题，探究深化供给侧结构性改革的必要性、意义和途径。可以通过查阅资料或请教专家，了解当前我国经济所处的发展阶段及其基本特征，思考为什么要以供给侧结构性改革为主线。可以搜集实体经济和虚拟经济的相关资料，探讨发展经济的着力点为什么要放在实体经济上。可以针对建设制造强国、发展先进制造业、发展现代服务业等现代化经济体系建设中的某个问题，组织调研或参观，撰写报告，提出对策建议。可以就“如何成为知识型、技能型、创新型劳动者”的议题，组织学生开展讨论，并要求他们结合自己的实际情况，拟订学习计划。
◆以“如何从收入分配中品味获得感”为议题，探究实现共同富裕、完善个人收入分配的意义和途径。可以查阅统计部门的资料，或通过走访政府有关部门的工作人员，了解哪些收入形式属于初次分配，哪些属于再分配，或统计家庭收入中来自初次分配和再分配的情况。可以调研不同类型企业按劳分配和按要素分配的方式，讨论如何促进收入分配更合理、更有序。可以走访当地财政部门、社会保障部门、居民等，评析政府运用再分配手段保障和改善民生的举措。</td></tr>
</table>

三、必修3《政治与法治》主题单元育人点导引

本册教材内容以党的领导、人民当家作主、依法治国有机统一为主线，讲述党的领导是人民当家作主和依法治国的根本保证，人民当家作主是社会主义民主政治的本质特征，依法治国是党领导人民治理国家的基本方式，是奠定学生政治立场与法治思维的基础。本册教材内容共九课，外加三个综合探究，整合为三大主题单元。

表2-4 必修3《政治与法治》主题单元育人点导引

育人维度	育人点及具体描述
第一单元 中国共产党的领导（第一课、第二课、第三课、综合探究）	
学科认知	【学科知识】1.基本概念：中国共产党的性质、宗旨和指导思想；依宪治国；依法执政。2.基本观点：没有中国共产党就没有新中国；中国共产党的领导是历史和人民的选择（难点）；中国共产党是中国特色社会主义事业的领导核心；坚持党对一切工作的领导（重点）；中国共产党是中国工人阶级的先锋队，同时是中国人民和中华民族的先锋队；党的领导是中国特色社会主义最本质的特征，是中国特色社会主义制度的最大优势。3.基本原理：执政党的性质决定国家性质。 【学科能力】1.理论思维能力和价值判断力：直面各种质疑、非议或诋毁，澄清基本事实，阐明党的宗旨，论证中国共产党是中国特色社会主义事业的领导核心。2.政治认同度：说明没有共产党就没有新中国，阐明共产党成为执政党的必然性；理解坚持党对一切工作的领导的意义。3.法治素养：引述宪法序言，说明没有共产党就没有新中国，阐明共产党成为执政党的必然性；探究中国共产党领导人民制定法律，及在宪法和法律范围内活动的方式。4.社会参与能力：具备有序参与国家政治生活和社会公共生活的能力。 【学科思维】1.归纳思维：了解中国共产党的性质、宗旨和指导思想；明确党的执政地位是历史和人民的选择；阐述中国共产党依宪治国、依法执政的道理、方式和表现。2.求证思维：论证中国共产党是中国特色社会主义事业的领导核心。
德性育人	【政治认同】坚决拥护中国共产党的领导。 【科学精神】阐明中国共产党成为执政党的必然性；揭示全面从严治党的意义。 【法治意识】阐述中国共产党依宪治国、依法执政的道理、方式和表现。 【公共参与】就坚持和改善党的领导的有关举措，分享各自心得。
审美育人	【审美感知】从中国共产党领导人民进行革命和建设的历程中，感知追求社会美好理想的崇高美。
健康育人	【心理健康】可以查阅雷锋等人的相关资料，感悟他们崇高的精神境界。
劳动育人	【劳动精神】汲取一代又一代中国共产党人为共产主义理想而奋斗的精神力量，勤奋学习，在劳动奉献中创造人生价值。

续表

<table>
<tr><th>育人维度</th><th>育人点及具体描述</th></tr>
<tr><td colspan="2">教学提示</td></tr>
<tr><td colspan="2">◆以“为什么中国共产党的领导是历史和人民的选择”为议题,了解中国共产党带领中国人民进行革命、建设和改革的奋斗历程。可以开展红色旅游,如参观烈士陵园、革命旧址、革命历史博物馆等相关教育实践基地,理解中国共产党是中国工人阶级的先锋队,同时是中国人民和中华民族的先锋队。可以开展“不忘初心、牢记使命”的访谈,请老党员宣讲党的使命,请老战士、老模范口述历史,从中汲取一代又一代中国共产党人为共产主义理想而奋斗的精神力量。可以直面各种质疑、非议或诋毁,澄清基本事实,阐明党的宗旨,论证中国共产党是中国特色社会主义事业的领导核心。
◆以“怎样高扬永不褪色的旗帜”为议题,探究中国共产党永远保持先进性、纯洁性的重要意义。可以查阅党史相关文献,讨论中国共产党在革命、建设、改革时期的使命,就保持本色、坚持特色、与时俱进的要求,分享各自的心得。可以查阅雷锋等人的相关资料,体会他们的精神境界。可以发掘本地资源,采取多种方式,引用身边党员的先进事迹,讨论保持党的先进性和纯洁性所面临的新问题、新挑战。可以搜集有关反腐倡廉的材料,结合新时代的伟大斗争、伟大工程、伟大事业、伟大梦想,揭示全面从严治党的意义。
◆以“如何理解依法执政”为议题,探究中国共产党领导人民制定法律,及在宪法和法律范围内活动的方式。可以评析有关事例,说明“党政军民学,东西南北中,党是领导一切的”。可以走访所在地区的政府机关、企事业单位的党组织,了解党依法执政的表现。可以就坚持和改善党的领导的有关举措,分享各自的心得。</td></tr>
<tr><td colspan="2">第二单元　人民当家作主(第四课、第五课、第六课、综合探究)</td></tr>
<tr><td>学科认知</td><td>【学科知识】1.基本概念:国家性质、人民民主专政、政治制度、协商民主、宗教信仰自由。2.基本观点:我国是人民民主专政的社会主义国家;人民代表大会制度是我国的根本政治制度;我国社会主义民主是维护人民根本利益的最广泛、最真实、最管用的民主(重难点);中国共产党领导的多党合作和政治协商制度,是具有中国特色的社会主义政党制度,也是我国的基本政治制度;民族区域自治制度是符合我国国情的基本政治制度,铸牢中华民族共同体意识;我国公民享有宗教信仰自由;基层群众自治制度是我国的一项基本政治制度。3.基本原理:中国特色社会主义政治制度的基本内容、鲜明特点和主要优势(重点)。
【学科能力】1.理论思维能力:培养运用马克思主义国家、民主和民族的相关理论的能力。2.政治认同度:人民当家作主是社会主义民主政治的本质特征;认同我国是一个团结统一的多民族国家。3.价值判断力和社会参与能力:针对热点问题,模仿人大代表撰写议案;对有争议的公共问题摆明立场,提出应对措施,并加以评析,理解“有事好商量,众人的事情由众人商量,是人民民主的真谛”这句话;铸牢中华民族共同体意识。4.法治素养:培养宪法意识。
【学科思维】1.演绎思维:说明我国是人民民主专政的社会主义国家;阐释中国特色社会主义政治制度的基本内容、鲜明特点和主要优势。2.求证思维:列举宪法有关人民主体地位的规定。</td></tr>
<tr><td>德性育人</td><td>【政治认同】1.我国的国家性质。2.我国的政治制度。3.铸牢中华民族共同体意识。4.社会主义核心价值观。
【科学精神】坚持历史唯物主义关于社会存在和社会意识、经济基础与上层建筑的辩证关系的世界观和方法论,理解民族区域自治制度是符合我国国情的一项基本政治制度。
【法治意识】了解宪法、民族区域自治法等。
【公共参与】依法参与民主选举、民主协商、民主决策、民主管理、民主监督,是我国公民的政治权利。</td></tr>
<tr><td>审美育人</td><td>【审美感知】从中华民族文学或歌舞作品中,领略中华各民族文化的魅力。
【审美能力】尊重民族风俗习惯,传承中华优秀传统文化之美。</td></tr>
</table>

续表

育人维度	育人点及具体描述
健康育人	【心理健康】了解我国各民族杰出人物的故事，树立正确的价值观，选择正确的人生道路。
劳动育人	【劳动认知】各民族共同缔造了伟大的祖国。 【劳动精神】弘扬中华民族勤劳勇敢等精神。
教学提示	
◆以“怎样看人大代表的作用”为议题，探究人民代表大会与“一府两院”的职权及其关系，感悟人民民主的真实性和广泛性。可以走访本地人大代表，了解其履行职责的经验，分析人大代表的产生过程、活动方式和主要职责。可以针对热点问题，模仿人大代表撰写议案；或举办“假如我是人大代表”的演讲会。 ◆以“协商民主有什么优势”为议题，探究我国政党制度的特色以及协商民主的意义和价值。可以走访本地政协委员，了解他们对本地社会热点问题的看法，对有争议的公共问题及应对措施加以评析，理解“有事好商量，众人的事情由众人商量，是人民民主的真谛”这句话。可以参加有关方面组织的对话协商活动，对有关公共政策的制定，或相关争议问题的解决发表见解，如废旧电池回收利用、垃圾分类、食品安全、道路安全、环境治理问题等。 ◆以“我国各族人民怎样和睦相处”为议题，探究我国处理民族关系基本原则的意义，认同我国是一个团结统一的多民族国家。可以参观民族自治地方的建设成就展览；或搜集有关材料，制作反映民族平等、民族团结和各民族共同繁荣的展板。可以阅读民族文学作品，组织观赏民族歌舞，领略各民族文化的魅力。可以查阅相关资料，了解各民族杰出人物的故事。 ◆以“我们怎样当家作主”为议题，探究人民直接行使民主权利的内容和方式。可以搜集校规校纪、村规民约，讨论其与国家法律的关系。可以从各种媒体的报道中，从对所在社区的考察中，收集人民依法直接参与民主选举、民主协商、民主决策、民主管理、民主监督的积极表现，讨论有序参与的意义和无序参与的后果。	
第三单元　全面依法治国(第七课、第八课、第九课、综合探究)	
学科认知	【学科知识】1.基本概念：法治、依法治国、国家治理体系、国家治理能力。2.基本观点：依法治国是党领导人民治理国家的基本方式；维护社会公正，司法是最后一道防线；全面推进依法治国总目标是建设中国特色社会主义法治体系、建设社会主义法治国家(重点)；法治让生活更美好(难点)。3.基本原理：经济基础与上层建筑的辩证关系(重难点)。 【学科能力】1.理论思维能力和法治素养：阐述科学立法、严格执法、公正司法、全民守法的基本要求。2.政治认同度和社会参与能力：简述我国法治建设的成就。3.价值判断力：阐明建设法治国家、法治政府、法治社会的意义。 【学科思维】1.归纳思维：收集材料，阐述科学立法、严格执法、公正司法、全民守法的基本要求；可以搜集相关资料，归纳公民的知情权、参与权、表达权、监督权的法治保障。2.求证思维：列举事例，阐明建设法治国家、法治政府、法治社会的意义。
德性育人	【政治认同】依法治国是党领导人民治理国家的基本方式；了解我国法治建设的成就，增强制度自信，弘扬和践行社会主义核心价值观。 【科学精神】列举事例，阐明建设法治国家、法治政府、法治社会的意义；了解公民有序参与立法的方式和途径；探究建设法治政府的意义；评估严格执法的效果；探究司法公正的意义和价值，以及体现公正司法的制度和措施；探究法治与生活、法治与道德的关系，认识建设法治社会的重要意义。 【法治意识】了解全面依法治国的总目标，知道科学立法、严格执法、公正司法、全民守法是基本要求。 【公共参与】参与社区有关规则的制订；调研当前人们关注社会问题的实例并发表见解，如环保问题等；积极参加普法志愿服务活动，给家人、同学或朋友讲法治课；具备有序参与国家生活和社会公共生活的能力。

续表

育人维度	育人点及具体描述
审美育人	【审美感知】通过了解具体案件的审理过程，感受公平正义之美。 【审美能力】展望人们在法治国家享受经济生活、政治生活、文化生活、社会生活的美好前景。
健康育人	【心理健康】感受公平正义，以积极的心态对待生活中的不公平现象和经历。 【生活健康】体验廉洁高效政府打造的健康生活环境，过健康有益的生活。
劳动育人	【劳动精神】积极参加各类活动，比如普法志愿服务活动等，给家人、同学或朋友讲法治课。
教学提示	
◆以“公民参与立法有什么意义，有哪些途径”为议题，探究推进科学立法、民主立法、依法立法，以良法促进发展、保障善治的意义，理解公民依法行使民主权利的制度。可以观看有关人大会议的视频，或旁听地方立法听证会，以“我的立法建议”为题组织讨论。可以参与社区有关规则的制订，了解公民有序参与立法的方式和途径。 ◆以“如何增强政府的公信力和执行力”为议题，探究全面建设职能科学、权责法定、执法严明、公开公正、智能高效、廉洁诚信、人民满意的法治政府的意义。可以参观行政服务中心，了解政府部门的办事程序，评判政府履行职能的表现。可以参加价格听证会等活动，感受政府决策的过程。可以模拟政府执法活动，评估严格执法的效果。可以“假如我是执法者”或“我为政府决策提建议”为话题，举行主题活动。 ◆以“为什么说维护社会公正，司法是最后一道防线”为议题，探究司法公正的意义和价值，以及体现司法公正的制度和措施。可以组织考察活动，归纳解决社会争议的多种途径。可以通过参观调解中心、仲裁委员会、人民法院或人民检察院，认识其功能和作用。可以通过观看具体案件的审理，感受公平正义。 ◆以“法治如何让生活更美好”为议题，探究法治与生活、法治与道德的关系，认识建设法治社会的重要意义。可以搜集相关资料，归纳公民的知情权、参与权、表达权、监督权的法治保障，展望人们在法治国家享受经济生活、政治生活、文化生活、社会生活的美好前景。可以调研当前人们关注社会问题的实例并发表见解，如环保问题。可以开展普法志愿服务活动，例如，制作民法典普法展板，给家人、同学或朋友讲法治课；或组织以“法治在身边”为主题的演讲会。	

四、必修4《哲学与文化》主题单元育人点导引

本册教材内容阐明马克思主义哲学是科学的世界观和方法论，讲述辩证唯物主义和历史唯物主义的基本观点，坚持实践的观点、历史的观点、辩证的观点、发展的观点，在实践中认识真理、检验真理、发展真理；讲述在社会生活及个人成长中进行价值判断、行为选择和树立文化自信的意义；为培育学生思想政治学科核心素养，奠定世界观、人生观、价值观的基础。本册教材内容共九课，外加三个综合探究，整合为三大主题单元。

表2-5 必修4《哲学与文化》主题单元育人点导引

育人维度	育人点及具体描述
第一单元 探索世界与把握规律(第一课、第二课、第三课、综合探究)	
学科认知	【学科知识】1.基本概念:哲学、马克思主义哲学、实践、认识、真理、物质、意识、一切从实际出发、具体问题具体分析、联系、运动、发展、矛盾、矛盾分析法。2.基本观点(重难点):哲学是时代精神的精华;马克思主义哲学是科学的世界观和方法论;社会生活的本质是实践;实践是认识的基础,是检验真理的唯一标准;世界的统一性在于它的物质性;世界是普遍联系、永恒运动的。3.基本原理(重难点):物质和意识的辩证关系原理;实践与认识的辩证关系原理;联系的普遍性原理;发展的普遍性原理;矛盾的普遍性和特殊性原理。 【学科能力】1.理论思维能力:比较哲学思维与日常思维的异同;理解哲学是时代精神的精华,阐明马克思主义哲学是科学的世界观和方法论;说明思维和存在的关系问题,了解世界的统一性在于它的物质性;了解人的实践活动的特性和作用,理解社会生活的实践本质;阐明实践是认识的基础,是检验真理的唯一标准;阐述认识运动的辩证发展过程。理解世界是普遍联系、永恒运动的,领会全面地、发展地看问题的意义,学会运用矛盾分析法观察和处理问题。2.政治认同度:表达无神论立场;表明坚持一切从实际出发、实事求是的态度。 【学科思维】1.归纳思维:归纳哲学思维和日常思维的特点;可以结合生活中的具体事例,讨论如何在实践中获得和深化认识、追求真理。2.演绎思维:收集批判性思维获得创新成果的实例,说明破除迷信的意义和独立思考的价值。3.求证思维:分享从实际出发,运用两点论和重点论等认识和解决具体问题的成功经验。4.推理思维:推理我国社会主要矛盾的变化对当前的工作提出了什么新要求。
德性育人	【政治认同】坚持无神论,破除封建迷信;确信实践是检验真理的唯一标准;运用辩证唯物主义认识自然界、人类社会、人类思维;实事求是、与时俱进地观察和分析经济、政治、文化、社会、生态等现象,在生活中做出科学的价值判断和行为选择。 【法治意识】通过法律的修改、各年龄段犯罪的法律规定、正当防卫、抢劫与抢夺、自由与法律等法律现象,理解物质决定意识、矛盾的特殊性、适度原则、个性与共性、两点论等哲学原理,强化法治观念。
审美育人	【审美感知】感知哲学思辨美、逻辑美,人与自然的和谐美,美学中的对称美,通过列举相应的名言、实例,感受这种对称美是无处不在的。从共性与个性的辩证统一的实例中,体会多样统一是形式美的最高法则,即和谐美。
健康育人	【心理健康】意识对人的生理和心理具有调节作用,要树立正确的意识,以高昂的精神不断奋进。 【健康生活】事物是一分为二的,学会正确认识自我,正确处理人际关系,正确看待学习中的困难与挫折等,保持开朗的心境、蓬勃向上的精神。
劳动育人	【劳动认知】社会生活的本质是实践,生产实践是最基本的实践形式,实践是认识的基础,要勇于实践、善于实践,在实践中追求和发展真理。 【劳动精神】积极参加生产和生活实践。

续表

育人维度	育人点及具体描述
教学提示	
◆以“哲学有什么用”为议题，探究哲学把握世界的独特方式。可以寻找生活和学习中充满智慧、蕴含哲理的故事，感悟哲学的基本问题与生活息息相关。可以分享各自搜集的资料，归纳哲学思维和日常思维的特点，领会哲学思维的重要意义。 ◆以“人的正确思想是从哪里来的”为议题，探究“实践—认识—再实践—再认识……”的过程。可以结合生活中的具体事例，讨论如何在实践中获得和深化认识、追求真理。可以着眼于正确结论的形成，讨论“第一手材料”与“第二手材料”的不同作用。 ◆以“为什么要具体问题具体分析”为议题，探究实事求是的观点。可以创设辨析性情境，剖析孤立地、静止地、片面地看问题的错误；分享从实际出发，运用两点论、重点论等认识和解决具体问题的成功经验。 ◆以“为什么要一切以时间、地点和条件为转移”为议题，探究解放思想、与时俱进的意义。可以结合走进新时代的中国所发生的历史性变革，理解我国社会主要矛盾已经转化为人民日益增长的美好生活需要和不平衡不充分的发展之间的矛盾，讨论这一关系全局的历史性变化，及其对当前的工作提出了什么新要求。可以搜集以批判性思维获得创新成果的实例，说明破除迷信的意义和独立思考的价值。	
第二单元　认识社会与价值选择(第四课、第五课、第六课、综合探究)	
学科认知	【学科知识】1.基本概念：社会存在、社会意识、价值观、价值判断、价值选择、社会主义核心价值观。2.基本观点：社会存在决定社会意识；价值观对人们的行为具有导向作用；社会主义核心价值观是当代中国精神的集中体现(重难点)。3.基本原理：社会存在和社会意识的辩证关系原理；价值观的导向作用原理；领悟社会存在决定社会意识，理解价值观的形成与时代和环境密切相关；解析价值观差异与冲突产生的社会根源，能够进行合理的价值判断和行为选择(重难点)。 【学科能力】1.理论思维能力：从不同人群对某项改革措施的不同看法中，分析其价值取向的差异及成因；从不同历史时期著名人物的言论中，分析影响其价值判断的时代因素。2.政治认同度：理解价值观对人们行为的导向作用，探寻实现人生价值的条件和途径，践行社会主义核心价值观。3.价值判断力：在生活中做出科学的价值判断和行为选择(难点)。4.法治素养：理解与践行社会主义核心价值观中有关自由、平等、公平、公正的阐述。5.社会参与能力：感悟劳动对个人成长的意义。 【学科思维】1.归纳思维：归纳价值取向的差异及成因；影响价值判断的时代因素；劳动在实现人生价值中的作用和意义。2.演绎思维：探寻实现人生价值的条件和途径。3.求证思维：理解价值观差异与冲突产生的社会根源。4.推理思维：辨析价值评价中的动机论和效果论。
德性育人	【政治认同】树立正确的价值观；懂得人生的真正价值在于对社会的贡献；感悟劳动最光荣、劳动最崇高、劳动最伟大、劳动最美丽，懂得崇尚劳动、尊重劳动对个人成长的意义；社会主义核心价值观既体现了社会主义本质要求，继承了中华优秀传统文化，也吸收了世界文明有益成果，是当代中国精神的集中体现，凝结着全体人民共同的价值追求。 【科学精神】社会存在与社会意识的辩证关系；价值观的导向作用；实现人生价值的条件和途径；劳动在实现人生价值中的作用和意义。 【法治素养】践行社会主义核心价值观。

续表

育人维度	育人点及具体描述
审美育人	【审美感知】感悟劳动最美丽；感悟社会主义核心价值观中的中华优秀传统美德和文化之美。 【审美能力】感悟价值两难选择中运用哲学的思辨学理美。
健康育人	【健康生活】价值观对人生道路的选择具有导向作用，树立正确的价值观，选择正确的人生道路。
劳动育人	【劳动认知】在劳动奉献中实现自己的人生价值；劳动最光荣、劳动最崇高、劳动最伟大、劳动最美丽。 【劳动精神】懂得崇尚劳动、尊重劳动对个人成长的意义。
教学提示	
◆以“人们为什么有不同的价值观”为议题，探究价值判断的依据和意义。可以讨论媒体中关于事实和观点陈述的内容，调查不同人群对某项改革措施的不同看法，分析其价值取向的差异及成因。可以结合不同历史时期著名人物的言论，分析影响其价值判断的时代因素。 ◆以“面对价值冲突如何选择”为议题，探究生活中进行价值选择的标准。可以针对“价值两难”的情况，辨析价值评价中的动机论和效果论。可以针对公共政策的制定或公共问题的不同解决方案，讨论应坚持什么样的价值取向。 ◆以“怎样才能内化于心、外化于行”为议题，探究如何践行社会主义核心价值观。可以寻找身边的榜样，感受具体的、现实的典范，为其撰写颁奖词。可以组织社会主义核心价值观的专题解读，领会社会主义核心价值观既体现了社会主义本质要求，继承了中华优秀传统文化，也吸收了世界文明有益成果，是当代中国精神的集中体现，凝结着全体人民共同的价值追求。	
第三单元　文化传承与文化创新(第七课、第八课、第九课、综合探究)	
学科认知	【学科知识】1.基本概念：文化、传统文化、文化的多样性、民族精神、中国特色社会主义文化。2.基本观点：传承和弘扬中华优秀传统文化，对中华优秀传统文化进行创造性转化、创新性发展(重难点)；发展社会主义先进文化；尊重世界文化多样性；弘扬民族精神；坚定文化自信，增强文化自觉。3.基本原理：文化的继承和发展；文化的多样性；弘扬民族精神；文化创新与发展源于社会实践；中国特色社会主义文化自信(重难点)。 【学科能力】1.理论思维能力：辩证地看待传统文化；感悟世界文化的多样性，理解文化多样性的价值，了解文化交流互鉴的途径和意义；辨识各种文化现象，领悟优秀文化作品的影响力和感召力；展示中国特色社会主义文化自信。2.政治认同度：继承和发展中华优秀传统文化；弘扬中华民族精神；展示中国特色社会主义文化自信。3.价值判断力：对待传统文化的正确态度；评析流行文化与经典文化的价值，评估现代传媒对文化传播的影响。4.法治素养：了解文物保护法对非物质文化遗产的保护等。5.社会参与能力：感受文化差异对人们的经济、政治和日常生活的影响。 【学科思维】1.归纳思维：从具体文化现象和文化交流实例中，归纳文化多样性的价值和文化交流互鉴的途径和意义。2.演绎思维：运用矛盾的观点，结合事例分析说明如何辩证地看待传统文化。3.求证思维：列举实例，展示中国特色社会主义文化自信。4.推理思维：结合网络直播现象，评析流行文化与经典文化的价值，评估现代传媒对文化传播的影响。

续表

育人维度	育人点及具体描述
德性育人	【政治认同】弘扬中华优秀传统文化，继承革命文化，发展社会主义先进文化，尊重世界文化多样性，增强中国特色社会主义文化的自觉和自信；形成正确的世界观、人生观、价值观。 【科学精神】辩证看待传统文化；明确文化交流互鉴的途径和意义；辨识各种文化现象，领悟优秀文化作品的影响力和感召力。 【法治意识】依法保护非物质文化遗产等中华优秀传统文化。 【公共参与】自觉参与中国特色社会主义文化建设。
审美育人	【审美感知】辩证地看待传统文化，感受哲学学理的思辨美；感悟世界文化的多样性之美；领悟中华优秀传统文化作品的影响力和感召力之美。 【审美能力】传承中华优秀传统文化之美，阅读经典文化作品，书写阅读感悟。
健康育人	【生活健康】增强中国特色社会主义文化的自觉和自信，支持健康有益的文化，抵制落后的、腐朽的不良文化。
劳动育人	【劳动认知】弘扬勤劳勇敢的民族精神。 【劳动精神】学习劳动模范，学会生活自理，热爱学习劳动，积极参加公益劳动。

教学提示
◆以“传统文化是包袱还是财富”为议题，探究对待传统文化的正确态度。可以结合对非物质文化遗产的保护，讨论如何传承和弘扬中华优秀传统文化。可以开展“寻找共同的文化记忆”的访谈，组织“制作家乡的文化名片”等活动。可以搜集有关资料，寻找并讨论最能体现中华优秀传统文化精髓的标识。 ◆以“文化的力量有多大”为议题，探究中国特色社会主义文化的影响力。可以通过社会调查，感受中国特色社会主义文化源自中华民族五千多年文明历史所孕育的中华优秀传统文化，熔铸于党领导人民在革命、建设、改革中创造的革命文化和社会主义先进文化，植根于中国特色社会主义伟大实践。可以评析流行文化与经典文化的价值，评估现代传媒对文化传播的影响，感受文化差异对人们的经济、政治和日常生活的影响。 ◆以“文化创新靠什么”为议题，探究文化创新的动力和途径。可以组织系列活动，比较、评议各种文化创新的表现。可以通过事例解读，说明文化创新和发展源于社会实践。可以搜集材料，理解交流互鉴、推陈出新、革故鼎新是文化创新的重要途径。

第三章

高中思想政治学科全息育人教学设计

当前,我国正处于新一轮基础教育改革的全面深化阶段,面对新课程改革对教学活动提出的一系列新要求,为了避免手足无措、彷徨无计,我们必须结合时代特点,系统总结高中思想政治学科的教学规律,提出高中思想政治学科全息育人教学设计的理念,遵循教学设计原则,探究高中思想政治学科全息育人的方法,反思高中思想政治学科全息育人的课例,这对于思想政治新课程的实施和促进思想政治教学的改革创新具有重要意义。

第一节 高中思想政治学科全息育人教学设计理念

如果一种活动和实践没有理念,就犹如无舵之舟、无弦之弓。理念是人们经过长期的理性思考及实践,对一定活动形成的思想观念、精神向往、理想追求和哲学信仰等的抽象概括。在一定意义上,它是关于一定活动的“应然状态”的判断,往往对相应的实践起着引导定向的作用。比如,2001年,我国开始实施的新一轮基础教育课程改革,其核心理念就是“为了中华民族的复兴,为了每位学生的发展”。这一理念渗透了人们对基础教育的理想追求,表明人们向往的“好”的基础教育的发展方向,引领着基础教育的改革实践。教学设计理念应贯穿于整个教学设计之中,实践表明,一项成功的教学设计,背后必定有科学的教学设计理念做支撑,任课教师受不同教学设计理念的影响,进行不同的教学设计,进而开展不同的教学活动,最后产生不同的教学效果。可见,梳理影响教学设计的一系列理念,有助于积淀教学设计的理论底蕴,提升教学设计的实际效果。

一、活动型课程教学理念

作为一种创新型学科课程,活动型思想政治课在教学实践中如何操作,尚无具体理论指导,亦无典型先例可循,仍需进行探讨和摸索。深入探讨活动型课程教学理念,对广大高中思想政治学科教师实施全息育人教学具有非凡意义。

高中思想政治学科活动教学的推行,给高中思想政治教学带来了勃勃生机。实践证明，活动是人的认识和主体性的生成发展机制，人的发展只有在人的各种关系与活动的交互作用中才能实现。因此，变革教学观念和学习方式，让学生在做中学，在活动中发展，已经成为高中思想政治课教学改革的热点。

活动型课程教学通过活动教学育人，重点引导学生通过活动的设计、开展，运用学科知识，培养学生的协作能力、组织能力、表达能力等。所谓活动型课程教学，是指在课堂教学中以具有教育性、社会性、实践性、创造性的学生主体活动为主要形式，激励学生主动参与、主动实践、主动思考、主动探索、主动创造。高中思想政治活动型课程教学理念以促进学生实践、体验有意义的社会生活，培养学生的创新、创业精神，推动学生的思想政治学科素质全面发展为目的。这一界定告诉我们，在高中思想政治教学设计中，活动既是教学目的又是教学手段。作为目的，意味着它把体验、实践有意义的社会生活，作为高中思想政治学科育人追求的境界；作为手段，教师应当把活动作为落实学生思想政治学科核心素养与能力发生、发展的机制。

在高中思想政治课堂教学中，活动型课程教学实施路径主要包括“精研《课程标准》，细化育人目标”“精选情境议题，活化育人载体”“精创活动任务，巧化育人形式”三个环节。活动教学的具体实施方式多种多样，它以角色扮演、活动模拟、小品表演、举办竞赛、成果交流、时政评论、公共政策分析与决策、公众访谈、社会咨询、社会调查活动、专题研究活动等为主要方式。我们在实践尝试中发现，中学生虽然对外部感性活动仍然具有浓厚的兴趣，但随着年龄的增长，他们对游戏娱乐类活动的兴趣逐渐减弱，而对问题探究类、社会实践类活动的兴趣逐渐增强。这就要求我们根据不同年级学生的不同年龄特征，设计不同性质和水平的活动，在保持一定娱乐性的同时，逐渐提升活动的水平，增强活动的探究性、社会性和实践性。

二、生活化教学理念

坚持理论联系实际，注意学科知识与生活主题相结合是高中思想政治教学最基本的原则和思想方法，它要求思想政治教学关注学生的生活和社会实际，围绕学生关注的生活热点组织教学，依据当代青少年的身心、思想特点及其发展水平和认识规律，正确处理好观点与材料、间接经验与直接经验、理性认识与感性认识、理论与实践、学与用、知与行的关系，在密切联系学生的生活实际、思想实际和社会实际的过程中阐明理论观点、分析实际、指导实践、规范行为，使学生在理论与实际、认识与实践的有机结合中，掌握知识、发展能力、提高觉悟，形成健康积极的公民人格。以实践为基础的科学性和革命性的统一是马克思主义哲学的理论特征。“生活”是建立在实践活动基础上的人的特殊生命活动，是意义生成之源。社会生活和实践是人的思想品德和生活参与能力形成发展的基础。“人通过他的生活建构活动不仅仅构建起了他所选择的生活，同时也构建了他自身”，其“既经建构起来的生活、生活方式又在时时处处影响和规定着人的思想和行为方式”①。生活实践是思想政治教学促进学生思想观点和社会生活参与能力形成和发展的手段，合道德、合法律、有智慧、讲文明的现代社会生活是思想政治教学的归宿和目的。因此，思想政治教学必须加强与学生现实生活和社会实践的联系，不断拓展学生的生活实践的空间，注重引导学生自主参与丰富多样的活动，在认识、体验、反思与践行中促进正确思想观念和良好道德品质的形成与发展，将学生的人文社会科学素质、思想观点和社会生活参与能力的形成发展建立在生活实践基础之上，并将过有道德的社会生活作为归宿和目的。这是思想政治新课程教学的重要特点，也是思想政治新课程教学与旧课程教学的一个重要区别点。

科学知识与生活实践相互作用，科学知识对生活实践的日益渗透致使生活世界逐渐被遮蔽。呈现在我们面前的瞬息万变、蕴含着真善美和假恶丑的生活被科学知识排除在外。科学世界由此被量化、被简化成为一个建立在逻辑结构基础上，由概念原理和规律规则构成的，由一系列语言符号构建的封闭世界。它以冷冰冰的形式和姿态出现，轻视人的情感、直觉与体验，将人的生命活动机械化、刻板化。我们的教育长久以来也在固化科学世界：用符号化的语言学习概念原理、规律规则；学习物质的本性、形状、界限……而关于白或黑、酸或甜、喜欢或是讨厌……这一切都被无情地忽视。教师只关心学生的分数，学生的生活几乎成为无人问津的荒地，成为被遗忘的角落。教育把人的生活、自由、个性等问题归于无意义而予以悬置，教育与人的存在及生活实现了分离。教育中无所不在的纪律和规范将人压迫得渺小而微不足道，人似乎只是教育活动的附庸，教育对人来说失去了鲜活的生活向度，成了令人望而生畏的苦差事。教育日益获得了科学的形式，却切断了与生活的关联。人在教育中处于生命的抑制状态，没有拒绝甚至质疑的权利，只能接受教育强加的内容、规范；教育不再是人性的表达，而更多地在表达着技术、制度和规则。这样的教育让学生难以体验到生活的意义与价值，难以实现求知欲的满足、美的享受、人生意义的寻求、身心和谐健康的发展，这将导致培养出的学生在一定程度上缺乏情感、缺乏志趣和爱好、生活态度冷淡、精神世界贫瘠。这种不利于或无助于人去实现美好生活，不能契合于人的本性和生活本性的教育无疑是失败的教育。

长期沉迷于科学世界会使我们日益疏离生活世界，但也由此激发了我们对它的眷

---

① 鲁洁.道德教育的根本作为：引导生活的建构[J].教育研究，2010(06)：3-8.

恋,回归生活世界已成为时代育人的呼声。教学必须回归生活,生活是教学发生的场所,也是教学意义生成的场所,教学只有向生活世界回归才能体现教学的真谛。教学回归生活世界,意指教学需要从游离于人的生活之外,回归到人的生活之中,使学生领悟到世界以及人的存在的意义。知识是前人经验的总结、抽象、概括、凝练,既来源于生活又远离生活。脱离具体场景的高中思想政治学科的知识概念、原理、观点、理论难免让学习少了点生动多了份干涩,少了些形象多了些抽象。基于理论和知识灌输的效果只能是知而不信、知而不行,而不能内化为品质、外化行动。高中思想政治教学要以真实生活场景为起点,立足于学生现实生活经验,把学科知识还原于具体的生活场景和真实生活中,实现学科知识与生活现象的有机结合,注重学生兴趣,激发学生主动性,让学生想学、能学、爱学。

怀特海曾说过,教育只有一种教材,那就是生活的一切方面。我国著名的教育家陶行知也说远离生活的教育是伪教育,脱离实践经验的知识是伪知识,他主张我们的教育内容应密切联系学生的生活现实。因此,高中思想政治教学设计应更多地关注学生生活的实际本身,对学生进行世界观、人生观、价值观等方面的教育。

三、综合性教学理念

《课程标准》认为,高中思想政治课程是落实立德树人根本任务的关键课程,以培育社会主义核心价值观为根本目的,是帮助学生确立正确的政治方向、提高思想政治学科核心素养、增强社会理解和参与能力的综合性、活动型学科课程。基于这一定位,思想政治课必须具有充分的覆盖面,因此,综合性的要求必不可少。

普通高中思想政治课程全套教材共7册,其中必修教材分为必修1《中国特色社会主义》、必修2《经济与社会》、必修3《政治与法治》、必修4《哲学与文化》共4册,选择性必修教材分为《当代国际政治与经济》《法律与生活》《逻辑与思维》共3册。普通高中思想政治教材总主编、南京大学教授张异宾介绍说,普通高中思想政治教材贯穿了一条育人主线:用习近平新时代中国特色社会主义思想铸魂育人。教材立足历史视角、国际视野,从理论和实践两个维度,坚持政治性和学理性相统一、价值性和知识性相统一,系统讲授习近平新时代中国特色社会主义思想的核心要义和精神实质,让学生理解为何、如何坚持和发展中国特色社会主义,深刻认识中国共产党为什么能、马克思主义为什么行、中国特色社会主义为什么好。

思想政治学科具有宽泛的学科背景,合理融合了经济、政治、哲学、文化、道德、法律、心理健康和国情等多方面的学习内容,而且与高中学生的家庭生活、学校生活和社会生活相联系，将知识的学习、能力的提高、情感态度价值观的培养与思想方法、思维方式的掌握融为一体，是多门学科、多种知识的整合，综合的课程形态是高中思想政治学科的特点。高中思想政治学科着眼于学生的全面发展，全面落实知识、能力、情感态度价值观等方面的目标。要以知识学习为载体，重视学生世界观、人生观、价值观的培养，重视其社会认知能力、实践能力、创新能力的培养，综合性是新课程的基本要求，更是高中思想政治教学设计的重要理念。基于高中思想政治学科的综合性，教学设计要注重把握好博采众长与自主原创、学生专业精深与素质全面等方面的关系。

四、“双主共学”教学理念

“双主共学”是在重庆市北碚区课程改革经验基础上生成的课程理念、课堂境界和课堂形态。“双主共学”的课堂既充分尊重学生作为学习主体的权利，同时也尊重教师作为教学主体的组织、引导、发展的权利。它强调教师和学生同是课堂教学的主体，师生共同参与教，也共同参与学，在不同的教学行为与教学流程中，教与学的主体地位发生转变。它重视激发学生在学习中的主体意识，反对虚化教师在学生学习中的指导作用，大力倡导建立师生课堂学习共同体，在学生自主学习的基础上，充分发挥“结对学习—小组学习—全班群学—师生共学”的作用，提升学生课堂参与的广度和深度，从根本上改变单一的课堂形态，达成师生在课堂上共同发展的教育目标。

（一）学生主体

1.选择的主体。

学生的学习具有自主选择性。学生的学习实质上是接受与选择的统一。学生的学习首先是一个接受的过程，但这种接受并不是消极被动的接受，而是有选择性、有意义的接受。也就是说，学生总要依据自己的接受特性，在一定的期望价值目标的作用下，把那些与自己的“期望视野”相一致、相吻合的知识和各种教育因素摄取出来。所以，教师要根据学生的主体需要来进行教学。

2.认识的主体。

学生的学习具有自主认知性。这是从学生与教学内容的关系这一角度来说的。教学内容是学生认识的客体，学生是认识的主体，教学内容只有依靠学生认识活动的展开才能被学生所掌握。也就是，学生只有在认识活动中，对教学内容进行认知，才能感悟和体味知识的强大魅力及其巨大的逻辑力量，这说明学生是学习的主人。

3.价值的主体。

学生的学习具有价值导向性。无论是思想政治教育还是思想品德教育，都是一种具有价值性的活动，它能满足学生发展与完善的需要，从而实现学生对学习价值的追求。其实，任何一种教学活动都具有培养人、教育人、塑造人的价值力量，都会满足学生学会做人、学会认知、学会分析问题和解决问题的需要。这种满足和被满足的关系就是价值关系。在这一价值关系中，教学活动和教学过程是价值的客体，而学生自身则是价值的主体。学生作为价值的主体，当他的需要得到满足时，就会认同自己的学习活动和所学课程对他起到的作用，从而产生学习的欲望、动机、兴趣、态度和意志。

4.发展的主体。

学生的学习具有自我发展性。这首先取决于学生是发展中的人，他们既具有自我发展的需要，又具有自我发展的潜能，他们身上所展现的各种特征都处在变化发展之中。其次，又取决于学生有自我发展的追求，他们期望着在各方面都能得到发展和提高。而教育的目的就是促使学生得到全面发展。因而，为了发展自我，学生必然会积极主动地投入学习，并在学习中与教师密切配合，自觉自愿地接受教师的指导与教育。

5.创造的主体。

学生的学习具有个体创造性。创造性是人的本性，人都会有创造的心理和创造的欲望。在教学过程中，教师作为创造的主体会进行创造性的教学；在学习过程中，学生作为创造的主体也会进行创造性的学习。而学生的创造性学习主要表现为在学习过程中总会开发自己的创造意识、挖掘自己的创造潜能、发挥自己的创造精神、利用自己的创造思维，进行创造性的选择、接收、整合与内化。

(二)教师主体

长期以来，教学活动中出现了这样一种倾向，就是教师对学生一点一点地教，学生亦步亦趋，教师任劳任怨承担了许多工作，学生却不领情……究其实质，最根本的是由于教师把自己定位为正在拉动逆水之舟的“纤夫”，逆水之舟不仅自己没有原生的动力，还有与行进方向相反的反作用力。这让人想起一个故事：一位印第安老人买了一辆汽车，不知道如何开动，便雇了三匹马来拉它。可以说，教师的教学变得沉重而痛苦，主要原因是没有看到、坚信并激发学生自身的动力。

学生是有主动性的，学生是学习的主体，教师是教学的主体，教师需要着眼的并不是日复一日地“拉纤”，而是如何让学生依靠自己来完成学习活动。在这个意义上，教师是学生学习和发展的“引者”，即“引路人”，引领着具有原生动力的，自己能行走的学生，一起在知识的旷野里驰骋。

一旦教师把自己定位为“引路人”，他在进行教学设计的时候，着重点就不再仅仅是把自己要讲的教材内容都写出来，而是更多地考虑如何使学生参与学习，如何调动学生的兴趣和思维等。如地理教师王能智就是这样的“引路人”，他的三大教学设计“妙招”——从学生的实际出发、引导学生去寻找矛盾、寻找实践案例，对激发学生的学习积极性、主动性十分有效。教师应学习将这三大“妙招”运用到高中思想政治教学设计中，“双主共学”，达成师生在课堂上共同发展的教育目标。

1.从学生的实际出发。课堂教学的选题与学生越接近，效果就越好。比如说，设计一个“压岁钱怎么花”的题目，把学生分组，由学生自己提出投资、消费等方案。学生们热情高涨，积极了解投资理财渠道，思考影响消费的因素，等等。这堂课成功的关键就在于贴近了学生的实际生活。

2.引导学生去寻找矛盾。比如，长久以来政府维护市容市貌整顿占道经营，而在2020年时，政府却提倡地摊经济，引导学生思考：为什么政策会前后矛盾？为了进一步探明原因，教师引导学生了解前后国情的变化。学生认真研究，就会引发对拉动经济增长的三驾马车、宏观经济政策等一系列问题的思考。

3.寻找实践案例。王能智老师把这种方式归结为4个基本步骤：找话题、话题案例化、案例问题化和应用矫正。当学生的学习兴趣、动机、思维等得到激发，学习效果不仅能达到教师的要求，而且会大大超过教师的预期。

要正确处理好教师和学生的主体关系，通过教师的激励、启发、引导和组织，实现学生全身心的积极参与，使之成为教学教育选择、认识、价值、发展、创造活动的积极主体，让学生在积极参与的主体活动中获取新知识，了解公民民主参与的程序和规范，提高思想认识，形成民主参与能力。

第二节　高中思想政治学科全息育人教学设计原则

教学设计是根据《课程标准》的要求和教学对象的特点，将教学诸要素有序安排，确定为合适的教学方案设想和计划。加涅曾在《教学设计原理》中将教学设计界定为系统化规划教学系统的过程。教学系统本身是对资源和程序做出有利于学习的安排。任何组织机构，如果其目的是开发人的才能，均可以被囊括在教学系统中。要在高中思想政治教学中渗透全息育人的理念，使学科育人达到最优目标，那么必须在教学设计中遵循以下几个原则。

一、整体化

整体是指一个由有内在关系的部分所组成的体系。各个组成部分一定有某种内在关系,或功能互补,或利益共同,或协调行动等。简单地说,就是一个有组织建构的事物。一般情况下,整体有一定的组成原则、组织建构规则、组织建构机构、运转规则和运行秩序等。为此,整体即联系,整体即建构,整体即整合。

为避免教学设计中"只见树木不见森林"孤立碎片化的现象,高中思想政治教学设计要注重育人的整体化。整体化有三层含义:一是联系,联系强调的是事物之间的有机关联,而非形单影只的孤立;二是建构,建构强调的是系统组织而非简单纯粹的复制;三是整合,整合强调的是交叉、渗透、融合,而非简单机械地拼凑、叠加。

(一)注重知识的联系

联系是事物之间以及事物内部诸要素之间的相互影响、相互制约和相互作用。联系具有普遍性、客观性、多样性、条件性。任何事物都处在联系之中,从宏观天体到微观粒子,从无机界到有机界,从自然界到人类社会和人的思维,任何事物都与周围其他事物有着这样或那样的联系,没有一个事物是孤立存在的,因此联系被认为是万事万物得以存在与发展的条件。

我国古代"和"的理念:(1)关系决定事物。事物不可能决定自身的存在状态和发展可能性,甚至不能决定自身的存在,其他事物永远是某个事物的存在和发展的条件,因此,事物的存在和发展取决于它与其他事物的关系。(2)事物之间的和谐关系是每个事物得以生存的必要条件。事物单靠自身不可能生存,必须与另一个事物互相依靠才能共存,于是,共存成了存在的先决条件。(3)事物之间只有和谐配合才能使各自发挥最大效用,达到最佳状态。同样,人与人之间的互惠关系也将使每个人的利益都得以扩大。无论是客观世界还是主观世界都处在普遍联系之中,知识也不例外。知识只有在联系中才能生长,才会产生新的知识。正如刘庆昌教授所言,任何知识总处于联系之中,在时间上处于历史的联系中,在空间上处于结构的联系中。具体而言,所谓历史的联系,是指一种知识自身的发生、形成和发展的内在过程;所谓结构的联系,是指一种知识与它之外的其他知识的有机联系。如果教师把所传授的知识置入过程和联系之中,课堂里的知识空间就自然形成了。打个比方,每个知识都有自己的"近亲"和"远亲",近亲是与它联系最紧密的,远亲与它的联系则依次渐远。教师在课堂中最好能够呈示一个知识的"亲缘"关系图。如此,知识在学生的头脑中就不再是孤立的,会立刻生动起来。过去的老师常讲,学知识要像串糖葫芦一样,不能像布袋装山药蛋,说的是要注意所学知识间的联系，我们所说的知识“亲缘”关系图，还要超越规定的教学内容，把学生带到更深远的知识海洋中去。①

高中思想政治学科的每一单元、每一课、每一节、每一框（目），都是按一定的知识体系和逻辑结构编写的。其中，单元与单元之间、课与课之间、节与节之间、框与框之间，甚至是段与段之间都具有一定的关联性、过渡性、系统性，都存在着一定的内在联系和逻辑关系。例如，统编版高中《思想政治》必修2《经济与社会》，整本教材共分为两个单元，第一单元是“生产资料所有制与经济体制”，第二单元是“经济发展与社会进步”，依据习近平新时代中国特色社会主义经济思想的基本原理，讲述我国社会主义基本经济制度，解析社会主义市场经济的基本特征，阐释指导我国经济社会发展的新理念，帮助学生理解全面深化改革的意义，提升在新时代参与社会主义现代化建设的能力。通过本册的学习，学生能够结合社会实践活动，初步运用中国特色社会主义政治经济学的基本观点，观察和分析经济社会现象，了解社会主义基本经济制度的优越性，理解坚持社会主义市场经济和深化经济体制改革的意义，明确社会主义基本经济制度是社会主义市场经济的根基，树立以人为本的发展思想，尝试对促进社会公正、实现共同富裕、营造良好社会风尚、完善社会保障的政策提出建议。

除重视学科内在联系外，我们不能忽略高中思想政治学科与初中教材及高中阶段各学科还存在外在联系，绝非“老死不相往来”的孤立隔绝。因此，在进行学科教学设计时，要掌握知识体系，注重知识的整体化联系。正如，北京教育科学研究院刘媛老师在高中《思想政治》必修2《经济与社会》使用建议中提到的，统编版高中《思想政治》教材与统编版初中《道德与法治》教材纵向衔接，实现了主线贯穿、循序渐进、螺旋上升。与高中阶段各科教材相对照，统编版高中《思想政治》教材凸显了学科主线和学科特色，彰显了新时代中国特色社会主义的教学内容。

（二）注重知识的建构

建构是指在已有的文本上，搭建起一个分析、阅读系统，使人们可以运用解析的脉络，去拆解那些文本背后的因由和意识形态。当代美国著名的认知教育心理学家奥苏贝尔认为，学习的实质就是学生认知结构的建构和重新建构，是通过新旧知识之间充分、双向的作用而实现的。知识的获得不是一次性完成的，往往要经过知识的生成与理解、知识的整合与深化、知识的应用与迁移三个阶段。所有阶段的知识学习都遵循知识的双向建构过程，这一过程包含了同化与顺应。同化，意味着学习者利用原有知

① 刘庆昌.课堂里的精神空间[J].当代教育与文化，2011，3（06）：22-28.

识来获取新观念,它体现了知识的连续性、积累性。顺应,意味着新旧知识的磨合、协调,它体现了知识发展的对立性和改造性。知识的建构一方面表现为新知识进入,同时又表现为原有知识的调整改变。因此,“教育形式的知识,在形式上不仅要经过分化、重组、整合,还要经过改造、转换。如果只是分化、重组、整合而并没有改变知识本身的特点,那只不过是改变了知识组合的顺序。实际上教育知识的形式与科学知识哪怕是实践中的、生活中的知识形式都是有本质区别的。这种本质特点的改变主要表现在知识本身的或者说原来的价值意义、表达方式、内容要素和结构形式等方面。因此,教育形式的知识是经过分化、重组、整合、改造和转换,从而形成的富有教育意义,适合学生理解、掌握的知识内容和知识形式(包含表达形式、组合形式)”①。

(三)注重知识的整合

整合就是把一些零散的东西通过某种方式彼此衔接,从而实现信息系统的资源共享和协同工作。其主要的精髓在于将零散的要素组合在一起,并最终形成有价值、有效率的一个整体。

马西娅·C.林教授的知识整合教学理论认为,与主要聚焦于新想法相比,尊重学习者的已有想法并将新旧想法进行对比,学习者能够取得更大的成功。知识整合教学正是通过诱出想法、添加想法、辨分想法、反思和整理想法等环节,将学习者碎片化的知识转化为连贯性想法的过程。实施与评价知识整合教学理论时,要按照让科学触手可及、让思维看得见、帮助学生向他人学习和促进学习自主四大核心原则,关注学生是否形成了连贯的科学理解,以及能否应用证据在不同的想法间建立连接。

基于以上理论,我们可以把知识的整合分为以知识联系为纲的整合、以主题为纲的整合和以核心素养为纲的整合三个维度。

1.以知识联系为纲的整合。

以知识联系为纲的整合,强调课堂教学不能拘泥于本学科知识的认知,要打破学科界限,在本学科的基础上,加强与其他学科知识的融会贯通。比如,高中思想政治学科需要以语文学科为工具去分析文意,需要以其他自然学科为基础提供鲜活案例。为此,徐思源老师呼吁,解放思想吧,将跨界理念引入教学,让原本毫不相干甚至矛盾的元素相互渗透融会,擦出灵感的火花和奇妙的创意,为学生创新思维的培养创设更好的环境。教师要以整体联系的眼光组织、设计和处理各章节、各单元和各知识点的关系,让学生在整体中、在联系中、在比较中学习,从而帮助学生在头脑中将知识“竖成

① 陈理宣.论知识的结构形式选择与知识的教育形式生成[J].课程·教材·教法,2014,34(11):46-51.

线，横成片”，或“由点构成线，由线构成面”，形成立体、开放、整体的知识结构。[①]

2.以主题为纲的整合。

主题课程不是对原课程内容的简单删减，也不是一个拼盘，而是重新审视传统的学科分类，软化学科界限，改变单纯以学科逻辑组织课程内容的做法，强调以学习者的经验、个体和社会需要为基础，以问题为核心进行的课程整合。主题课程希望做到书本知识与实践体验的有机统整，在活动时空上向自然环境、学生的生活领域和社会活动领域延伸，密切学生与自然、与社会、与个体生活的联系，使学生在此过程中建立系统的思维方式，体验知识之间的联系。[②]

3.以核心素养为纲的整合。

以核心素养为纲的整合，意味着学科教学首先考虑的不再是学科知识本身，而是学生作为人的发展的核心素养。也就是说，以核心素养为纲，让课程真正回归儿童本位，回归发展本位。这种整合绝不是单纯的课程加减，也不是单一的教与学的方式的改变，而是致力于打破学科界限，实现国家课程的校本化，实现学科内、学科间以及课内外、校内外的整合，从而形成多方面育人的合力，构建学校育人新生态，促进学生学习方式的根本性改变。

每个学科都有作业，对于“核心素养”来讲，作业里的责任、抗挫、时间观、效率观，比作业本身更重要，而这些“素养”，可以统整所有的学科；课堂、集会中的自控和自律，讨论、合作中的秩序和包容，可以统整所有的学科；学校运动会上的拼搏、包容、团结、意志，也可以统整所有的学科。[③]我们积极倡导的全息育人的教学也是一种跨学科的课程整合，注重人的全面发展。

二、情境化

情境，指在一定时间内各种情况相对的或结合的境况。教学情境是指教师在教学过程中创设的情感氛围。孔子说：“不愤不启，不悱不发，举一隅不以三隅反，则不复也。”孔子的这段话，在肯定启发作用的情况下，尤其强调了启发学生进入学习情境的重要性，所以良好的教学情境能充分调动学生学习的主动性和积极性，启发学生思维、开发学生智力，是提高教学实效的重要途径。高中思想政治教学尤其强调情境化教学，知识往往在情境中生成和显现，“任何知识要具有生命力，都必须作为一个‘过程’

① 余文森.核心素养导向的课堂教学[M].上海：上海教育出版社，2017：183.

② 崔秀梅.课程整合：永远在路上[J].中国民族教育，2016(Z1)：30-33.

③ 姚虎雄.回到常识：再谈“素养为重”[J].人民教育，2014(14)：67-69.

存在于一定的生活场景、问题情境或思想语境之中"[1]。知识要存在得有意义，必须是具体的、有条件的，而这个条件就是情境。在情境中，知识是活的，离开了特定的情境，知识就毫无生气可言。"任何知识都是存在于一定的时间、空间、理论范式、价值体系、语言符号等文化因素之中的；任何知识的意义也不仅是由其本身的陈述来表达的，更是由其所处的整个意义系统来表达的。离开了特定的境域，既不存在任何知识，也不存在任何的认识主体和认识行为。"[2]从教学的角度讲，情境创设是源于真实生活情境的针对性建构，取其与教学内容相关的精华，使每一个学生在该情境中愿意或必须真实地表现自己的素养水平。但选材时尽量避免使用学生不熟悉的术语或脱离学生实际生活的抽象情境，"抽象知识脱离了知识产生的具体情境，知识丰富的情境内涵被抽象掉了，直观、形象、生动的知识形式转化为单一、枯燥、抽象的形式，于是理解起来也可能产生错位，或者晦涩难懂"[3]。这种不切实际的情境，学生会本能地抵触与抗拒，整个教学也会变得一厢情愿、事与愿违。

所以，在情境教学中，"学生是通过自己的身体来认识世界的，教学的出发点不是课本、不是抽象的知识，而是学生身体与自然、社会、他人和自我的相互作用。教师创设教学情境，让学生在情境中生发自己对事物的原初性的感受，表达身体对事物的体验，激发他的感性思维和内在探究事物的渴望和能力；而不能用概念来代替学生的知觉，不能用语言来代替事物本身。用教学活动、教学情境和生活情境来刺激学生的身体感知，调动学生的眼、耳、口、鼻、手、身等多角度、多方面的体验知觉外部世界，注重口动、手动、眼动、耳动、身动的互动和结合来激发学生学习兴趣，培养学生良好学习行为习惯，使学生能自然地释放身体和情感，提高学习质量"[4]。

（一）联系生活

思想政治学科教材以生活为基础构建起科学知识体系，强调情境创设的生活性，其实质是要解决生活世界与科学世界的关系。新课程呼唤科学世界向生活世界回归，为此，教师可以创设以下教学情境：

第一，要注重联系学生的现实生活，在学生鲜活的日常生活中发现、挖掘情境资源，只有在生活化的学习情境中，学生才能切实弄明白知识的价值。

第二，要挖掘和利用学生的经验。陶行知先生有过一个精辟的比喻："接知如接

① 郭晓明，蒋红斌．论知识在教材中的存在方式[J]．课程·教材·教法，2004，24(04)：3-7.
② 石中英．知识转型与教育改革[M]．2版．北京：教育科学出版社，2020：141-142.
③ 陈理宣．论知识的结构形式选择与知识的教育形式生成[J]．课程·教材·教法，2014，34(11)：46-51.
④ 杨晓．让"身体"回到教学[J]．全球教育展望，2015，44(02)：3-10.

枝。”他说，我们要以自己的经验做根，以这经验所发生的知识做枝，然后别人的知识方可可以接得上去，别人的知识方才成为我们知识的一个有机部分。奥苏贝尔强调，假如让我把全部教育心理学仅仅归纳为一条原理的话，那么，我将一言以蔽之曰：影响学习的唯一最重要的因素，就是学习者已经知道了什么。要探明这一点，并应据此进行教学。这句话道出了学生原有的知识和经验是教学活动的起点的教学理念。任何有效的教学都始于对学生已有经验的充分挖掘和利用，这种经验包括认知经验和生活经验。

（二）内含问题

以问题的方式呈现教材内容，让学生在问题情境中，通过对问题的不断思考和探究来获取学科知识，实现全息的育人效果。

有价值的教学情境一定是内含问题情境的，它能有效地引发学生的思考。情境中的问题要具备目的性、适应性和新颖性。目的性指的是，问题是根据一定的教学目标提出来的，目标是设问的方向、依据，也是问题的价值所在；适应性指的是问题的难易程度要适合全班学生的实际水平，以保证大多数学生在课堂上都处于思考状态；新颖性指的是问题的设计和表述具有新颖性、奇特性和生动性，能够产生真正吸引学生的力量。在讲授统编版高中《思想政治》必修4《哲学与文化》第二单元“认识社会与价值选择”中涉及价值判断和行为选择时，教师设置两难情境。学生面对价值冲突时，势必会做出不同的选择，在这一过程中必然会产生“动机”和“效果”两大方面的问题冲突。对这两大方面问题的思考与分析正是我们学科教学所要实现的教学目标，让学生在生活情境中的感性认识上升到理性认识，从而树立正确的世界观、人生观、价值观。

（三）融入价值

情境=情+境。它赋予知识和认识以情和境，使知识和认知变得具体化、形象化、生活化、有趣化、生动化、背景化、问题化和思维化，从而大大提高了学生的学习效率。可以说，情境是学生认识的桥梁，是知识转化为素养的桥梁，对教学活动产生了积极的促进作用：“第一，情境可以有效刺激学生，使学习过程不仅是对知识本身的接受，更会使学生产生情感的共鸣；第二，情境可以使枯燥乏味的知识有丰富的附着点和切实的生长点，让教育具有更加深刻的意义；第三，情境增加了学习活动的生动性、趣味性、直观性，让学生在理论知识与应用实践的交互碰撞中真正理解知识、提升能力。”①

正如第斯多惠所说，教学的艺术不在于传授的本领，而在于激励、唤醒和鼓励。而

① 高彤彤，任新成.多元智能理论与情境教育的发展[J].上海教育科研，2015(03)：40-44.

没有兴奋的情绪怎么能激动人,没有主动性怎么能唤醒沉睡的人,没有生气勃勃的精神怎么能鼓舞人呢?例如,在2023年杭州亚运会开幕式上,由超过1亿人参与传递汇聚而成的“数字火炬手”高擎火炬,从钱塘江踏浪而来,与主火炬手共同点燃主火炬塔,彰显着传统与现代激荡、科技与文化融合。各场馆内,新一代数字技术广泛应用,智慧运营赋能赛事活动;场馆之外,新能源汽车被优先使用,户外项目呈现生态之美,赛场内外无不体现出浙江跑出高质量发展的加速度。可以说,通过一届“中国特色、亚洲风采、精彩纷呈”的体育盛会,同学们既能思接千载,感受中国深厚的文化底蕴,又能视通万里,看见中国的时代风采,见证新时代中国的发展进步和精神风貌。像这类身处其中的生活情境,学生会深有体会。而高中思想政治的育人功能,就在于帮助学生树立正确的“三观”,做一个爱党、爱国、爱民的合格青少年。

(四)基于内容

情境创设要体现学科特色,紧扣教学内容,凸显学习重点。当然,教学情境应能体现学科知识的发现过程、应用条件以及学科知识在生活中的意义与价值,只有这样,它才能有效地阐明学科知识在实际生活中的价值,帮助学生准确地理解学科知识的内涵,激发他们学习的动力和热情。可以说,情境内容的学科性是教学情境的本质属性。例如,在讲影响价格的因素时,我们可以选择北京冬奥会吉祥物“冰墩墩”的“昨天、今天、明天”来创设情境。在北京冬奥会比赛开始前,北京冬奥会吉祥物“冰墩墩”有热度但还不够高。随着北京冬奥会比赛的开始,“冰墩墩”火了起来。北京冬奥组委新闻发言人赵卫东回应了“一墩难求”的问题。“北京冬奥组委高度重视这一问题。因为春节假期一些工厂工人回家休假等原因,导致一时间难以应对‘冰墩墩’瞬间爆发的热度。随着冬奥会结束,‘冰墩墩’还会‘受宠’奉为上宾吗?”该情境内容的设置,虽来源于生活,但又非纯粹地解决生活问题,而是通过分析生活情境和挖掘情境背后的价值规律,提高学生的辩证思维能力,增强学生在具体的情境中的政治认同。所以,情境化的教学设计不能为情境而情境,必须要基于学科内容,有的放矢地设计情境,否则将会丧失情境创设的意义。

三、深度化

所谓深度,指的是触及事物内部和本质的程度。作为一种学习方式,深度学习也被译为“深层学习”,这是费尔伦斯·马顿和罗杰·赛尔杰基于学生阅读的实验,针对孤立记忆和非批判性接受知识的浅层学习,于1976年首次提出的关于学习层次的一个概念。倡导教学的深度化，防止学科知识的浅层化和学生思维的表层化，是思想政治教学走向全息育人的一个突出表现。

（一）立足学科特点，展示学科之美

中小学的教学是分学科的，各学科具有的独特价值和不可取代的作用是分科教学存在的根本理由，实际上这也是我们提炼学科核心素养的依据。学科教学首先要回归学科，这是学科教学的起点和依据。

要分清学科的边界，体现学科的个性化。任何学科都是美丽的，都具有自身独特的魅力。高中思想政治学科具有社会经济生活的规律美、中国社会的时代发展美、哲学思辨的学理美、中华优秀传统文化美等。教师要通过教学引导学生去发现学科之美，体会学科神奇的魅力。只有引导学生体验学科美，才能让学生对学科产生真正的热爱之情，培养学生内在的学习兴趣，激发学生长久的学习动力。

学科教学的魅力还来自学科知识背后所隐藏的学科精神和文化底蕴，教师的教学活动唯有渗透着浓厚的学科精神和文化，才能展现学科教学的特有魅力。

（二）聚焦核心知识，凸显学科意义

课堂教学的时间和空间都是有限的，无论是教学的目标还是教学的内容都必须聚焦学科的核心，进行精准的教学、简约的教学，从而实现有深度的学习。从知识角度讲，教师必须对学科知识进行量的压缩和质的精选，必须将那些最有价值的内容精选出来。但是，教材中最有价值的内容究竟是什么？对于这个问题的回答，直接影响着课堂教学的品质与深度。按照美国教育心理学家布鲁纳的看法，任何学科的教学都必须将学科中最广泛、最强有力的适应性观念教给学生。现行的极其丰富的学科内容，可以把它精简为一组简单的命题，成为更经济、更富活力的东西。[①]按照我们的理解，学科中最有价值的知识就是所谓的核心知识。但学科的核心知识不能简单地定义为书本知识，学科课堂的教学也不能简单地理解为传授书本知识。学科教学是学校育人的基本途径，这里说的育人，就是指贯穿全学段、全学科、全过程、全方位的学科全息育人。高中思想政治学科具有全面贯彻党的教育方针、落实立德树人的根本任务、发展素质教育的独特育人价值与学科意义，在发展智育的同时，坚持德智体美劳“五育并举”的发展理念，培养学生良好的政治素养、道德品质和健全人格，引导学生树立正确的“三观”。

① 钟启泉.现代课程论：新版[M].上海：上海教育出版社，2015：133.

(三)基于问题导向,培养学科思维

高中思想政治学科对学生的培养目标一定是能够用马克思主义基本立场、观点和方法,观察事物、分析问题、解决矛盾的;能够解放思想、实事求是,对经济、政治、文化、社会和生态文明建设的实践,做出科学的解释、正确的判断和合理的选择;能够感悟人生智慧,过有意义的生活;能够以锐意进取的态度和负责任的行动促进社会和谐。但就如何培养的问题上,美国优秀教师格蕾塔曾说过,如果一定要我说教学有什么诀窍的话,那就是问题。问题是学生思维的引擎,学生在课堂上的思维就是围绕问题展开的,这里的关键是问题的质量(深度),核心是学生的思维。通过问题教学激发和培养学生的批判性思维是深度教学的突出表现,也是培养学科思维的重要方式。培养学科思维可以从以下几个方面入手:

第一,基于事实和证据的思维。重证据是在学习各门学科知识前先要树立基本观点,只有建立在证据的基础上才叫思考。天马行空、胡思乱想的最终结果是空想,空想永远也触及不到事实的本来面目,因此也无法真正学到和用到知识。

第二,独立思考。人是有思想的独立个体,独立思考的人的大脑和灵魂不会依赖他人的思想,不会盲目接受他人的安排,更不会人云亦云。哥白尼的天体运行论指出太阳是全宇宙的中心,太阳不动,地球围绕太阳运转,在400多年前的人们来看,这简直太不可思议了。哥白尼自己为什么能够对地球中心说这个流传了千年的结论提出质疑,并且能够去研究真正属于宇宙真理的东西,可见他不人云亦云,不拘泥于传统的思维模式,敢于尝试并向权威挑战,这种精神和品质直到今天也是很多人望尘莫及的,这就是独立思考的力量。

第三,勇于质疑。读书贵有疑。宋朝朱熹说:“读书无疑者,须教有疑,有疑者却要无疑,到这里方是长进。”明朝陈献章说:“前辈谓学者有疑,小疑则小进,大疑则大进。疑者,觉悟之机也。一番觉悟,一番长进。”不论对别人的观点还是自己的观点,都要有质疑的意识。要认识和承认自己的局限性,对复杂的问题要有好奇心和耐心。但不要为了质疑而质疑,不能陷入怀疑主义的陷阱。质疑是为了更好的相信。

第四,多元意见。著名社会学家费孝通在谈及对待文化的多样性时说,“各美其美,美人之美,美美与共,天下大同”。多样的文化造就了缤纷的世界,同理,多元的智慧也会碰撞出夺目的火花。更何况“横看成岭侧成峰”,面对复杂多样的问题,要以开放的心态平等对待不同的观点。

第五,理性判断。理性就是不被感情操纵,能深思熟虑、有理有据,从而做出明智的判断,并在理性判断的基础上,做出决策、解决问题、采取行动。

四、活动化

活动化对应的是静态化和惰性化。要让学科知识和学生的思维活起来，那么教学设计和承载学科内容的重要形式就要选择活动型学科课程方式。高中思想政治学科在设计活动型课程问题上，一方面，要能学科活动内容化，力求提供序列化的活动设计，并贯穿教学全过程；另一方面，要对相关活动进行可操作性评价。

（一）活动设计内容化

学习活动是外在活动与内在活动、感性认识与理性认识的有机结合，这是就活动的共性而言的；在不同学科之中，活动又有其个性，即学科性。思想政治学习活动强调学生的社会实践。本次《课程标准》修订把思想政治定位为“活动型学科课程”，即学科课程的内容采取活动的方式呈现，或者说学科课程就是由一系列活动及其结构化设计组成的，实现“课程内容活动化”“内容活动课程化”。强调活动性即是凸显学生本位，关注学生经验，注重学生自主建构和体验感悟；强调学科性即是凸显学科的知识体系，注重学科的逻辑结构、学科观念、思维方式和探究技能。

思想政治学科教材处处有活动，时时有活动，这些活动不是远离学生生活的“空中楼阁”，而是学生日常生活中的事情，学生能在各种各样的活动中找到自己的“影子”。例如，在“矛盾的主次方面”这一板块教学中，活动的设置可以信手拈来：“回顾自己的经历，找出几件有助于你成长、给你留下深刻印象的事情。对照自己的经验，总结自己的优点。根据自己的教训，总结自己的缺点。”从学生的生活实际中选取的典型事例，容易引起学生的情感共鸣，激发学生的参与意识。但课堂的活动不等于具体事例的简单罗列，不是就事论事，而是要引发学生思考，从具体事例中引出道理，从个别中得出一般，在体验中升华情感。应该引起注意的是，活动不是可有可无的摆设，而是帮助学生走向生活的平台，激发学生问题意识、探究意识的关键，培养学生学习兴趣、增强合作能力的重要环节。我们不能把活动当作活跃气氛的“点缀品”，否则将达不到让学生在实践活动中历练、在自主辨析中思考的育人效果。

（二）活动设计序列化

高中思想政治教学实践证明：教学活动的设计必须符合学生的需要和兴趣，符合学生的认识规律和学习方式的特点，符合其理解能力和认知水平。教学内容情境化、观点材料化、说理形象化、问题探究化、教学环节活动化、活动角色社会化、教学形式多样化的高中思想政治教学，比较容易调动学生的主动参与性，促进学生个体认识的发生发展。因此，以问题串联教学内容，以活动融合内容和情境，以基本观点或主题统帅、整合知识点和素材，形成一个紧扣主题、主线明晰、重点突出、难点分散、主次分明、顺序合理、逻辑严密、利于能力培育、思想教育功能强大的教学内容序列系统。

（三）活动测评可操作

测评是课程、教学的一个有机环节，是保证活动顺利开展的重要手段。如何将内在的学科核心素养外显为可观测的行为表现，创设情境类的活动课程就是最好的操作方式。活动测评有助于转变教育观念，达成全面培养学生创新精神、提高学生实践能力的目标，挖掘教师的潜能，提升课程的整体水平。但活动测评不能为测评而测评，活动的内容和形式必须可操作，讲求有效性和时效性。美国休斯敦的一家儿童博物馆里有这样一句话，“我听过了，就忘了；我见过了，就记住了；我做过了，就理解了”，这深刻地揭示了活动在课程教学中的重要地位。布鲁姆说，有效的教学始于知道希望达到的目标是什么。教学活动目标是教师教学的灵魂，也是每堂课的方向，是判断教学是否有效的直接依据。要将目标定位于“最近发展区”的教学活动目标是否达成，学生在活动中是否用自己的眼睛在观察社会，是否用自己的大脑在思考问题，是否用自己的语言在阐述观点等，而非人云亦云，缺乏独立见解。

纸上得来终觉浅，心中悟出始知深，一个活动的设计是否有效，不能肤浅地看课堂是否热闹，而是要看学生在创设的活动中是否增长了知识、增强了技能，是否能将知识与技能自觉运用到生活中形成一种良好的品质。为此，把学生的参与度和最终获得作为衡量活动设计是否有效的出发点和落脚点，活动测评也就顺理成章地具有可操作性了。

五、自主化

自主化强调的是要由教转向学，由依赖走向独立。自主学习对应的是传授学习。传授学习是一种依赖、跟随、被动、复制的学习，它从根本上背离了学习的本性，从而异化了学习的功能，导致学生越学越不会，越学越不爱学。

（一）以学定教

所谓以学定教就是依据学情确定教学的起点、方法和策略。这里的学情包括学生的知识、能力基础，年龄段认知水准，课前的预习程度，对新知识的情绪状态等有关学习主体的基本情况。而“定教”，就是确定教学的起点不过低或过高，在恰当的起点上选择最优的教学方法，运用高超的教学艺术，激发学生的学习兴趣，让学生在学习活动中表现为“我要学”。

就不同年龄段的高中学生来说，他们对思想政治学科理解和接受的程度不同，高中思想政治教学内容目标也就不同，《课程标准》对高中思想政治学科的课程性质做了修订：高中思想政治是落实立德树人根本任务的关键课程，以培育社会主义核心价值观为目的，是帮助学生确立正确的政治方向、提高思想政治学科核心素养、增强社会理解和参与能力的综合性、活动型学科课程。高中思想政治根据学生发展过程中的阶段性认知和能力，依次开设各模块，模块1《中国特色社会主义》以中国特色社会主义的选择为主题，以社会形态的历史演进为主线，以树立理想信念为主旨；模块2《经济与社会》以发展中国特色社会主义经济为主题，以全面深化改革为主线，以树立新发展理念为主旨；模块3《政治与法治》以发展中国特色社会主义政治制度为主题，以“三者统一”为主线，以坚定“四个自信”为主旨；模块4《哲学与文化》以马克思主义哲学为主题，以四大观点为主线，以树立正确的“三观”和坚定文化自信为主旨。由浅入深、由表及里地开展有针对性的教学，逐步培养学生的具象思维能力。

学生是学习的主体，是事关教学成败的关键性因素。了解学生已有的知识基础、思想状况，特别是了解学生可能面临的学习困难和疑惑，是合理制订教学目标、恰当选择教学方法和进行教学活动设计的出发点。

兴趣是最好的老师，学生一旦有了学习兴趣，就不会把学习当成负担，而是将其当作一种欣然接受的愉快体验，学习效果也势必事半功倍。如果学生对学习不感兴趣，情况就会截然不同。所谓强扭的瓜不甜，学生若处在痛苦深渊里被动学习，学习效果必定事倍功半。苏霍姆林斯基曾精辟地指出，所谓课上得有趣，这就是说：学生带着一种高涨的、激动的情绪从事学习和思考，对面前展示的真理感到惊奇，甚至震惊；学生在学习中意识和感觉到自己的智慧力量，体验到创造的快乐，为人的智慧和意志的伟大而感到骄傲……如果你所追求的只是那种表面的、显而易见的刺激，以引起学生对学习和上课的兴趣，那你永远不能培养起学生对脑力劳动的真正热爱。坚持以学论教、因学定教，切实落实教学的针对性，把教学用在刀刃上，用在解决最近发展区的问题上，真正实现少教多学，让每一位学生把自主化的学习当成一种生活的必需，实现自主的、全面的全方位发展的新格局。

（二）“双主共学”

“双主共学”的课程理念、课堂境界和课堂形态强调师与生同是课堂教学的主体，师生共同参与教，也共同参与学，在不同的教学行为与教学流程中，教与学的主体地位发生转变。“双主共学”的课堂既充分尊重学生作为学习主体的权利，同时也尊重教师作为教学主体组织、引导、发展的权利。它重视激发学生在学习中的主体意识，反对虚化教师在学生学习中的指导作用，大力倡导建立师生课堂学习共同体，在学生自主学习的基础上，充分发挥“结对学习—小组学习—全班群学—师生共学”的作用，延展学生课堂参与的广度和深度，从根本上改变单一的课堂形态，达成师生在课堂上共同发展的教育目标。

“双主共学”应注重教师的主导性。从实际情况来看，在强调自主学习的教学实际中确实存在着忽视教师作用的“唯自主化”倾向，如新课程强调把读书的时间还给学生，可是有的教师在上课时，只是叫学生自己看书，不做指导，不做提示，不做具体要求，也不做反馈，任由学生自己一看到底，这是典型的“放羊式”教学，有人也称之为“傻读”；有的教师甚至一味强调学习内容由学生自己定，喜欢哪一段就读哪一段，学习方式由学生自己选，喜欢怎么读就怎么读，学习伙伴由自己挑，想和谁交流就和谁交流，这是典型的“自流式”教学。这样做，学生似乎获得了自主的权利，可实际上并没有实现真正的自主。这是一种典型的只“赋权”而不“增能”的不负责任的教学行为。它看似充分体现了学生的主体性，实际上因为教师的缺失，学生主体性的发挥受到自身水平的限制，致使他们的认知水平仍在原有水平上徘徊。更为严重的是，由于离开了教师的正确导向和有效引领，自主学习蜕变成一种随意性学习或自由性学习，不仅偏离和曲解了教材原意和学科本质，还出现了价值观的偏离，从而从根本上扭曲了学习的方向和实质。这是自主学习的实践误区。

弘扬人的主体性是正确的方向，但是，人在自我发展中的主体性，是处于发展和过程的不成熟的、不完全的，甚至开始还很微弱的主体性。因此，在提倡和实施自主学习的过程中，仍然要强调教师主导性。从他主到自主、从依赖到独立是一个“从教到学”的转化过程。从学生角度来讲，学习过程是从完全依靠教师到基本依靠教师，再到相对独立、基本独立，直至完全独立的过程，这是转化的方向和目标；从教师角度讲，教学过程就是把“教”转化为“学”的过程，教师的作用不断转化为学生的学习能力，随着学生学习能力由弱到强，教师的作用也发生与之相反的变化，最后学生完全自主独立，教师的作用告终，这是转化的条件和机制。教学过程是学生自主建构和教师价值引领相统一的过程。就算学生具备了一定的自主学习能力，教师的引领仍然是必要的。“当学生遇到疑难时，教师要引导他们去想；当学生的思路狭窄时，教师要启发他们拓宽；当学生迷途时，教师要把他们引上正路；当学生无路可走时，教师要引导他们铺路架桥；

当学生‘山重水复疑无路’时，教师要引导他们步入‘柳暗花明又一村’的佳境”[①]。可以说，教师的正确引领是保证学生学习的方向性和有效性的重要前提。

片面强调学生主体地位，会出现教师自我矮化倾向，教师在教学中只会畏首畏尾，难以积极作为。过分追捧学生多元解读，会使教师“促进者”角色意识淡化，离开了教师的组织引导，培养成熟读者和成熟对话者的要求就必然会落空。因此，盲目强调学生的独特体验，弱化教师价值引领力量，不利于学生正确价值观的形成。

当然，发挥教师的主导性毕竟不是目的，发展学生的主体性才是教学的归宿。对此，教师也要有清醒的意识，在任何时候都不能以自身的主导作用取代学生的主体地位。

“教与学”相伴而生，一个好的教学效果的呈现一定离不开好的教学方法和学习方法，比如：教师探究式教学法需要与学生的研究型学习方法相统一，教师互动性教学法需要与学生的合作式学习法相统一。

第三节　高中思想政治学科全息育人教学设计方法

一、高中思想政治学科全息育人单元教学设计

单元教学就是从一章或者一单元的角度出发，根据章节或单元中不同知识点的需要，综合利用各种教学形式和教学策略，通过一个阶段的学习，让学习者完成对一个相对完整的知识单元的学习。[②]

目前，教师们的教学设计大多拘泥于单课时内容的就课论课，一方面缺少了整体上的把握，另一方面对各种教学要素的选择和应用缺乏回旋余地。因此，单元教学和传统的单课时教学的一个明显的区别在于，前者是系统教学，后者是先分散式后总结式的教学。高中思想政治学科全息育人提出的育人目标是一个相互联系、相互渗透的整体，是学生在学习活动中实现科学素养提升的多个侧面。

从一般意义上说，教师的每一堂课都应当体现育人目标，因为这些目标是难以分

① 朱瑛．对新课标实施中几个问题的思考[J]．中小学管理，2003(10)：32-34.

② 宋书君．普通高中新课程数学单元教学设计研究[J]．新课程(下)，2018(03)：36-37.

割地融合于一体的。但是,就一堂具体的课堂教学而言,又有一个更需要突出什么目标的问题。那种将育人目标不加分析,机械地套用在每一堂课上的做法,并不是很妥当。笔者认为,在实际教学中,要全面关注育人目标并将它们整合于统一的教学过程之中;落实育人目标的基本单位不应当是一节课,而应该是一个单元。

(一)高中思想政治学科全息育人单元教学设计的价值取向

实施素质教育的核心是优化教学过程,优化教学过程的重要手段就是进行教学设计。教学设计是根据课程标准的要求和教学对象的特点,将教学诸要素有序安排,确定合适的教学方案的设想和计划。教学设计是教学理论转向教学实践过程中必不可少的环节,对构建高效的教学活动发挥着重要作用。

首先,教学设计使教学目标明确,使教学活动更科学、有效。高中思想政治教学设计是以《课程标准》为依据进行的,能按照《课程标准》进一步明确教学中各种活动的范围和方向,层层落实每一项教学活动的教学目标。同时,高中思想政治教学设计从教学的科学规律出发,采用系统的方法对教学问题进行确定,并对教学问题解决方案进行设计、实施、评价和修改,能够使教学活动走上科学化道路并取得更好的效果。

其次,教学设计能优化教学结构,大大提高教学效率。高中思想政治教学设计以教学目标为中心,分析学习需要、教学对象、学习内容,以及选择教学策略、方法、媒体等。这样能够大大减少教学活动中不必要的重复内容或活动,优化教学结构,使教学工作具有更强的适应性。同时,教学设计通过科学地选择教学策略、合理地使用教学媒体、科学地调整教学进度、准确地评价教学效果等方式,还能够大大地提高教学效率。

最后,教学设计能提高学生的学习积极性。高中思想政治教学设计应注重突出学生在学习过程中的主体地位,善于根据学生的特点采用相应的教学形式、教学策略、教学方法,灵活地运用教学媒体,使教学活动具有吸引力,增强学生的学习兴趣,使学生乐学、会学,大大提高学习的积极性。

学生学习思想政治课程的过程,是学科核心素养的形成过程。在单元教学的视野中,这意味着高中思想政治全息育人单元教学设计要融合社会需求和学生发展需要,营造适宜、开放的学习环境,提供丰富多样的课程学习资源,创设自主、合作的学习情境,倡导学生主动进行学习建构,帮助学生通过学科核心知识内容的学习和运用,开阔学科视域,提升依据学科知识观察和分析社会问题的能力、价值判断和行为选择的能力、参与社会生活实践的能力等,促进学生更理性地产生政治认同,形成科学的世界观、人生观和价值观。

(二)高中思想政治学科全息育人单元教学设计的特点

思想政治课是一门兼其人文社会科学和德育双重属性的课程,它必须以社会实际和学生的生活及其所遇问题为基础,以《课程标准》和教材为依据,以党和国家对学校德育或思想政治教育的要求为价值取向,以学习理论、教学理论和德育理论为指导,运用系统的方法分析教学问题,确定教学目标,设计解决教学问题的策略方案,试行方案,评价试行结果,对方案进行修改和完善。因此,高中思想政治学科全息育人单元教学设计有着自己的个性及特点。

1.系统性和层次性相统一。

高中思想政治教学活动本身是个大系统,纵向表现为教学程序,横向表现为教学结构。高中思想政治学科全息育人单元教学设计就是针对这种纵横交错的完整体系所进行的策划过程,体现出系统性。同时,这一教学设计并不是一种平面设计,而是对参与教学过程的各个要素及其相互关系做出分析、判断和操作的多侧面的立体操作活动过程,体现出层次性。这种系统性和层次性的有机结合就是高中思想政治学科全息育人单元教学设计的重要内涵。

2.预期性和生成性相统一。

高中思想政治学科全息育人单元教学设计是通过分析《课程标准》,设定育人点预期目标,并针对具体的教学对象、教学内容所进行的策划和构思。其中,育人点预期目标的设定是针对教学对象的需要和教材的特点进行的,而围绕育人点预期目标,针对教学对象和教学内容所进行的策划和构思的结果在实际操作中往往会高于预期,生成意想不到的育人效果。因此,高中思想政治学科全息育人单元教学设计具有预期性和生成性相统一的特点。

3.传统性和创新性相统一。

高中思想政治学科全息育人单元教学设计是教师对本学科的教学过程、教学结构所进行的有预期、全方位的策划活动。这种策划活动同时存在着传统性和创新性两种属性。传统性是指高中思想政治学科全息育人单元教学设计活动围绕《课程标准》展开设计,通过思想政治课程学习,学生能够具有思想政治学科核心素养。创新性是指高中思想政治学科全息育人单元教学设计是一种构思和策划并存的创造性活动,通过育人点的推进,教师和学生思维碰撞出火花。

4.教师教与学生学相统一。

传统的师生观受二元对立思想的影响,主要有"教师中心说"和"儿童中心说"两种观点。自笛卡儿"我思故我在"主客两分以来,物质与精神、主体与客体、人与自然就被对立起来,从而确立了近代主体哲学的地位。

19 世纪初,以赫尔巴特为代表的传统教育学派主张,以教师为中心向学生传授知识,在师生关系中重视教师的绝对权威,强调教师在教学中的支配作用,学生只能被动地接受教师传递的知识。

19世纪末20世纪初,以杜威为代表的进步主义教育学派,提出了"儿童中心论",杜威指出,学校生活组织应该以儿童为中心,一切必要的教育措施应该为了促进儿童的生长。这种观点强调儿童是教育的中心,教师的作用在于对儿童进行指导,学生是教育中的真正主体。

20世纪80年代以来,在我国教学理论界,一种新的师生观逐渐浮出水面。这就是"教师主导,学生主体"说。该学说认为,教师在教学过程中处于主导地位,学生是学习过程中的主体,要坚持教师的主导作用和学生的主体地位相统一。表面看来,该学说似乎解决了两种极端式师生观所遗留的问题,而且面面俱到,既考虑了教师,又照顾了学生。但仔细分析后发现,该学说仍然没有跳出二元对立的思维方式和"实体(对象)本体论"的窠臼,教师主导,相应学生就是被主导。学生主体,相应教师就是非主体(或客体)。而且人为地将教学整体一分为二。毫无疑问,这种解决问题的方式不会令人满意。①

高中思想政治学科全息育人单元教学设计从"教什么"入手,注重分析学习内容、教师需要和学生的个别差异,既充分尊重学生作为学习主体的权利,同时也尊重教师作为教学主体组织、引导、发展的权利。它强调师与生同是课堂教学的主体,师生共同参与教,也共同参与学,在不同的教学行为与教学流程中,教与学的主体地位发生转变。它重视激发学生在学习中的主体意识,反对虚化教师在学生学习中的指导作用,大力倡导建立师生课堂学习共同体,达成师生在课堂上共同发展的教育目标。这表明高中思想政治学科全息育人单元教学设计具有"双主共学"的特点。

5.注重育人过程和结果统一。

高中思想政治学科全息育人单元教学设计是为育人目标服务的。为了更好地达成教学目标,落实育人点,教师需要在教学设计的各个环节中不断地收集反馈信息,预测实际教学中可能出现的问题,并注重科学评价教学设计的整个过程和最终效果,以便为不断改进教学、提高教学质量提供依据。

① 张增田,靳玉乐.论新课程背景下的对话教学[J].西南师范大学学报(人文社会科学版),2004,30(05):77-80.

(三)高中思想政治学科全息育人单元教学设计的关键要素

1.教材分析。

现代教学论认为,要实现教学最优化,就必须实现教学目标最优化和教学过程最优化。教材的分析和教法的研究,正是实现教学过程最优化的重要内容和手段。教材分析是教师工作的重要内容,是教师备好课、上好课的前提,它关系教师的课程设计、课程组织与实施,更关系教学目标的实现、教育目的的达成。教师在授课之前,必须认真分析和研究教材,领会教材的编写意图,在此基础上科学地组织教学内容,选用教法,精心编写教案,实施教学,以圆满实现教学目标,完成教学任务。教材分析和教法研究的过程,既是教师教学工作的重要内容,又是教师进行教学研究的一种主要方法,这个过程能够充分体现教师的教学能力和创造性的劳动。所以,教材分析的过程,就是教师不断提高业务素质和加深对教育理论理解的过程,它对提高教学质量,提高教师自身的素质都具有十分重要的意义。①

2.教学目标。

高中思想政治教学目标是预期的教学成果,是组织、设计、实施和评价教学的基本出发点,是高中思想政治教学的起源和归属,也是教学设计的核心。教师在进行教学设计时,必须在分析学习需要、学习内容和学生特征的基础上确定具体的教学目标,用具有可观察、可测定的术语精确地表述以下有关学生发展的问题:通过精心设计的教学活动和学习活动,学生要学习和掌握哪些知识和技能,智力要获得怎样的发展,培养什么样的能力及达到什么水平等。

3.教学对象。

以谁为中心设计教学系统是教学设计的根本问题,也是教师在进行教学设计之前必须认真考虑和回答的问题。长期以来,在传统教学思想的影响下,教学活动总是过分注重教师的教而忽视学生的学,过分强调教师教的过程而忽视学生学的过程,会导致无论是理论研究还是教学实践,都将以教师为中心进行。而实际上,教学系统服务的对象是学生,教师必须以学生为中心进行教学设计,认真地分析和了解学生的特点,评定学生的初始状态,并预测学生发展的可能空间,这样才能搞好教学工作。

4.教学策略。

教师在确定教学目标之后,还应设计合适的教学策略,以实现教学的预期目标。教学策略的设计主要包括以下几个方面:采用何种有效的形式进行教学,安排什么样的课型,设计什么样的教学方法,选择什么样的教学媒体及怎样将其运用于教学中,怎

① 和小军,毋翠玲.小学数学教材分析与教学研究[M].成都:西南交通大学出版社,2017:5-6.

样利用现有的教学资源去挖掘潜在的教学资源，设计什么样的教学环节和步骤等。总之，在整个教学设计过程中，教学策略的设计应当具体而详细，这样才能发挥其应有的重要作用。

5.教学评价。

教师实施了以上步骤后，就能获得教学设计的成果。该设计成果是否符合教学目标的要求，是否符合学生的实际，能否保证取得最优的教学效果，其所采用的教学形式、教学方法和教学活动步骤是否可行等都必须进行检验。这就需要教师对教学设计的成果进行评价，以便根据评价结果不断地修正和完善教学设计的全过程。

目前，虽然高中思想政治学科单元教学设计所遵循的理论、采取的方法和步骤不尽相同，但其构成要素基本一致。在高中思想政治学科全息育人单元教学设计中，我们要考虑的教学要素主要有“教”和“学”两个方面。

(1)从“教”的方面看。

一是教学内容的分析和认识。主要依据《课程标准》、教材上规定的学习内容和任务，分析教材的内容结构，每部分内容在整个课程中的地位和作用，与前后内容之间的联系，对《课程标准》和教材做关联分析，准确把握教学内容的重点和难点。

二是教学策略和手段的选择。教学策略是达到比较大的目标的总的步骤，教学手段则是关于各个特定环节的处理方法和使用工具，把两者结合起来，就决定了教学策略能否成功选择，教学手段能否合理运用，也就决定了教师能否成功地达到教学目标。一般而言，教材教法分析主要分析的是《课程标准》。《课程标准》代表着国家对学生学习结果统一的、基本的要求，是对学生在学科学习中应该达到的知识水平、经历的学习过程、掌握的学习方法、获得的学科能力、应该具备的态度与价值观等维度的阐述。各年级配套的教师用书可以帮助教师理解单元学习的目标、内容、重点，以及相应教材主要呈现的知识的逻辑关系，有助于教师的教法。

三是教学过程的设计。现代教学理论认为，教学过程主要包括六个基本环节：激发学习动机—感知学习内容—理解学习内容—运用知识经验—巩固学习成果—评估学习效果。因此，应遵循现代教学理论，思想政治教学过程每一个环节的展开，需要运用引导、提问、讲授、讨论、过渡、强化、总结等技能。

四是教学评价设计。当下学习时间和空间的开发可能性大大优于以往，学习成为一个更加开放、自由的过程，这在一定程度上会提高教师对学生学习进程控制的难度。因此，形成一个相对完善的，涉及整个学习过程的即时评价反馈机制就显得尤为重要。教学评价设计需要帮助教师持续地关注、评估学生的学习进程，阻止偏离目标的行动，激励方向正确的学习行动，让整个学习进程朝着有利于实现单元目标的方向发展。高中思想政治学科单元教学评价设计依据单元教学目标，围绕学生思想品德和思想政治素质的变化发展，观察学生的单元学习过程，对学生掌握和运用学科相关知识的水平与能力，及其相应的态度价值观表现做出判断，以促进学生转变学习方式，提高思想品德和思想政治素质，促进教师改进教学、提高教育质量。设计采用侧重变化的过程性评价与侧重状态的终结性评价相结合的方式，与教学实际相结合，主要分为对学习活动的评价设计和对书面表达的评价设计两类。

(2)从“学”的方面看。

一是学情分析，即学生在学习相关教学内容之前，掌握与本次教学内容直接相关的情况，以及学生在学习新知识之前已经具备的知识结构和学生在学习新知识时体现出来的个性的差异，它是进行教学目标设计的基础，也是选择教学策略和手段的依据，更是进行教学活动设计的落脚点。

二是教学目标的确定，即教学活动要达到的预期结果和标准，单元教学目标是指引教师进行单元教学，培养学生掌握能力与方法、树立态度与价值观等的过程，是在学生经历单元学习后，在知识与技能方面取得收获的预判过程，确定的是预期的学生学习目标。依据单元教学目标，教师可以设计学习评价，选取、编制教与学的资源，组织单元学习内容，推动单元学习的过程。由此可见单元教学目标设计在单元教学设计中的重要性，因而单元教学目标是研究的重要内容。单元教学目标的设计不能直接照搬课程目标，要围绕着单元主题将课程目标具体化。据此，单元教学目标成为单元教学设计的出发点和归宿。高中思想政治学科全息育人单元教学目标设计是在单元教材教法分析的基础上，确定单元教学重点、难点，明确单元教学任务，预设并描述单元教学结果的过程。单元教学目标设计既是对课程目标的分解细化，又决定了课时目标的制订，可分为“达成性目标”和“发展性目标”。

三是教学活动的设计。在单元教学的视野中，学生掌握学科学习方法与思想方法是达成单元目标、实现学科智育价值与德育价值相融合的关键。单元教学致力于通过单元学习活动设计，引导学生在课堂学习和社会实践活动中，学会理论联系实际的学习方法和唯物辩证的思想方法，帮助学生更好地理解学科核心知识，逐步形成相应的情感态度与价值观体系，自觉理性地进行社会参与。单元学习活动是实现单元目标的具体途径，同时又与教师的评价设计密切相关，换言之，单元学习活动的过程应当是可观察、可记录的，并且可以根据学习评价的结果进行及时调整。高中思想政治学科全息育人教学活动设计是在分析单元学习活动的基础上，根据教学内容与学情分析，结合学科特点和教学实际，教师自主设计、优化和管理教学资源的过程。教师常用的方式主要包括选择传授式、自主合作探究式、参与式、任务式、情境体验式、议题式等活动方式。

四是学生练习的设计。这是依据单元教学目标，结合课时目标和学生实际情况，综合书面表达和实践活动两种形式而设计的一系列学习任务。书面表达型作业以纸笔答题的方式完成，其中包括客观题与主观题。客观题的题型有选择题、连线题、图表题等，主观题的题型主要有简答题、分析说明题与论述题。实践活动型作业可分成体验型实践活动作业和探究型实践活动作业，包括课堂练习的设计，也包括课后练习的设计，是巩固学习成果、评估学习效果的重要方法。

高中思想政治学科单元教学设计需要系统考虑教学的相关因素，但教学设计并没有固定模式。从线性逻辑层面来看，教学设计要回答四个问题，“我们在哪里？”“我们去哪里？”“我们怎样到达那里？”“我们是否到达了那里，如何知道的？”高中思想政治教学设计同样无法回避这四个问题。如果说教学内容的分析、学情分析是解决“我们在哪里”的问题，那么教学目标的确立则解决的是“我们去哪里”的问题，教学策略的选择、教学活动的设计解决的是“我们怎样到达那里”的问题，课中和课后练习回答“我们是否到达了那里，如何知道的”的问题。厘清了这四个问题，高中思想政治教学设计才能成为真正意义上指导教师教学活动有序开展的行动指南。

二、高中思想政治学科全息育人逆向式课时教学设计

（一）对逆向式课时教学设计的认识

教学是达到最终目标的一种手段，规划先于教学。因此，成效最好的教学在开始时就明确了预期学习结果并且还要有学习真实发生的证据。从预期结果逆向规划课程这一概念并不是第一次提出。在1949年，拉尔夫·泰勒已经倡导将此方法作为聚焦教学的有效设计过程；布鲁姆的分类学以及安德森和克拉斯沃尔都阐明了不同形式的教育目标以及相应的评估方式；加涅和罗伯特·马杰早就教导我们如何分析不同的学习结果和相应的学习类型；威廉姆·斯派迪也在推广从结果出发“逆向设计”的思想。

虽然这不是一个新思想，但我们构造的逆向设计，其结果更清晰地界定并且更明智地平衡了短期和长期目标，提出了更恰当的评估办法，和一般的教案相比，教学目的性更强。尤其当你意识到教育的首要目的是立德树人时，逆向设计的优势则更加明显。全息育人的核心目标是要使读者明白，我们必须像教练或者培训师一样，从长远的综合素质表现开始逆向设计，而不仅仅从知识记忆的零散主题或片段技能出发，这

样的育人才是真正专业知识的核心。换句话说，我们希望通过“设计”而不是靠“运气”实现。

(二)逆向式课时教学设计的一般程序基本点

1999年美国课程与教学领域的两位专家，在反思传统教学设计之不足的基础上，提出了一种新的教学设计模式——逆向教学设计，即“从终点——预期的结果(目标或标准)开始，确定预期结果达到的学习证据(或表现)，并安排学习和教学活动的过程”(其过程主要由三个阶段组成，如图3-1)。他们把课程作为达到既定学习目标的手段，将教学看成是将注意力集中于特定主题、使用特殊资源、选择特殊的学习指导方法以达到既定的学习目标的过程。

明确预期的结果 ⇨ 确定预期结果达到的学习证据 ⇨ 安排学习和教学活动

图3-1 逆向教学设计过程的三个阶段

设计过程中每个阶段围绕一个焦点问题展开，分别为学生应当知道、理解和能做什么？我们怎么知道学生已经达到预期结果或既定标准的要求？怎样的学与教能促进预期结果的达成？

从逻辑上讲，逆向教学设计方式是顺向、合理的，因为“设计”本身内含目的及意向，《现代汉语词典(第7版)》中对“设计”的解释为：“在正式做某项工作之前，根据一定的目的要求，预先制定方法、图样等；设计的方案或规划的蓝图等。”说它“逆向”，是因它与常规的教学设计方式相逆。按常规教学设计方式，教师首先关注的是书本内容、自己情有独钟的课文及组织已成定规的教学活动等，而不是根据既定的目标与标准来选择教学内容及组织相应的教学活动。逆向式课时教学设计先明确预期结果，再确定预期结果达到的证据，把评价设计提到教学活动设计的前面，使评价嵌入教学过程，成为诊断和驱动教学的工具。这样一来，教学成为发现证据的过程，评价不再只是教学结束后的终结性检测，两者形成“教学—评价—教学”的螺旋式上升环，不断促进目标的达成。

(三)逆向式课时教学设计的基本点

1.研究《课程标准》。《课程标准》是国家教育行政部门指定的教学文件，体现了国家对高中思想政治课程的要求，是进行教学设计的基本依据。

2.钻研教材。高中思想政治教材是本学科教学内容的基本载体，是《课程标准》的具体化，是最基本的教学材料。在教学过程中，教材是教师帮助学生学习本学科知识内容、培养本学科能力素养、传递教学信息的载体。它包括教材、教学参考资料、各种教学媒体资料。在有的思想政治教学论教材中,也把研究《课程标准》和钻研教材统称为钻研教学内容。

3.分析学情。学生是学习的主体,是教学成败的关键性因素。了解学生已有的知识基础,了解学生的思想状况,特别是了解学生可能面临的学习困难和疑惑,是合理制订教学目标、恰当选择教学方法和进行教学活动设计的出发点。

4.制订教学目标。依据《课程标准》规定的课程目标维度、本课程的教学要求、具体教学内容、所教班级学生的实际情况,并结合往届学生学习本课程的实际情况来进行设计,反对将教学参考书上的教学目标简单地照抄照搬。

5.确定教学重难点。教学重点是指所授教学内容中最基本、最重要的中心教学内容,是教师组织教学的主要线索和教学过程中师生共同的主攻方向。教学难点是学生学习困难之所在,即多数学生难以理解和掌握的知识和理论问题,它是相对于学生的知识、经验、能力和思想实际水平而言的。

6.选择教学策略和方法。教学方法既包括教法,又包括学法,是教师的教法与学生的学法的有机统一。其选择依据是教学内容,特别是教学重难点、教学目标和学生学情。

7.设计教学过程。根据教学内容、教学目标和学情,按照激发、感知、理解、运用、评估等基本过程,进行导入、提问、讲授、合作探究、小结等环节的教学活动设计,既包括教师活动,也包括学生活动。

8.设计教学板书。教学板书是教师根据教学内容和教学目标,运用文字、符号、图表等形式在黑板或其他教学演示工具上呈现的教学提纲或反映本学习内容内在联系的知识结构,对于学生理解和掌握学习内容,实现教学目标有着极其重要的作用。

9.进行教学评价。教学评价包括课中对自主合作探究的评价、课尾教学总结时对本堂学习状况的评价,最常见的有课后作业的布置,有课堂同步测验、单元检测等形式。

10.撰写教学反思。教学反思多指课后反思,在教学设计中留出一定的位置,待教学活动结束后根据实施情况,对自己课前、课中的教学实践活动再次进行理性审视和分析,发现问题并提出改进策略。

第四节 高中思想政治学科全息育人教学设计案例评析

一、单元教学设计案例评析

高中思想政治学科不能简单套用“主题—探究—表达”的主题活动型单元设计流程进行单元教学设计，也不能简单套用“目标—达成—评价”这一基本的单元教学设计流程进行单元教学设计。从学科课程的设计理念看，高中思想政治学科通过构建贴近社会生活和学生实际课程的内容体系，培养和提高学生的思想品德与思想政治素养，重视在实践体验中落实学科育人价值，既要考查学生掌握和运用相关学科知识的水平和能力，又要考查学生思想和行为发生积极变化的过程，实施促进学生知、情、意、行统一的综合评价。从课程的设计思路上看，高中思想政治学科需要面对新时代社会主要矛盾的转化，根据中学生的发展需求和成长特点，按照学科核心素养的要求确定课程目标和课程内容，并使之融合为一个有机整体。据此可见，高中思想政治学科是比较系统地对中学生进行思想品德教育和马克思主义哲学社会科学常识教育的基础课程，是高中德育工作的主导渠道，是智育与德育相统一的显性德育课程，因此需要借鉴、综合“主题—探究—表达”与“目标—达成—评价”这两种设计流程，根据本学科的具体内容进行恰当的单元教学设计。

（一）教学设计

表3-1 必修3《政治与法治》第一单元《中国共产党的领导是历史和人民的选择》教学设计①

必修3《政治与法治》第一单元《中国共产党的领导是历史和人民的选择》教学设计			
单元名称	中国共产党的领导	总课时	5
学习课题	中国共产党的领导是历史和人民的选择	课时安排	1
	中国共产党始终坚持以人民为中心		1
	中国共产党始终走在时代前列		1
	坚持党的领导		1
	巩固党的长期执政地位		1

① 该教学设计来自重庆市北碚区教师进修学院高中思想政治学科研究团队。

续表

课标要求	1.引述宪法序言，强调没有中国共产党就没有新中国，阐明中国共产党成为执政党的必然性。 2.引述党章规定，明确党的性质、宗旨和指导思想。 3.理解坚持党对一切工作的领导意义，阐述中国共产党依宪治国、依法执政的道理、方式和表现。
教材分析	本单元主题为中国共产党的领导，知识理解的难度不大，但对政治认同度、观点论证力要求较高。习近平新时代中国特色社会主义思想是马克思主义中国化的最新成果，走中国特色社会主义道路是历史的必然选择。中国特色社会主义最本质的特征是中国共产党的领导，中国特色社会主义制度的最大优势是中国共产党领导，党是最高政治领导力量，坚持党的领导是人民当家作主和依法治国的根本保证。中国共产党的领导是历史和人民的选择。中国共产党始终坚持以人民为中心，始终走在时代前列。新时代必须坚持和加强党的全面领导，进一步巩固党的执政地位。
学情分析	【知识储备】学生在初中《道德与法治》、高一上学期《中国特色社会主义》以及历史学科的学习中，已经初步掌握了近现代中国的基本国情、主要矛盾和两大历史任务，了解了中国共产党领导中国人民进行的革命、建设与改革的历程。 【学科能力】学生具有一定的阅读和辨别能力，但运用马克思主义基本观点对社会政治现象进行解释与论证的理论思维能力不够，有序参与政治生活的能力需要培养。 【价值观】能够拥护党的领导。
单元育人目标	1.明确中国共产党的领导是历史和人民的选择。 (1)阐释没有中国共产党就没有新中国。 (2)了解中国共产党的性质。 (3)直面各种质疑、非议或诋毁，澄清基本事实，阐明党的宗旨，论证中国共产党是中国革命、建设和改革的领导核心。 2.阐释中国共产党永远保持先进性的意义。 (1)理解党的指导思想为什么与时俱进。 (2)明确中国共产党始终走在时代前列、永葆生机活力的法宝。 (3)列举共产党员发挥先锋模范作用的事例。 3.感悟办好中国的事情，关键在于加强党的领导和党的建设。 (1)理解党的领导是全面的、系统的、整体的。 (2)阐释新时代坚持党对一切工作的领导的意义和举措。 (3)说明中国共产党执政的方式和表现，理解依法执政是中国共产党执政的基本方式。 (4)说明新时代全面从严治党的意义。
核心学习任务	2021年是中国共产党成立的100周年。穿越一个世纪，中国共产党党员的人数从50多人壮大到超过9000万人。让我们沿着红色足迹探寻百年大党为什么能够成功的答案，在新的奋斗征程上，拥护中国共产党的领导，传承红色基因，不忘初心、牢记使命。为了完成该任务，我们需要思考并解决的问题有： 1.为什么中国共产党的领导是历史和人民的选择？ 2.中国共产党永远保持先进性、纯洁性的重要意义是什么？ 3.如何理解全面从严治党？

续表

<table>
<tr><td colspan="7">第一课时教学设计</td></tr>
<tr><td colspan="2">学习课题</td><td colspan="5">中国共产党的领导是历史和人民的选择。</td></tr>
<tr><td colspan="2">育人目标</td><td colspan="5">明确党的执政地位是历史和人民的选择。
(1)阐释没有中国共产党就没有新中国。
(2)了解中国共产党的性质。
(3)直面各种质疑、非议或诋毁,澄清基本事实,阐明党的宗旨,论证中国共产党是中国革命、建设和改革的领导核心。</td></tr>
<tr><td colspan="7">教学过程</td></tr>
<tr><td rowspan="2">教学环节</td><td rowspan="2">学习内容</td><td colspan="2">教师活动</td><td rowspan="2">学生活动</td><td rowspan="2">学习评价</td><td rowspan="2">“五育融合”育人点提示</td></tr>
<tr><td>情境创设</td><td>问题引导</td></tr>
<tr><td>课题导入</td><td>中国共产党诞生百年的奋斗历程。</td><td>【视频】观看建党一百周年献礼视频。</td><td>【问题】你最想要定格视频中的哪些瞬间?
【总议题】为什么中国共产党的领导是历史和人民的选择?</td><td>观看视频;思考回答问题;交流分享;明确学习任务,打开课本。</td><td>教师评价;能获取有效信息;明确本课的学习任务;清晰描述中国共产党的奋斗历程。</td><td>【育德】感知没有共产党就没有新中国。
【育智】了解中国共产党成立以来革命、建设和改革的奋斗历程。</td></tr>
<tr><td>新知识学习</td><td>中国共产党成为执政党的必然性。</td><td>【视频】观看教师自制视频《近代中国的风起云涌》。
【材料】为拯救民族危机,不同政治力量开出了不同的药方(三种建国方案)。
【歌曲】合唱《没有共产党就没有新中国》。</td><td>【分议题一】为什么没有共产党就没有新中国?
【问题1】近代中国最主要的社会矛盾是什么? 当时中国人民肩负着什么样的历史使命?
【问题2】这三种方案哪一种经受住了历史和实践的考验? 其他两种为何行不通?
【问题3】歌曲原名为《没有共产党就没有中国》,毛泽东在“中国”前面添加了“新”字,思考其“新”在何处?</td><td>观看视频;阅读教材;分组讨论,推荐代表,全班交流;合唱歌曲《没有共产党就没有新中国》,边唱边思考,回答问题“新”在何处? 聆听同学的分享和老师的点拨。</td><td>教师评价与生生互评;培养理论思维能力、政治认同度和价值判断力,能够全面客观分析三种建国方案的利弊,增强中国特色社会主义道路自信,理解中国共产党成为执政党的必然性。</td><td>【育智】阐释中国共产党建国方案的可行性;把握中国共产党的性质、宗旨、奋斗目标、初心与使命;论证没有共产党就没有新中国;阐释中国共产党的先进性;领会中国特色社会主义最本质的特征是中国共产党的领导。
【育德】拥护中国共产党的领导,增强中国特色社会主义道路自信。
【育美】理想之美、奋斗之美;中国共产党的初心和使命之美。</td></tr>
</table>

续表

教学环节	学习内容	教师活动		学生活动	学习评价	“五育融合”育人点提示
新知识学习	中国共产党领导人民站起来、富起来、强起来。	【图片】新中国成立前后对比图片及社会主义建设初期图片。 【视频】观看有关改革开放40年巨变的视频。 【视频】观看有关我国社会主要矛盾变化的视频。	【分议题二】如何理解中国共产党领导人民站起来、富起来、强起来? 【问题1】新中国成立后,中国人民的生活发生了什么变化?为何有此变化? 【问题2】改革开放后深圳发生了什么样的变化?为什么会有这样的变化? 【分议题四】继往开来新时代。 【问题】新时代人民对美好生活的需求发生了什么变化?其原因是什么?	观看图片和视频;阅读教材,分3个小组,每个小组讨论1个问题,推荐代表,全班交流分享;聆听同学发言和老师点拨。 观看视频,思考问题;个别回答,交流分享。	教师评价与生生互评;培养学生的理论思维能力、政治认同度和社会参与能力,明确坚持中国共产党执政的必要性;感知走中国特色社会主义道路的正确性与必要性。	【育智】了解中国共产党在革命、建设和改革中取得伟大成就的原因、意义;掌握新时代的内涵、历史意义及社会主要矛盾;明确坚定中国特色社会主义道路的必要性。 【育德】为中华民族伟大复兴而奋斗;拥护中国共产党的领导。 【育美】奋斗之美、成就之美、道路之美和自信之美。 【育劳】知道幸福生活是奋斗出来的。
课堂反馈	配套练习。	明确要求,巡视观察。	抽查学生的做题情况,对学生的存疑之处进行点拨,对认知偏差的地方进行纠错,根据学生的掌握情况进行实时归纳。	学生独立自主完成练习,完成后与组内同学交流、分享思路,并针对问题进行自我纠错。	教师评价和学生自我评价;认同中国共产党的领导是历史和人民的选择,培养科学精神与公共参与能力。	【育智】全面把握中国共产党的领导是历史和人民的选择。 【育德】基于问题情境,坚定中国特色社会主义道路自信。
课堂小结	总结升华。	【名人名言】“其作始也简,其将毕也必巨。”	结合本课知识,激情总结陈词,布置课后作业完成情况。	聆听学生感悟,记录课后作业完成情况。	能明确中国共产党的领导是历史和人民的选择,为中华民族伟大复兴而奋斗。	【育智】培养学生的理论思维能力、政治认同度和社会参与能力。 【育德】拥护中国共产党的领导。 【育美】感受思维逻辑之美、语言之美、激情之美。

续表

课后作业	参观爱国主义教育示范基地，感悟中国共产党的艰辛奋斗历程，写一篇不少于200字的观后感。
板书设计	没有共产党就没有新中国：近代中国面临存亡危机；三种建国方案；新中国“新”在何处 中国共产党如何领导人民站起来、富起来、强起来：当家作主站起来；改革开放富起来；继往开来新时代 → 中国共产党的领导是历史和人民的选择

（二）教学设计评析

1.大单元设计凸显整体化原则，加深学科整体认知。

《中国共产党的领导是历史和人民的选择》是基于高中思想政治学科全息育人综合性的设计理念，结合建党一百周年设计的课题。通过学习中国共产党诞生百年的奋斗历程，从中国共产党成为执政党的必然性，再到中国共产党领导人民站起来、富起来、强起来等内容，注重整个知识点的内在联系，组织建构、整合整个政治生活知识，体现学科教学的整体化原则，也加深了学生对政治学科本身的整体性认知。

2.围绕中心，层层推进，增强政治认同。

基于高中思想政治学科的生活性，从学生的生活经验出发，围绕“为什么中国共产党的领导是历史和人民的选择”这一总议题，设置了“为什么没有共产党就没有新中国”和“如何理解中国共产党领导人民站起来、富起来、强起来”等两个分议题。议题设置巧妙，层次感强，让学生透过现象探寻到中国共产党成为执政党的本质由来，从而增强了学生拥护中国共产党领导的认同感，增强中国特色社会主义道路自信。

3.巧用活动，益智育德，落实立德树人。

整个设计形式多样，既有视频感悟增进情感，又有讨论辨析增强思辨能力，还有通过和音吟唱提升美的感悟，以及课后作业布置让学生躬身体验、深化认识，等等。这种互动体验式的活动设计与学生的合作探究式学习相得益彰，学生关注社会公共生活的公共参与意识得到了增强，分析政治现象的实际本领都在活动中得到了提高。

二、逆向式教学设计案例评析

（一）教学设计

表3-2 《价值判断与价值选择》全息育人教学设计[①]

<table>
<tr><td colspan="5">《价值判断与价值选择》全息育人教学设计</td></tr>
<tr><td>学习课题</td><td colspan="2">价值判断与价值选择</td><td>授课时间</td><td>40分钟</td></tr>
<tr><td>课型</td><td>新课</td><td colspan="3">总1课时　第1课时</td></tr>
<tr><td>教材及学情分析</td><td colspan="4">本课题为人教版《哲学与文化》第二单元第五课第二框题，如何树立正确的价值观、实现人生价值，是第二单元的核心问题。解决这一问题，就需要引导学生进行正确的价值判断和价值选择。在正确地进行价值判断和价值选择的基础上，才能找到实现人生价值的正确途径。因此，《价值判断与价值选择》这一框题，在本单元中起到承上启下的作用。
从知识储备看，高二学生本学期才开始学习《哲学与文化》，知识储备少，对身边现实生活的感悟和提炼还不够，对哲学原理理解和知识应用能力欠缺，这在一定程度上加大了本节课教学的难度；从能力看，高二学生拥有一定的生活体验，具备一定的信息收集和筛选能力、阅读能力、语言表达能力、逻辑思维能力、探究能力和合作能力；从情绪、情感角度来看，高二学生还有一年就要高考，加之社会很多的诱导导致他们在选择与判断时迷茫，因此学习本框题有它特有的意义。</td></tr>
<tr><td>育人目标</td><td colspan="4">1.学科认知：领悟社会存在决定社会意识；理解价值观的形成与时代和环境密切相关；解析产生价值观差异与冲突的社会根源；理解价值判断和价值选择及其特征；明确正确进行价值判断和价值选择的标准，能够联系自身实际，认识和选择正确价值观，做出正确的价值判断与价值选择。
2.德性育人：通过观看视频了解中国研发制造的北斗卫星的强大功能，增强学生的政治认同，激发学生的爱国情怀。通过“北斗女神”王淑芳的人生选择，引导学生树立科学的世界观、人生观、价值观。
3.审美育人：分析王淑芳的选择，引导学生用辩证思维与历史思维进行思考，培养思辨能力，体会思辨美。</td></tr>
<tr><td>学习重难点</td><td colspan="4">重点：理解并掌握做出正确的价值判断与价值选择的标准。
难点：正确评价社会上的价值判断和价值选择现象，认同价值判断和价值选择的正确标准。</td></tr>
<tr><td colspan="5">教学过程</td></tr>
<tr><td>环节</td><td>教学内容</td><td>教师活动</td><td>学生活动</td><td>设计意图
（育人点及育人效果预期）</td></tr>
<tr><td>课题导入</td><td>导入新课（3分钟）</td><td>1.开展小调查。
2.播放教师自制视频：《点外卖需调动几颗卫星》。
3.展示课题：
价值判断与价值选择。</td><td>1.参与小调查。
2.观看视频。
《点外卖需调动几颗卫星》。
3.打开书本快速浏览本课主要内容。</td><td>育德：通过观看视频，增强学生的爱国情怀，培育和践行社会主义核心价值观。</td></tr>
</table>

① 该教学设计由重庆市北碚区教师进修学院孙霞和重庆市北碚区田家炳中学王娟合作提供。

续表

《价值判断与价值选择》全息育人教学设计				
环节	教学内容	教师活动	学生活动	设计意图(育人点及育人效果预期)
新课教学	议题1: 人生面临选择 (5分钟)	1.播放教师自制视频:《逐梦星空,芳华献北斗》。 2.引导思考:王淑芳做出了怎样的人生选择?她为什么会这样选择呢?	1.学生边观看视频边思考和获取有效信息。 2.师生对话探究:王淑芳做出了怎样的人生选择?她为什么会这样选择?	育德:通过观看视频,思考人生时时面临着选择,理解价值观的形成与时代和环境密切相关。 育智:理解社会存在决定社会意识。
	议题2: 人生如何选择。 (25分钟)	1.播放教师自制视频《从天落地,俯首为民生》。 2.引导思考1:王淑芳前后的选择为什么会不同? 3.引导思考2:为什么他们对此事的看法会不同?	1.观看视频。 2.师生对话探究。 (1)王淑芳前后的选择为什么会不同? (2)为什么他们对此事的看法会不同?	育德:运用辩证唯物主义的基本观点和方法解释当前社会现象中的观点冲突,树立科学精神。 育智:通过引导学生思考,理解价值判断和价值选择及其特征。 育美:用辩证思维与历史思维进行思考,培养思辨美。
	议题3: 人生重在选择。 (10分钟)	1.播放教师自制视频《王淑芳的解释》。 2.组织讨论:你是否认同王淑芳的这两次重大选择?请说明理由。 3.提供讨论提示,搭建思维脚手架。	1.观看视频。 2.参与小组讨论。你是否认同王淑芳的这两次重大选择?请说明理由。 3.全班交流分享。 4.师生对话。	育智:明确正确的价值判断和价值选择的标准。 育德:通过对正确的价值判断和价值选择重要性的认识,增强学生对社会主义核心价值观的正确认同。 育美:通过对价值判断和价值选择的正确标准的认同,增强学生的审美能力。
		1.组织活动:运用本节课所学知识,对自己未来的美好人生进行想象。 2.提供活动提示,搭建思维脚手架。	1.个人先思考:如理想的大学、职业、工作城市或其他。 2.小组内交流。 3.全班交流。	育智:思考自己的美好人生,加深对所学知识的理解。
课堂反馈	牛刀小试	出示课堂练习。	完成课堂练习。	育智:检测价值判断和价值选择的相关知识的理解掌握情况。
课堂小结	结束语	播放PPT,展示习近平总书记对青年人的寄语。	聆听寄语。	育德:情感升华,增强学生对社会主义主流价值观的深刻认同。

续表

《价值判断与价值选择》全息育人教学设计	
作业布置	课后调查:调查你所在的区域的政府部门制定的公共政策,体会其方案所坚持的价值取向,并形成调查报告。
板书设计	价值判断与价值选择 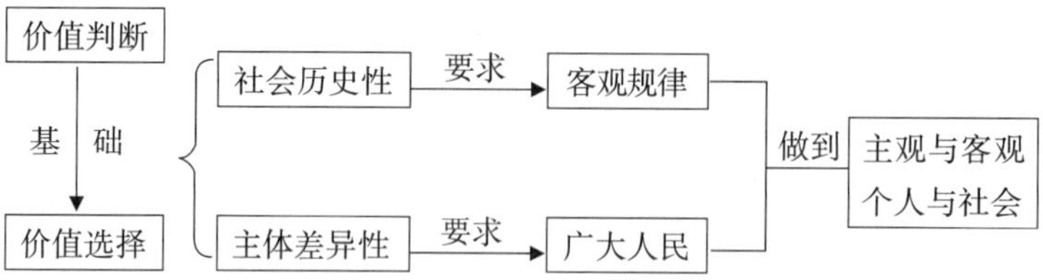

(二)教学设计评析

1.精心选材,灵活运用教学资源。

高二学生还有一年就要面对高考,社会很多的价值诱因导致他们在进行选择与判断时很迷茫,鉴于学生的这一实际,教师采用逆向式教学设计思路,在教学准备中精心选择“北斗女神”王淑芳这一真人真事的鲜活素材,调动了学生学习的积极性,使理论观点与生活经验有机结合,引导学生在迷茫中辨别方向,增强教学时效性,也增强了本学科德性育人的育人效果。

2.有效创设问题情境,大胆尝试活动化教学。

高中思想政治学科的实践性特点决定了教学中,教师要注重与学生的生活经验和社会经验的联系,通过学生自主参与,提升生活经验,扩展知识技能,促进其正确思想观念和良好道德品质的形成和发展。本课紧紧围绕“北斗女神”王淑芳两次重大人生选择事迹创设问题情境,激发学生的主体参与意识,在情境活动中体验探究,从感性材料的分析中获得深刻的理性认识,符合学生的认知特点,能够有效生成知识、培养能力、升华情感,在落实了智育的目标的同时,也让学生在潜移默化中培养了科学素养。

3.综合探究,培养学生的学科核心素养。

学科核心素养是学科育人价值的集中体现,是学生通过学科学习而逐步形成的正确价值观、必备品格和关键能力。选择“北斗女神”王淑芳这一真人真事的鲜活素材进行综合探究,着力培养学生的归纳思维、演绎思维、求证思维、推理思维,引导学生认同并实践做出正确的价值判断和价值选择,促进学生政治认同、科学精神和公共参与素养的形成,塑造学生真正成为具有社会主义理论、道路、制度与价值观自信的生命体。

第四章

高中思想政治学科全息育人教学实施

全息育人的课堂教学改革，以大视野、大格局、大系统、大整合的思路与策略，整合教学内容与形式，以精要的知识、方法等为教学骨架，激活与牵引学生全面而高效地发展，提高课堂的育人功能。落实高中思想政治学科全息育人教学，需要根据全息理论设计和实施课堂教学，培养具有现实社会适应力和未来引领力的学生。高中思想政治学科全息课堂教学，注重体验式学习、综合性学习、研究性学习、项目式学习等理念的渗透，通过整合学习资源和学习方式，构建学习时空，建设优质育人生态，在富有发展力的课堂里，培养学生的综合能力，让课堂更有力量。

第一节　高中思想政治学科全息育人教学实施背景

教学即教师教、学生学的统一活动。在这个活动中，学生掌握一定的知识和技能，同时，身心也获得了一定的发展。这种由师生构成的双边教学活动，形式多样，差异较大，优劣俱存。因此，要从观念上指明什么是好的教学，使教学价值取向既能批判地吸收传统教学价值规范的精华，又能适应新的教学价值规范，引导教师真正认识教学本真，把握正确的教学价值取向并付诸教学行动，同时，教师要帮助学生树立正确的价值观，引导学生养成责任意识、爱国主义精神、奉献精神等，真正实现促进学生身心全面和谐发展的目的，拓展育人价值。

一、高中思想政治学科全息育人教学的价值取向

培育全面发展的人是课堂改革应该具备的高度，人的全面发展，不仅是个体健康成长的价值指向，也是促进社会进步的重要条件。从价值秩序上说，教育的价值始于个体的健康成长，终于社会进步和人类的解放，从这个角度讲，全面发展的人应该具备推动社会进步的素养，是在复杂多变的未来社会中，具有较强适应力、发展力和创造力的人。笔者以构建全息育人课堂为契机，以培养全面发展的人为目标，试图对这些问题进行探索，并做出回答。

(一)新时代呼唤培养合格公民

新中国成立后,中华民族用了短短七十余年的时间,经历了从站起来,到富起来,再到而今进入强起来的伟大飞跃,今天的中国,前所未有地接近实现中华民族伟大复兴的目标。新时代的学生,正是实现中华民族伟大复兴大任的主要担当者,他们是否有实现民族复兴的远大理想、坚定信念、坚强意志、奋斗精神,直接关乎民族复兴大任是否能够完成。所以,今天我们的学校教育要站在时代的高度,为实现民族复兴造就人才、培育力量,要真正让我们的学生有理想信念,能担大任,勇于奋斗,敢于进取。改革开放后,我国社会逐渐呈现出文化和思想多元化发展的样态,解放了人们的思想,开阔了人们的视野,但国外一些不健康的思想文化的冲击,以及互联网上各种消极思想文化的传播等,对我们的学生产生了各种不良影响。面对这样的社会现状,我们的学校教育必须坚持把坚定正确的政治方向放在第一位,坚持让学生德智体美劳全面发展。中国特色社会主义进入新时代,高中思想政治学科是在与社会发展的互动中实现发展的。一方面,当代社会的经济与科技发展迅速,这对新时代的公民基本素质和教育提出了新的要求,高中思想政治学科必须在内容上与之保持一致,能够准确反映社会经济、政治、文化生活;另一方面,公民素质对社会发展具有重要意义,公民的独立人格和意识是新时代发展的重要精神力量。让学生成为一个具有国际意识和全球意识,能够对社会、国家和世界做出贡献的合格公民,这要求教师在教学过程中不仅要让学生掌握常识,更要努力有所创造,这些是应试教育无法达到的。

(二)《课程标准》定位育人价值取向

课堂目标既是育人目标的落实,也是课堂改革的指引,为了站在培育“全面发展的人”的高度设定课堂教学目标,首先要确定全面发展的人在中学阶段应达成的目标。党的二十大报告明确提出:“全面贯彻党的教育方针,落实立德树人根本任务,培养德智体美劳全面发展的社会主义建设者和接班人。”基础教育课程承载着党的教育方针和教育思想,规定了教育目标和教育内容,是国家意志在教育领域的直接体现,在立德树人中发挥着关键作用。随着社会主要矛盾的转化,结合新时代对提高全体国民素质和人才培养质量的新要求,以及我国高中阶段教育的新形势,《中国教育改革和发展纲要》明确提出中小学要由“应试教育”转向全面提高国民素质。《课程标准》也在不断修订,要求思想政治课必须立足于学生的现实生活经验,着眼学生的个性化与社会化成长,为学生的公民素质和终身发展进一步奠定思想政治素质基础。《课程标准》对高中思想政治学科性质的界定实现了从政治教育向公民教育的转变,这要求高中思想政治学科把教学改革与创新的落脚点放在公民培养与成长上，要求高中思想政治学科必须定位于育人价值。

全面发展的人应具备“全人”的基本特征，在中国文化中“全人”首先指完整的人，即身心健全的人；其次，指德智体美劳全面发展的人；最后，是指善于契合天然而又应合人为的全德之人，即懂得和遵守天地规律，为人处世符合道德规范的人。

（三）高考命题引导关注学生生活

高中思想政治教学重视育人价值，不等同于忽视高考，相反我们可以通过高考真题来反观当前教育的价值取向。现在的思想政治高考题均采用材料背景加分析的方式，与学生在实际学习中死记硬背教材内容的考查方式有所区别：现行高考试卷考查要点已提升到突出考查学生的综合素质与能力层面，通过应用型和能力型立意来考查学生对知识的理解程度。高考设问的题目及材料不再采用单纯的基础知识设问方式，而更贴近学生的生活经验与社会实际，如选择题设问句存在“说明了”“表明了”“体现了”“给我们的哲学启示是”“蕴含的哲理是”“体现的哲理是”“我们可以体会到”“对某一现象‘解读正确的是’”等用语；主观题设问存在“结合材料，说明……（原理）”“图表说明了什么”“从图表中我们可以获得哪些信息”等用句。如2020年政治高考全国二卷第38题为，“当前保证居民就业对稳定经济发展具有重要作用。结合材料并运用经济知识，说明这一作用的传导过程”。试题以时事热点为材料，以能力立意为出发点，要求学生不仅要分析材料内容，更要结合经济生活和生活经验来探究各个节点之间的关系，并透过现象看本质，梳理出这些节点之间的逻辑层次，再将这些信息转化为答案，而答题的过程中又包含了对学生情感态度价值观的考查，能够准确反映学生的思想政治素质，因此，我们应该重新审视高考的命题思路来调整教学，在教学中关注学生生活与成长，真正实现教学的育人价值。核心素养的提出让我们重新审视课堂教学的价值观问题。对教材的解读、教学内容的选择、教学过程的设计，其根本是以“培养学生适应未来社会发展的必备品格和关键能力”为目标的。但在以往的教学中，育人价值并未得到真正的落实，课堂教学和人的生命发展脱节。发展学生核心素养，不只涉及概念，而是与教师实施课堂教学的行为和观念有关。重视核心素养的教师，会将“全人”教育的理念贯穿于课堂教学的始终，并转化为自己的教学行为，最终影响到学生的精神世界、生命成长。

二、高中思想政治学科全息育人教学的内在要求

(一)统整学科内容,以结构化的意识运用教材

从词源学上看,“统整”一词源自拉丁文,有两层含义,其一是使事物变得圆满,其二是使分化的要素或部分形成有机的整体。统整是基于特定逻辑,使原本分化的要素构成一个有机联系的,使事物变得美好的持续性行动或过程。全面理解统整需要注意统整不仅意味着分化要素或部分的有机整合,而且意味着未经分化的事物融入整体,使之持续走向圆满的反思性过程,统整具有多面性和多层性,包括社会人格及事物等各层面的统整。不少研究者把课程统整理解为课程内容的组织方式,使课程内容尤其是知识范畴的内容,如事实、概念、原理、通则等结构化、整体化。根据其关注焦点范围的大小,又可分为横向统整和纵向统整两类,横向统整强调课程内容的组织方式,让学生能够把各种课程串联起来,了解不同课程。本文把课程统整界定为基于一定的逻辑,从课程目标、内容、实施、评价等层面出发,使原本分化的课程要素形成有机整体,或把未分化的经验、知识纳入学校课程的持续性过程。课程统整不存在唯一的、完美的模式,而是在行动中不断完善的,这种完善不是自发的,也不是随意而为的,而是在持续反思中实现的。打破学科边界,优化知识结构,解决有限的学识与不断扩展的学科知识之间的矛盾,进而提升教学效率,是课程统整的根本目的。

课堂教学离不开对教材的解读,我们可以重新审视教材,甚至跳出教材框架,以结构化的意识运用教材。任何一个知识点都不是孤立存在的,一门学科总会存在整体的知识框架,并伴随着学生的认知规律形成螺旋上升的认知体系。在我们抱怨课时少、内容多的同时,如果静下心来,从俯视的角度看待教材,甚至重新组织教材,不仅能够提高效率,更有利于引导学生搭建起良好的认知结构。于是,在教学中,笔者尝试打破以知识模块编排而变得固化的结构,以基于问题解决的项目式学习为导向,对教材内容进行重组。“建构需解构”,在建立结构化知识框架之前必须打破受教材编排体系限制的原有框架,以“整体—部分—再整体”的设计思路重构教学内容。结构化运用教材的前提是我们既要对《课程标准》有深入研究,也要对教材进行深度解读,更要对我们的学生有全面的了解,包括年龄特征、认知风格、个体差异、已有的经验,等等。

(二)尊重学生认知,重视知识形成的过程

知识来源于生活,同时也应用于生活,正所谓教学的最终目的不是让学生掌握多少知识,而是让学生应用所学知识去解决问题。所以在高中思想政治教学中,教师需

要尊重学生认知，积极导入生活中的情境来引导学生学习，一方面可以在契合学生生活阅历的基础上辅助学生更好地理解有关知识，另一方面可以在引导学生应用所学知识、解决生活问题的基础上充分锻炼学生的知识应用能力。如此，能够在显著提升学生学习质量的基础上，充分提升教学的有效性。

例如，在“多彩的消费”这一板块的教学过程中，教师就可以通过生活情境的导入来激发学生的学习兴趣，同时有效锻炼学生的知识应用能力，从而显著提升教学的有效性。首先，教师需要利用多媒体为学生播放各种各样的消费类型的视频，包括钱货两清的现金消费，如商场购物；租赁服务消费，如租房、租车；贷款购物消费，如贷款购房等。通过这些生活情境，让学生直观地了解到消费的类型。其次，针对“影响消费水平的因素”这一重点知识的学习，教师可以引入生活中的一些常见现象让学生思考，如为什么一些大型连锁店不会开在一些小型城市？最后，教师需要引导学生应用所学知识去解决生活中的一些问题，如在生活中我们应该如何看待金钱，该如何去使用金钱，该树立怎样的消费观等。在这样的教学过程中，教师通过生活情境的导入，让学生在自身生活阅历的基础上更加深刻地理解了有关知识，同时也帮助学生树立了正确的消费观念，并有效锻炼了学生的知识应用能力，从而不断提升学生的学习质量和教学质量。

（三）把握生成资源，促进师生互动交流

课堂上的育人价值体现在各种即时生成的动态资源上，这些生成的动态资源体现了学生思维发展的过程，把握和利用好这些资源，课堂才能充满活力。新课改的课堂，师生关系发生了重大转变，师生之间的互动成为人与人交往过程中的思维交流。这就要求教师在课堂上善于捕捉、利用各种有价值的动态资源，形成积极、有效、高质量的互动。课堂上的动态资源，一方面来源于教材和教案的预设及教师的智慧，另一方面来源于学生的生活经验和学习实践，既能加速学生的思维活动，促进知识的生成，又能够丰富教师的经验，促进教师的成长。目前，仍有大多数教师的教学在教案框架和教材知识点的束缚下，变得中规中矩，其实跳出这些条条框框，各种动态资源随处可见，这些来源于学生生活实际的资源更能吸引学生的兴趣。动态资源可以弥补教材的不足，更可以完善教材。因此，在教学中，教师应该以期待生成、接纳错误的心态，主动捕捉学生不经意间的灵感，聆听学生发出的不同的声音，直面学生的问题与困惑，在充分的互动交流中促进学生思维水平的提升。

我们的课堂只有尽快走出价值单一化、知识碎片化、育人程式化的怪圈，才能真正培养全面发展的人。发展学生核心素养，更是需要教师站在能看得见学生未来的角度

设计教学，相信每一个学生的潜能，尊重每一个学生的个性，合理运用有效的策略，赋予课堂价值。

第二节　高中思想政治学科全息育人教学实施方法

高中思想政治学科全息育人依据立德树人根本任务、社会主义核心价值观、《课程标准》、学科育人功能，以学科课程为基础，挖掘育人点，建构基于学科认知、德性育人、审美育人、健康育人和实践育人五个维度的学科育人框架。

全息包括五育之间的全息、学科之间的全息、学科自身内部的全息，是一种以生为本的融通式教育，是从学科教学到学科育人，从目标到方法的转变。这些转变都需要落实到各种教学过程的设计中，让学生在创设的真实情境中，进行合作探究以及项目式学习，从而解决问题。课堂是学校教育教学工作的主阵地，活动课堂是活动型学科课程的有效载体，因此，建设活动型学科课堂是实现课程目标的有效途径。

一、议题式活动教学

议题式活动教学课堂是在新课改背景下的活动型课堂，是推进活动型学科课程建设的有效途径。从内涵看，议题式活动教学就是教师遵循学科性质和育人功能要求，以生活议题为纽带，设置生活化的教学情境，优化活动方式，明确任务指向，搭建育人功能的教学活动平台，最终实现学生的全面发展。“课程内容活动化”“活动内容课程化”，彰显出思想政治教学的新特质、新方式。

（一）议题式活动教学的内涵和特征

《课程标准》明确指出，议题，既包含学科课程的具体内容，又展示价值判断的基本观点；既具有开放性、引领性，又体现教学重点、针对学习难点。议题是议题式活动教学的逻辑起点，议题的本质是通过“议”的方式，探寻解决问题的路径。因此，我们认为“议题，即结合课程内容且具有价值导向的，通过商讨、辩论来阐释的，由问题组成的不明确的复合体”。

沈雪春认为，议题式活动教学是以“议题”为引线，以情境为载体，以活动为路径，以学科知识为中心,以学科素养为培育目标的一种教学方法。根据沈雪春等专家和其他一线教师的实践经验总结,以及《课程标准》教学实施建议中的规定,可以把议题式活动教学定义为以议题为纽带、以情境为载体、以活动为组织方式、以学科知识为中心、以思维活动为核心、以核心素养为目标,学习者深度参与学习的一种教学模式。朱明光认为,高中思想政治学科的教学模式是在高中思想政治教学理论与实践的发展中逐渐形成的用以组织和实施教学活动的、典型化的范式。根据以上专家关于教学模式的定义和议题式活动教学的定义,结合高中思想政治学科的特点,我们把高中思想政治学科议题式活动教学定义为以高中思想政治学科知识为中心,以议题为纽带统筹学科内容,以高中思想政治学科核心素养的达成为目标,以学生思维活动的训练为核心,以学生生活中的真实情境为载体,以议题的组织与探究为路径,以学生的自主探究、合作探究、学习交流为主要形式,以教师的引导和指导为保障,通过开展一系列有逻辑的认知思辨活动,使学习者深度参与的一种教学模式。议题式活动教学的特征可以概括为如下几个方面:

1.以议题为引导,兼具引领性、开放性和思辨性。

《课程标准》的实施建议明确提出,议题既具有引领性、开放性,又体现教学重点,针对学习难点。因此,教师在进行选择与设计时,要兼顾议题的引领性、开放性和思辨性,为发展学生学科核心素养而服务。一方面,议题的设计要有“妙”思,既能体现出基本的价值判断,引导和强化学生的价值观,又能紧扣社会热点和学生实际,以小见大,激发学生充分发挥主观能动性,主动去探究议题背后的社会现象,归纳这些社会现象下的本质和规律,从而培养学生适应社会和参与社会活动的能力,最终提高学生参与社会建设的能力和水平。另一方面,教师选取议题的难易度要从学生的具体情况出发,要符合学生已有的知识储备水平和现阶段身心发展的规律,从贴合学生的真实生活和学习情境中提炼、整合高中思想政治学科知识的议题,引导学生进行合作探究和辩证思考,为学生提供表达和解释的机会,引导学生尝试解决生活世界的各种现实问题,观察并思考身边的各种社会现象。

2.以学生为本,落实活动型学科课程的要求。

议题式活动教学是在建构活动型学科课程背景下,诞生的一种新型教学模式,它重视学生的真实学习能力和社会参与能力的培养,并以发展的眼光看待学生的这些能力,是对以学习者为中心的回归。要根据学生对议题的认识状况以及原有经验,进行议题的选择与设计;议题情境的创设,要丰富多样,从学生的实际出发;在进行议题活动的过程中,要适时质疑、解惑、点拨、引导、点评、鼓励。也就是说,议题式活动教学模式从教学的设计到教学活动的组织等，都要以生为本，从学生的生活实际和学习实际出发，开展符合学生学习水平和生活能力的教学活动。在议题式活动教学指引下的教学活动以高中思想政治学科核心素养为目标体系，通过生本议题活动的开展，落实学科课程活动化、活动设计课程化的活动型学科课程的要求，实现学生对高中思想政治学科的学习，逐步形成正确的价值观以及适应个人和社会发展的关键能力和必备品格。

3.以情境为基，重视学生能力的培养。

基于学生的生活实际，引导学生面对现实生活中的问题情境是议题式活动教学区别于其他教学的重要标志。首先，议题式活动教学以现实生活中的问题情境为载体开展活动教学，让学生在现实生活场景的体验和参与中，在“两难性”问题情境的冲突体验中，通过自身的辨析、探索，教师的点拨，逐步理解学科知识内容，搭建学科知识体系，形成正确的价值判断和价值选择。其次，在以问题情境的议题为中心的师生、生生交流互动中，在相互的质疑、辩解中纠正错误的价值观念，强化正确的、已有的价值观念。最后，议题式活动教学以情境议题为引线，其目的是通过“两难性”问题情境或者“辨析性”问题情境激发学生思考，在问题情境中，通过系列化和结构化的活动进行探究性学习，培养学生探讨问题、发现问题和解决问题的能力，提升学生善于观察生活和参与社会生活的能力。同时在构建议题与探究学习过程中，训练学生的思维能力和思辨能力，提升学生的思维水平，培养学生的创新型思维能力。

4.采用逆向教学设计，实现教、学、评的高度统一。

《课程标准》实施建议明确要求，评价要将过程性评价和终结性评价相结合，着重评估学生解决情境化问题的过程和结果，反映学生所表现出来的思想政治学科核心素养发展水平。议题式活动教学指向下的教学设计采用逆向设计的理念，将教学目标达成的评价方式置于教学情境之中，即遵循“我要学会什么—我何以知道是否学会—我何以学会”的设计思路。具体来说是“明确议题所追求的核心素养目标—确定适合的评估方式和证据—创设适当”的议题情境。逆向设计的思路摒弃传统的教师立场和内容立场，坚持学生立场，坚持以学习为中心的教学设计理念，达到教、学、评的高度统一，克服了在传统教学设计中教学目标达成评价的缺陷。

(二)议题式活动教学的操作要领

1.要贯彻落实活动型学科课程和学科核心素养的要求。

培育学科核心素养和建构活动型学科课程是此次《课程标准》修订的标志性追求，是落实立德树人根本任务的强有力保障，也是党的教育方针和教育政策在思想政治学科中的具体体现。凝练出政治认同、科学精神、法治意识和公共参与四个核心素养，是在新时代教育背景下对高中思想政治学科三维目标的高度整合，是对高中思想政治学科价值的高度概括，是高中思想政治学科育人价值和育人目标的集中体现。想要高中思想政治学科核心素养真正地落地生根，必须建立起以实践活动为基础，以核心素养培育为主线，以活动型学科课程为框架，以议题式活动教学为形态的新的教学观念，为培育学科核心素养和构建活动型学科课程奠定基础。活动型学科课程是实现和培育学科核心素养最有效的途径，而议题式活动教学是活动型学科课程的常态化表现形式。因此，要建构议题式活动教学，必须从培育学生正确的价值观、适应个人和社会发展的关键能力和必备品格核心素养的角度出发，结合高中思想政治学科自身的独特价值和特点，紧抓学科课程活动化、活动设计课程化的主旨要求。以议题为载体，创造性地建构起适应高中思想政治学科课程需要的议题式活动教学模式，使学科核心素养形成和发展落到实处；使高中思想政治学科的育人价值得到最大化的体现，为学生形成正确的价值判断和价值选择提供保障，为学生形成适应个人和社会发展的关键能力和必备品格奠定基础。

2.要更新教学方式及观念，掌握议题式教学活动的相关要求。

新时代党和国家对全体国民素质和人才培养质量提出了新的要求，广大一线教师要切实转变教育思想和教育观念，学习新的教育方法和教育模式，为新课改的推进和发展贡献力量。新修订的《课程标准》明确要求，教师要尊重学生的身心发展规律，针对高中学生多样的思想活动和行为方式，着力改进教学方式和学生的学习方式，充分利用现代信息技术拓展教育资源和教学空间，同时促进自身的专业成长。议题式活动教学是活动型学科课程的常态化表现形式，教师要转变教学方式和教学观念，促使议题式活动教学在高中思想政治学科中的运用成为现实。一方面，教师在高中思想政治学科中引入议题、谈论议题和解决议题，是新课程改革的必然要求，也是使学科核心素养落地的关键。另一方面，议题式活动教学重视学生的课堂参与度，要求教师以学生现实生活中的问题情境为基点，创设形式多样的“辨析性”问题情境，激发学生的学习兴趣，促进学生学习方式和学习行为的转变。让学生在自主、合作和探究的学习过程中，自我体验、自我认知、自我评价和自我塑造，在交流、分享、启发、质疑中学习知识性内容和学科价值。概而言之，要适应新课改的要求，教师要转变更新自身的教学方式和教学思想，提升自身的专业能力和专业素养，掌握议题式活动教学的相关要求，积极推动高中思想政治学科议题式活动教学的实施。

3.要着眼学生长远发展,提高组织调控能力,有效组织学生进行议题研讨。

在中国特色社会主义进入新时代的今天,高中思想政治学科承载着培育社会主义新型人才的重要任务。为了学生的未来和长远发展,高中思想政治教学要从改变学生的学习状况入手,提高学生的学习效率和能力,培养主动学习、终身学习的习惯和能力。在不断要求学生学习质量和学习能力的今天,要变革传统的教学模式,培育学生要学习、会学习和真学习的能力。议题式活动教学让学生在自主研讨、辨析、参与情境体验和社会实践活动中,获取知识,强化学科价值认同,做出正确价值判断和价值选择,能够着重培育学生解决问题的能力和参与学习的能力,促使学生养成健全的人格,形成不断发展的生命素养。因此,议题式活动教学的运用,要立足于学生的现实需要和长远发展,从学生能力的培养和核心素养的形成角度出发,有效组织学生进行议题的探究与研讨,优化议题式教学模式,使之更好地为高中思想政治学科的育人价值和育人目标服务。

4.大力开发以时政教育为基础的课程资源,拓宽发现议题的渠道,创新议题讨论的情境。

从《课程标准》对高中思想政治学科性质的界定来看,高中思想政治学科具有鲜明的时代性和独特的育人价值。最明显的表现就是要进行时事政治教育,让学生了解国家大事,关注和关心国家和社会的变化与发展,增强学生对国家和现行社会制度的认同感和民族自豪感。把时事政治引入高中思想政治学科的课堂教学是高中思想政治学科一直以来的要求,显然,开展高中思想政治学科议题式活动教学,大力开发和利用以时事政治教育为基础的课程资源是培养高中思想政治学科核心素养不可或缺的一部分。高中思想政治学科的课程内容与时事政治教育是相互补充的关系,通过挖掘和利用身边发生的时事作为案例进行思想政治教育,有利于帮助学生理解和把握理论化的知识点,使理论性较强的知识点变得具体化和形象化,便于学生理解和内化。此外,把时事政治引入高中思想政治课堂,有利于引导学生关心国家和社会的发展,增强参与国家和社会建设的决心,强化民族自豪感,同时增强担当意识和责任意识,进而培育对国家政治、经济、文化、生态等制度和理论的认同感。因此,议题式活动教学的实施,可以挖掘以时事政治教育为基础的课程资源和教学资源,丰富课堂的教学内容,拓宽议题来源的渠道,创新议题讨论的情境。

5.议题的设计,是推进议题式活动教学顺利实施的重要前提。

系统论告诉我们,系统是由诸要素构成的有机统一体,要素是组成系统的各个部分。而议题就是学科知识系统内部的关键性要素。在议题式活动教学的顶层设计中,教学设计能否反映高中思想政治活动型学科课程实施的思路，关键在于开展活动的议题这个关键要素是否能够科学确立，这是推进议题式活动教学顺利实施的重要前提。因此，从内容上看，议题既要蕴含学科课程的相关知识，又能展示价值判断的基本观点；既具有开放性、引领性，又要体现教学重点，针对学习难点。从形式上说，议题应该具有连接学科知识与生活实际的桥梁作用，显现价值引领和行为引导的教育作用，成为培养学生学科核心素养的重要路径。从要求上看，议题应该具有阐释性和辩论性，有思维含量和探究价值，值得学生去探究，学生也能够探究。

6.活动设计，作为学生体验、实践的方式。

活动设计是承载教学设计和学科内容的重要形式。一方面，要对应结构化的学科内容，力求提供序列化的活动设计，并贯穿于教学全过程；另一方面，要针对相关活动，设计可操作的测评。

从内容上看，活动设计必须围绕相关的议题来展开，包括提示学生思考问题的情境、搜集相关联的资料的方法、了解合作探究的方式等。活动设计要有明确的目标和清晰的线索，统筹议题涉及的主要内容和相关知识，并进行序列化处理。要了解学生对议题的认识状况及原有的经验，以提高教学的针对性、实效性；还要了解议题的实践价值，创设丰富多样的教学情境，引导学生面对各种现实问题。

从要求上看，活动设计要有明确的目标和清晰的思路，要有严密的逻辑，能层层递进，围绕议题梳理相关的学科知识和现实问题，进行结构化处理；活动设计也要符合学生对议题的认识状况和已有的知识和经验，适应学生的实际需要。

从类型上看，可以是辩论活动、讨论交流活动、问题探究活动等多种形式，根据议题的设置，有针对性地选择合适的活动类型，如组织议题式活动教学等，提高教学活动的实效性。

从方式看，有个人活动和小组活动。如角色扮演活动、策划设计活动、社会实践活动等。就活动地点看，可以有课堂活动和课外活动。

活动设计应以基本观点为统一标准，在此前提下，采用多种活动方式，鼓励学生运用相关学科知识和技能，基于不同经验、运用不同视角、利用不同素材，表达不同的见解，提出多样的解决方案。实践证明，社会实践和交往活动是学生思想品德形成和发展的基础。活动是人的认识和主体性的生成发展机制，人的发展只有在人的各种关系与活动的交互作用中才能实现。因此，要变革教学观念和学习方式，让学生从做中学，在活动中发展，以具有教育性、社会性、实践性、创造性的学生主体活动为主要抓手，让学生在实践和体验中获得感悟，促进学生主动思考、主动探索、主动创造。

这也告诉我们,在高中思想政治学科的活动教学中,学生的主体活动既是教学的目的又是教学的手段。作为教学目的,意味着要把培育和践行社会主义核心价值观作为高中思想政治教学所追求的境界;作为教学手段,教师应当把活动作为学生体验、实践的载体,让学生在活动中获得感性认识,并由此上升到理性认识。

总之,在高中思想政治课堂上,我们要以构建政治、经济、文化、道德生活等真实情境,并让学生在情境中实践为最终目的,同时兼顾学生的主体意识和公民意识,发展学生解决实际问题的能力,培养个性特长,从而促进学生全面、协调发展。

二、辨析式教学

辨析式教学是符合《课程标准》,且能够有效解决当下高中思想政治教学困境的有效教学方法之一,灵活有效地运用此法,有利于高中思想政治教学改革的纵深推进,能够让学生成为真正的学习主体,有效促进学生从“要我学”转变为“我要学”,激发其自觉性、主动性,促进思维的多元发展与能力的有效提升,提升高中思想政治课堂教学的质量。

(一)辨析式教学的内涵和特征

1.辨析式教学的内涵。

“辨析”在《现代汉语词典(第七版)》中的含义为“辨别分析”,辨析的过程包含两部分,其一为辨别,即分辨识别,是指根据事物的不同特点,加以区分。对于存在正反两面的事物或问题,必须一分为二辩证地看待,既不能全盘否定也不能全盘肯定。然而只是做出判断不是根本目的,更重要的是要对这种判断加以解释、评论或分析,这正是辨析和辨别的不同之处。辨别只是以不同事物的特征为依据,在认识上加以区别,而辨析则侧重于分析。此外,辨析不同于辩论,辩论是彼此就事物或问题发表自己的见解,揭露对方的矛盾,目的在于使对方接受自己的观点;而辨析是从事物或问题的争议点、矛盾点出发,在比较、分析的过程中,对同一事物或同一问题产生多层次、多角度的认识和评价,更侧重于经验交流的过程和思想的领悟。

当前,一些国内研究者从高考辨析题的角度出发进行研究,较全面地分析了辨析题的类型,为解答辨析题提供了较为有价值的策略。但辨析式教学不同于辨析题的训练,辨析题训练的目的更侧重于提升学生的应试水平,注重培养学生的解题思路和模式,提高学生的解题能力,关注的是结果。而这里所探究的辨析式教学,是从培育学生高中思想政治学科核心素养的角度出发,充分考虑到学科知识对学生的成长价值,通过辨析的过程，构建以培养学生的政治认同、科学精神、法治意识、公共参与为目标的新型教学方式。辨析式教学是指通过提供矛盾情境或辨析问题的形式，向学生呈现价值冲突，让学生进行比较、鉴别与选择，并解释自己的理由与见解，教师和其他学生一起倾听。在这样一种民主、开放、平等的交流过程中，使学生学会倾听与尊重他人的观点，同时强化对问题的认识与理解，结合辨析过程自觉反思并校正自己思想和行为的偏差。必要时教师要及时帮助学生走出误区，对学生的错误观点进行恰当的提示与纠正，从而达到培育学科核心素养的课程目标。

具体说来，辨析式教学大体可分为三个环节：第一，创设情境。可以是存在于现实生活中的真实情境，也可以是围绕现实问题人为创设的虚拟情境，但都必须贴近学生生活，顺应社会变迁、时代发展。第二，形成辨析点。学生通过情境分析，往往会产生“该不该”“值不值”“能不能”“对不对”的思考，教师要引导学生展开由表及里、由此及彼的思维过程，分析问题的症结所在，抓住矛盾的核心和关键。第三，开展辨析活动。学生从多个层面、多个角度展开对辨析点的理解与分析，在经历自主选择、比较与评估的辨析过程后，做出正确的价值选择。每个学生都可以表达自己的认识和看法，平等交流不同的观点，在反思后校正自己的行为选择。因此，辨析的整个过程亦是学生明确观点和概念，辨别是非，认清自身思想、观念等的过程，且在这一过程中能够及时矫正错误思想，不断提高辨别分析能力、问题解决能力、自主探究能力，增强交流合作意识，体现了素质教育的发展趋势。

高中思想政治学科辨析式教学是辨析式教学在高中思想政治教学之中的具体运用，是指在高中思想政治教学活动中，教师通过有效运用辨析式教学方法，把课堂教学目标、教学任务转换成为能够为学生辨别分析的问题；或者针对相应的教学目标、教学内容、学生特点等，设置合理的辨析点，采用一定有效的辨析活动方式，引导学生自主思考、交流合作、辨析探讨，最终解决相应问题，完成教学任务。在此过程中，学生运用辩证性思维、批判性思维等科学的思维方式开展辨析式学习，亲历自主辨识、分析的过程，对问题进行解释与论证、辨析与评价，并在此基础上做出判断，实现有效的价值引领。

2.辨析式教学的特征。

辨析式教学活动强调价值引领，合理开展辨析式教学能够在学生辨识分析的过程中形成有效的价值引领。主要体现为以下特征。

(1)内容的思辨性。

高中思想政治学科辨析式教学所选取的教学内容本身就具备一定的思辨色彩，它主要体现在两个方面，其一是从单纯的哲学术语上看，高中思想政治学科在进行辨析式教学时，所选取的教学内容能够采用逻辑推理的方式，进而实现纯理论、纯概念的推敲与思量；其二是从内容上看，高中思想政治学科辨析式教学所选取的教学内容，能够引导学生多角度、多方位对某一事件或问题进行深入的思考与推敲，通过反复辨别与分析，得出不同的答案，进而培养出适合自己的，且符合社会道德标准与价值观念的思维方式。高中思想政治学科本身就具有思辨的特性，特别是从教学内容来看，思辨色彩更是浓厚，正因如此，高中思想政治学科才更具深度，更能有效引导学生树立正确的价值观。而辨析式教学，也更具操作性。

(2)主题的针对性。

在高中思想政治学科辨析式教学实施过程中，教师一般都会设置相关辨析点，辨析点主题明确、针对性强，此教学方式才更具效果。辨析主题的针对性，首先，表现在针对所要实施的教学内容设立相应的辨析主题，比如针对教学内容的重难点、理论与实际的结合点，设立相应的辨析主题；其次，表现为针对所要施教的对象及其学习特点，设立合理的辨析主题，比如针对学生在学习中存在的疑惑点、价值观或思想观点的冲突点、兴趣点设立相应的辨析主题。无论是针对教学内容还是学生，都体现了高中思想政治学科辨析式教学的针对性，也只有围绕高中思想政治教学中的相关问题，辨析式教学才能有效发挥其价值。

(3)问题的开放性。

问题的开放性是指高中思想政治学科辨析式教学中涉及的问题并不仅仅局限于某一范围，不拘泥于高中思想政治教材，也不拘泥于单一的知识，在设计辨析问题时没有过多的条款限制，在问题的回答上也没有固定答案，具有很强的开放性。从问题涉及的内容看，设计的问题不仅仅局限于教材知识，更要密切联系学生的日常生活、社会中的时政热点等，最好能深入学生日常的思想动态、认知误区以及价值冲突点，要求学生能够多角度、全方位地思考和辨析问题，进而有效培养学生的发散性思维与开放性思维；从设计问题的目标上看，高中思想政治学科设计辨析式教学中的问题，应尽量涉及学生认知的疑惑点、价值观的冲突点，留给学生较大的思考与探索空间，要求学生能够灵活运用相关学科知识与技能分析并解决问题，培养学生综合运用与有效解决问题的能力。通过对开放性问题的辨析与思考，学生的知识得以拓展，同时，情感态度价值观也能得以升华。

(4)实施的过程性。

实施的过程性是指高中思想政治学科设计辨析式教学在具体的操作中关注学生辨析与思考的过程，给予学生充分思考辨析的空间与时间，引导学生通过对范例全方位、多角度地辨析与思考，展示自己的观点，在不同思想观点的交锋中深化对知识的理解，在多方比较、仔细鉴别中提高对某一事件或问题的认知，在辨析与思考以及探究性活动中开阔思维、拓宽视野。高中思想政治学科辨析式教学倡导每位学生都积极参与并经历自主的辨析、讨论与思考的过程，注重引导学生关注学习过程、加强体验，进而有效加强价值引领。当然，高中思想政治学科辨析式教学注重过程性，并不意味着其对结果的忽略，在注重学生参与学习过程的同时，引导学生通过辨析与思考得出结论。

(二)辨析式教学的操作要领

1.辨析过程凸显价值引领。

针对辨析式教学问题的开放性这一特点，我们不难发现，在高中思想政治教学活动中追求的并非仅是答案，更多的是学生的参与和价值观的形成。将辨析式教学运用到高中思想政治教学，就要求我们在开展辨析式教学活动时要有意识地将社会主义核心价值观贯穿其中。首先，要针对辨析所围绕的教学内容进行价值引领，针对教学内容科学合理地设置辨析点。其次，在辨析过程中要针对学生普遍存在的思想认识问题予以恰当的价值引领，帮助学生走出误区。最后，在辨析过程中要结合新时代的新要求，着力培育学生高中思想政治学科核心素养，落实立德树人的根本任务。辨析过程凸显价值引领是开展辨析式教学的必然要求，强调学生自觉、主动地内化吸收，切忌单方面灌输。

2.议题创设两难情境。

议题是某种具有争议性的问题或话题，辨析点需要根据具体的议题进行确定，议题的辨析点通常具有两难性。例如，在《传统文化的继承》这一课中，我们可以将“传统文化是财富还是包袱”作为辨析点，营造两难情境呈现给学生。一方面，传统文化能增强我们的民族认同感，有利于建设美好精神家园；另一方面，传统文化又是一种惰性力量、守旧因素，制约着我们的交往方式、思维方式以及价值取向。

教师可创设传统文化影响现实生活的若干情境，并设计一系列问题：(1)传统文化给我们的生活带来了哪些利弊？(2)我们应该怎样看待这些利弊？(3)我们应该如何正确对待传统文化？对应三个问题，循序渐进地展开辨析，层层递进、步步深入，由辨识、分析传统文化对生活的影响，到如何辩证看待这些影响，最后逐步引导学生总结对待传统文化的正确态度。在此过程中，这一系列的问题对学生的思维起到了积极的导向作用，学生的思维也会随着对问题的思考逐步深入。同时，在解决学生知识困惑的同时也解决了学生的思想困惑，帮助学生辩证地认识传统文化，自觉增强民族自信心和民族认同感，培养忧患意识和批判精神，培育科学精神和公共参与等学科核心素养。这类辨析点源于生活，为学生所熟悉，学生可以根据自身的经验和已有的价值标准发表自己的观点，进行论据陈述。在辨析式教学过程中，要使学生有所体验、有所获得，就必须结合高中思想政治学科的教学内容，恰当选择议题，创设相关的两难情境。因此，在高中思想政治教学中运用辨析式教学，应当创设两难情境，使辨析的内容与过程发挥其应有的价值。

3.教学评价注重参与过程。

要判断围绕议题展开的辨析学习过程成功与否，主要是看辨析的内容是否具有思辨性、探究性、开放性。与此同时，辨析式教学需要教师恰当处理辨析过程与结论之间、价值引领性与结论开放性之间的关系。辨析式教学的评价更多地关注学生的参与过程，看辨析过程是否能够显示学生的自我价值判断。

辨析式教学服务于教学内容的，又指向两难性、思辨性问题的解决，辨析与解决这类问题，能够指向学生正确价值观的形成与学科核心素养的培育。与此同时，辨析式教学还服务于学生评价。当前对学生的评价更多采取的是期末考试、学业水平考试等终结性评价，很少运用过程性评价方式。因而辨析式教学的充分运用，能够巧妙地解决学生在发展过程中的困境。总而言之，在高中思想政治课中，教学评价应注意学生参与思辨的过程，这有利于学生习得专业知识，拓展关键能力，培育核心素养。

综上所述，以设计议题、优化情境、引导辨析、多元评价等四个环节开展的辨析式教学活动，很好地促成了学生主动参与、多方交互、生成知识，且亲历辨析、体验生成的过程，切实提高了学生的批判思维能力以及理论联系实际进而解决问题的能力，从而有效地实现价值引领和学科全息育人。

三、情境体验式教学

情境体验式教学不仅是一种教学方法，更是一种教学思想、教学境界。其依据是主体性原则、素质教育的基本理念及学科的特点要求，这种模式的基本理念要求创设贴近学生生活的学习情境，改善学生的学习心态与学习行为。情境体验式教学是对高中思想政治教学方法的一种拓展，这种情境体验式教学要有回归生活的过程，教师应提供能呈现教学内容的情境，使高中思想政治教学具有直观性，激发学生的思维，调动学生参与社会实践活动的积极性，并能使学生在自我体验的过程中，调用已有的情感与当下的情境相互交融，在师生互动、生生互动中，催生出新的情感，进一步感受到高中思想政治学科的生活性和实用性，领悟到生活实践的意义和价值。这种教学方法对于高中思想政治学科贯彻落实五育目标，承担学校的德育功能和提高学生的思想政治素质是非常有效的。

（一）情境体验式教学的内涵和特征

最早出现“情境”一词的是王昌龄的《诗格》：“物境、情境、意境”，情由物而来。《现代汉语词典（第七版）》对“情境”的解读是，“情景、境地”。综上，我们可以概括出，情境是一个较为综合的概念，除了自然环境和客观条件外，还包括人的主观想法和情感。从词义来看，情境应具有以下几个特征：时间和空间的具体性、元素的综合性、人的主观感受与客观物质世界的统一性。情境涉及领域广泛，包括政治生活情境、经济生活情境、文化生活情境、学习研究情境、社会建设情境等。而情境教学的概念，首先于1989年由布朗、柯林斯与杜吉德在《情境认知与学习文化》一文中提出。他们认为知识只有在它们产生及应用的情境中才能产生意义。知识绝不能从它本身所处的环境中孤立出来，学习知识的最好方法就是在情境中进行。关于情境教学有各种不同的表述。《教育大辞典》中对此的解读是运用具体生动的场景以激起学生主动学习兴趣、提高学习效率的一种教学方法。[①]韦志成老师认为情境教学是从教学需要出发，教师根据教材创设以形象为主体，富有感情色彩的具体场景或氛围，激起和吸引学生主动学习，从而达到最佳教学效果的一种教学方法。李吉林老师认为，情境教学就是从“情”与“境”、“情”与“辞”、“情”与“理”、“情”与“全面发展”的辩证关系出发，创设典型的场景，激起儿童热烈的情绪，把情感活动和认知活动结合起来所创建的一种教学模式。从本质上看，教学情境就是以直观方式再现书本知识所表征的实际事物或者实际事物的相关背景。教学情境解决的是学生在认识过程中形象与抽象、实际与理论、感性与理性、旧知识与新知识、背景与知识以及问题与思维的关系和矛盾。高中思想政治学科情境教学是指通过创设符合学生身心特点的教学情境，激发他们的认知情感，使其在愉悦的心理体验的条件下，自主地构建知识体系及高效的教学模式。创设高中思想政治教学情境就是呈现给学生刺激性的相关信息，引起学生学习的兴趣，启迪思维，激起学生的好奇心、探索欲，产生认知冲突，诱发质疑猜想，唤起强烈的问题意识，从而使其发现和提出问题，分析问题，最终解决问题。

情境体验式教学是教师结合教学内容与学生的生活实际创设出复杂场景，将这种复杂场景作为载体，开展一系列符合学生发展规律的教学活动，帮助学生理解知识，提高知识应用能力，通过独立或合作的学习方法获得知识，从而促进价值观和关键技能

① 顾明远.教育大辞典：简编本［M］.上海：上海教育出版社，1999：364-365.

全面发展的一种教学方法。情境体验式教学是以现实之境与学生的想象思维之情相融合为前提而进行教学的方法。高中思想政治课堂的情境体验式教学是一种通过体验活动的方式,帮助学生获得与思想政治理性认知相关的情感体验和隐性知识经验的教学方法。它的一个本质特征是激发学生的情感,以此推动学生认知活动的进行。情境体验式教学不仅有直观的教学效果,而且能激发学生的学习动机,发挥情感的驱动作用。

体验回归教育,有利于克服现行思想政治教学停留于显性知识的不足,在更高的层次上将目光投向人的情感世界和经验世界,促进认知活动与情感活动、内隐的观念活动与外显的感性活动、事实论证与价值论证、道德知识与个人经验、认识与实践、教学与生活的有机结合,提高高中思想政治学科的全息育人实效。该方法具有如下基本特征。

1.强调亲历。

体验的内容不仅包括现实的物质世界,也包括情感、态度、价值、信念和技能、技巧等隐性知识经验。需要特别指出的是,这些隐性的知识经验隐含于生活的具体情境和人的直接经验之中,且难以言传。主体只有置身于具体的情境中,通过亲身实践或经历活动、场景,用感官和心灵直接去感受和把握才能获得。体验的两种形式——亲验和想验都离不开亲历。亲验是主体亲自置身于一定的关系世界和生活情境之中,通过自身的经历或感受而获得的切身体验;想验是主体在积累了一定的亲身阅历和感受的基础上,借助所遇情境、他人的表达和自己的想象,去领悟表达者的生活阅历、生存状态及其人生意义。因此,生活交往活动和社会实践是体验产生的基础,情境是诱发和唤醒体验的机制,亲历性是情境体验式教学的基本特征。

2.重视感受。

感受是由身体性活动接触当下情境引起的,对事物现象和情境氛围的一种带有情绪色彩的自我感知。体验对事物的认识和把握,不是靠理性分析和逻辑推理得出的,而是通过感官和意识去感受和领悟而获得的。体验开始于感受,最初总是表现为感受。感受不仅是体验之思的动力之源、体验之思的材料,而且是体验的基本形式和内容,贯穿于体验的全过程。即使在体验的高级阶段,仍然必须以感受为基础,并包含感受。感受具有自我性,是一种生命化、个性化、情感化的活动和意识。它生动形象,充满诗意、美感和情趣。因而感受是体验教学的基础,对培养学生的兴趣、感受能力、审美情趣,丰富其隐性经验,促进人性的发展,具有重要的价值。

3.重视直觉。

在情境体验式教学中，主体把认识对象作为客体，将自己置身于当下的情境之中，不仅能运用理性思维把一个完整的事物分割成诸多片段，分解为多个要素，依靠分析与综合、归纳与演绎等逻辑方法，借助语言、概念去认识事物，同时还能通过亲身的体验，以亲历、想象、移情等将自身融入、沉浸于当下情境之中，用整个身心去拥抱，用心灵去感受、去领悟，这种认识方法是主客交融共鸣，融而为一的。

4.强调意会。

意会是主体对客观事物的一种潜意识的、情感性的理解和把握状态。意会性即潜隐性、不可言传性。无论是体验的认识对象，还是体验的认识结果，其内容都是情感、价值、技巧、习惯、信念、个人特技等隐性知识。这些知识是个人化、个体性的，与认识个体的特殊性难以分离，无法用语言、文字或符号等方式进行系统表达和传递，只能意会。同时，意会作为一种认识活动和方法，主要依靠感官和心灵去直接感受和把握事物。如果打破主体的专注，主体就无法真正把握事物。

(二)情境体验式教学的操作要领

根据情境体验式教学的内涵和特征、优势和不足，情境体验式教学的实施必须以学生的生活和实践活动为基础，以体验的引发、完善、深化和升华为目的，以情境、问题为驱动力，以体验之思特别是感受和反思为核心，配之以理性启迪、逻辑分析和实践验证。具体操作要领如下。

1.情境应当贴近生活，贴近学生。

高中思想政治学科是一门与生活息息相关的学科，同时，在生活中有很多现象都需要政治知识来解决。《课程标准》也明确指出，素材的选择与运用，既要贴近学生生活，又要反映当代社会进步的新发展和科技发展的新成果。认识来源于生活，只有紧密联系学生的实际，贴近学生的生活，才能够拉近学生与知识之间的距离，使学生体验到学习的乐趣。高中思想政治教材中的理论和知识都比较抽象，若教师在课堂上直接采用照本宣科的教学方法，就无法有效地调动学生的学习积极性。因此，在课堂教学过程中，教师要根据教学目标和教学内容，设置与学生生活和学习相关的教学情境，使学生感受到课堂氛围的亲和力，从而激发学生的情感体验，培养学生学习的自主性。

在情境体验式教学过程中，教师应该给予学生更多的主动权，积极组织学生尝试小组合作学习、探究交流活动，引导学生增强自主体验的积极性，使学生真正成为学习的主人。在教学活动中，教师是组织者和引导者，引导学生从情境中提取有效信息。在师生的互动交流过程中，教师在适当的时机进行指导，对学生的问题与观点进行及时点拨和评价，与学生在情境中互动交流，学生通过教师的引导和自主探究顺利构建知识体系，提升自主学习和自主探究的能力。只有这样，才能调动学生学习的积极性和主动性，让学生自主学习，顺利完成教学任务。

因此，在高中思想政治课堂教学情境的设置中，再现生活情境，可以让课堂回归生活；贴近学生实际的情境，才能更好地引导学生成为学习的主人。

2.情境应当具有时效性。

高中思想政治教学本身不能从文本到文本，必须和客观世界相连关联，做到与时俱进。而高中生对新鲜事物充满好奇，极易接受新鲜事物。因此，根据高中学生的心理特点，在创设情境时应从客观世界出发，解放思想、与时俱进；要善于结合国际、国内最新发生的事情，在动态的事件中构建具有时代特色的教学情境。为此，教师应当把阅读时政新闻、了解国际国内大事当作每天除了课本之外的备课内容，不能一个教案反复用，而是要把握学生生活和社会热点，挖掘生命体验冲动的资源。

3.情境应具有鲜明的目的性。

情境体验式教学应具有鲜明的目的性，切忌为情境而情境。情境的设置应该能激发学生的主动性，充分展示思想政治教学的内在魅力，满足学生的探索欲望，让学生成为学习的主人，在自主探索中建构有价值的政治知识体系，获得知识、情感、能力的全面发展。情境体验式教学因其能很快吸引学生，而被教师广泛运用，因此几乎所有的政治公开课，均可以看到各种各样的情境。但其中不乏趣味性很足，却缺乏针对性的情境，有的甚至和课堂教学内容关联不大，这样的情境设置是无效的。情境一定要依据教学重难点以及学生的原有知识经验，围绕教学内容来进行创设，才能使情境体验式教学获得实效。

4.有效设置问题，注重设问技巧。

在设置问题情境时，应注意问题的范围。在教学情境中要尽量避免范围太小或太大的问题，教师应根据教学内容衡量和把握问题设置的空间范围。首先，例如教师提出“请问同学你怎么看这个问题”或者“这个现象说明了什么”这样的问题，就说明教师对问题的处理方法过于机械、简单，设置的问题过于宽泛，缺乏指向性，使得学生学习方向不明，不利于课堂教学的顺利进行。其次，如果教师设置的问题范围太小，过于狭窄，就事论事，只停留在问题的表面现象，则不利于学生思维的拓展，无法深入问题的本质，教学目标也同样无法实现。高效的问题往往与教师的精心预设紧密相关，教师必须深入研究教材和课程目标，在了解学情的前提下，通过创设问题情境使学生于无疑处生疑，在学生的自我探究和思考的过程中推进课堂教学，完成教学目标。

布鲁姆的教学目标分类法为教师在教学情境中设置问题给予了很大的启发,他将认知领域的教育目标分为:知道(知识)、领会(理解)、应用、分析、综合、评价。他认为问题应从简单逐渐发展到复杂,可以按学习的目标要求,分层次提出问题。在高中思想政治课堂教学中,应由易到难分层次提出问题。一是设置认知性问题,引导学生对学过的知识进行回忆,教师通过重新展示之前的教学情境,帮助学生回忆之前的学习内容。二是设置领会性问题,主要考查学生对所学知识的初步理解。三是设置应用性问题,了解学生对原理等方面的实际应用情况。学生能够将已经掌握的知识运用到日常生活之中,解决生活中的一些问题。四是综合提问。学生能用某种方式整合所学知识,创造性地解决问题。五是评价提问。这是教育目标的最高层次,是在理性认识基础之上对事物本质做出有理有据的判断。此外,教师在问题情境的教学过程中,应分阶段提出不同层次的问题,激活学生的思维,调动学生的学习兴趣,引导学生不断探索问题的本质,从而提升学生自主探究的能力。

四、案例式教学

高中思想政治学科以立德树人为根本任务,以培育社会主义核心价值观为根本目的,力求通过思想政治教学活动,培育学生的学科核心素养。高中思想政治学科案例式教学就是根据学科特点,将案例式教学灵活运用于思想政治课堂的教学模式,教师以高中思想政治学科核心素养为导向,基于高中思想政治学科具备的综合性、实践性和德育性等特点,在尊重学生身心发展规律的基础上,精心挑选贴合学科特色的案例,巧妙创设案例主题,运用案例主题,将教学内容串联成线,引导学生观察、分析、讨论和表达,让案例活化课堂,使学生在情境中思索,在讨论中辨析,在辨析中创新,帮助学生自主建构知识体系,在学会学习的同时,逐步形成正确的价值观,塑造必备品格,提升关键能力。

(一)案例式教学的内涵和特征

"案例"一词有"事件""情况"等含义,中文解释为能做范例的个案,英译有"case"的意思。顾泠沅认为,所谓案例,就是指包含有某些决策或疑难问题的教学情境故事。而案例教学法便是以典型案例为载体来组织教学的方法。在国外,人们普遍认为古希腊时期苏格拉底问答式教学是案例教学法的最初形态,而在当代,不同学者对案例教学法的认识各不相同。例如,舒尔曼从教与学二者的关系为出发点,认为案例教学法是利用案例作为教学媒介的一种教学方法,是教与学的方法与教学案例的联合应用。

科瓦尔斯基从案例教学对培养学生学习能力的效果这一角度出发，认为案例教学法是一种以案例为基础的研讨式教学方法，注重培养学生思考问题、解决问题的能力。郑琼梅认为，案例式教学就是教师在教学中有目的地运用以真实事件为基础所撰写的案例进行课堂教学的过程。由此可知，外国学者多从理论上对案例教学法进行了深入研究，我国学者更青睐于针对教学实践过程的情况来分析案例教学法。

笔者认为，案例式教学就是指教师根据教学内容和教学目的的需要，针对学生身心发展的特点，在教师的指导和安排下，运用典型案例，将学生引入特定事件的情境之中，让其深入体验角色，分析案例，通过探究性学习，来提高分析和解决实际问题的能力，以及形成独立自主的个性与创造力的一种教学方法。

案例式教学是以学生为中心的高度互动式的教学方式，是将课堂教学过程变成集体分析某一案例中的特定问题并探求其解决方法的过程。案例式教学的主要目的是培育学生的批判性思维能力。学生通过分析案例、做出裁决和扮演角色等形式学习和掌握教学内容，并在讨论过程中培育解释、比较和分析问题的技能和解决问题的自信心，培养在公共场合发表自己看法的能力和合作精神。实践证明，运用案例式教学能收到良好的教学效果。该方法具有如下基本特征。

1.鼓励学生独立思考。

案例式教学要求学生就案例发表自己的见解，促使学生独立去思考、去创造、去探索、去比较，这使得枯燥乏味的探究过程变得充满生机与活力。而每个学生通过这种经验交流，相互取长补短，在提高人际交流能力的同时，亦起到了激励自身学习和探究的作用。

2.引导学生由注重知识转化为注重能力。

知识固然重要，但知识不等于能力，知识需要转化为能力。社会生活的本质就是实践，学习自然要重实践，在案例式教学活动中，学生在对案例进行分析和综合、合作与探究中，潜移默化，将知识转换为能力。

3.重视双向交流。

传统的教学方式是老师讲、学生听，是一种偏向于单向的传授模式。在案例式教学中，学生需要对案例进行消化，收集和查阅各种他认为必要的相关知识，这在无形中加深了其对知识的理解，而且是主动、自觉地进行追问与思考，并提出解决问题的方案，这一过程可以视为能力上的升华。加之教师的及时引导，根据不同学生的不同理解补充新的相关知识，我们可以看出双向的教学模式亦对教师提出了更高的要求，更好地实现教学相长。

（二）案例式教学的操作要领

当前，不少教师仍旧采取类似专制的教学模式，严格地控制着案例的呈现和讲解，完全没有给学生留出参与案例分析和讨论的空间和机会，很大程度上忽视了学生的主体体验和感受，使得学生逐渐产生消极的情绪，阻碍了学科核心素养的提升。为此，教师应该从学生的兴趣爱好出发，在把握教材理论内容的基础上，合理地选择有趣的教学案例，通过多种教学资源向学生呈现案例，让学生主动关注案例，让案例成为学习理论知识的载体。

1.运用多种形式呈现案例，增强学生的情感体验。

为了提升思想政治教学的整体质量，建议教师从学生的爱好出发，准确地把握当堂课的教学内容，将案例通过多媒体等教学资源向学生呈现，进行图片展示或视频播放等方式，以这些方式来吸引学生对案例的好奇与关注，有利于降低学生对理论知识的陌生程度，也有利于增强学生的情感体验。

2.通过案例渗透中华优秀传统文化，丰富学生的精神世界。

长期以来，广大师生在“以考定学”的理念指导下，高考会考到的知识点，教师就会教给学生；高考没有涉及的知识，教师干脆一点儿也不讲，学生也不主动学。这不利于学生其他方面素养的发展。因此，为了有效地提升学生的个人素养，教师要适当地在案例中向学生渗透一定的中华优秀传统文化内容，要求学生主动地去了解思想政治课程中所蕴含的关于中华优秀传统文化的知识，通过丰富的案例来感染学生，逐渐增强学生的民族文化情感，使其了解中华优秀传统文化的精髓，从而丰富其精神世界，增强其精神力量，促进其全面发展。

3.联系生活实际讲解案例，提升学生的学科核心素养。

大部分学生对于某些思想政治理论知识了解得不够深刻，有时候直接采取死记硬背的方式来掌握相关知识点，这不仅会使学生的学习热情逐渐减少，也不利于增强学习的实际效果。为此，广大教师可以从学生的现实生活出发，联系实际对所选案例进行辅助性的讲解，逐渐降低学生对理论知识的陌生程度，使其更容易联系以往的生活经验对知识进行重构，更加深刻地掌握理论内容，在巩固学生理论基础的同时，提升学生的学科核心素养，在生活中形成积极向上的人生态度。

第三节　高中思想政治学科全息育人教学实施案例评析

一、情境体验式教学实施案例与评析

(一)情境体验式教学实施案例

表4-1 《我国的个人收入分配制度》情境体验式教学设计

<table>
<tr><th colspan="2">《我国的个人收入分配制度》情境体验式教学设计</th></tr>
<tr><td>课题</td><td>我国的个人收入分配制度</td></tr>
<tr><td>课型</td><td>新授课</td></tr>
<tr><td>学情分析</td><td>高一学生大多具有较强的求知欲和可塑性，乐于探究与分享，善于关注身边事物，不喜欢空洞说教。但因其思想普遍还处于感性认识阶段，故解决问题的实际能力较弱。</td></tr>
<tr><td>育人目标</td><td>1.学科认知：了解我国当前个人收入分配制度的内容、优越性以及完善该制度的措施；培养理论联系实际的能力，逐步提高参与经济生活的能力。
2.德性育人：通过社会生活情境的创设，提高参与经济生活的责任意识，增强制度自信，提升政治认同及公共参与素养，坚定社会主义道路。
3.劳动育人：通过成果交流、展示，弘扬劳动精神，牢固树立辛勤劳动、诚实劳动和创造性劳动的观念。
4.审美育人：通过情境体验，感知生活的美好，培育审美感知能力。</td></tr>
<tr><td rowspan="2">教学重难点</td><td>重点：理解我国当前个人收入分配制度的内容、优越性。</td></tr>
<tr><td>难点：了解个人与社会的关系，增强学生的公共参与意识。</td></tr>
<tr><td>学习方法</td><td>自主合作探究式学习。</td></tr>
<tr><td>教学方法</td><td>情境体验式教学。</td></tr>
<tr><td colspan="2">教学过程</td></tr>
<tr><td>环节一</td><td>导入课题，引出总议题：按劳分配为主体，多种分配方式并存。</td></tr>
<tr><td>学习内容</td><td>感知制度变化的原因以及影响。</td></tr>
<tr><td>教师活动</td><td>学生活动</td></tr>
<tr><td>导入语：我们每个人都渴望美好生活、幸福生活，而收入状况是实现美好生活的重要因素之一。这节课我们就一起走进我国的个人收入分配制度。
播放教师自制视频：《我国个人收入分配制度的发展历程》。
分析讨论之前，老师认为咱们有必要对教材做一个大致的了解，请同学们结合屏幕上的学习目标导航进行了解。</td><td>观看视频，了解我国个人收入分配制度的变化过程。
自主探究：我国的现行个人收入分配制度及其必要性，三分钟后，分享你的初探成果。(7分钟)
多媒体展示：学习目标导航。
根据PPT呈现的本课题学习目标，浏览本课内容并进行思考，初步了解本节课内容的大体逻辑框架。</td></tr>
</table>

续表

<table>
<tr><th colspan="2">《我国的个人收入分配制度》情境体验式教学设计</th></tr>
<tr><td>设计意图</td><td>1.育智:从视频中感知改革开放以来,我国个人收入分配制度的历程,把国家的制度政策等落实于学生的具体生活体验中,让学生收集、分析和归纳各种感性材料,逐步能够“由此及彼”,透过现象,探寻其中的本质和规律。以历史的眼光看问题,知道对美好生活的向往是人民群众一直以来的追求,但是美好理想的实现需要完善的制度保障。
2.育德:通过视频创设的情境,带着对美好生活的憧憬,初步感受我国现阶段的个人收入分配制度有利于充分调动各方面的积极性和创造性,增强制度自信和道路自信。
3.育美:在视频中感悟劳动之美、生活之美,培育对经济生活的审美感知能力。</td></tr>
<tr><td>环节二</td><td>议题一:假设我们全班同学都是一个公有制企业的员工,我们辛勤工作制作出了产品——一个精美的大蛋糕,怎样分配最合理?</td></tr>
<tr><td>学习内容</td><td>按劳分配的含义、原因和意义。</td></tr>
<tr><td>教师活动</td><td>学生活动</td></tr>
<tr><td>追问:
(1)我们的企业应该采用什么样的收入分配方式?其前提是什么?有何特点?
提示:实行的是按劳分配的方式。前提条件是生产资料公有制。生产资料归集体所有,属于公有制经济;分配以劳动数量和质量为尺度;结果是多劳多得,少劳少得;应该实行工资制。
(2)你认为我们的企业能否全面实行按需分配?为什么?
提示:物质基础——生产力发展水平。
(3)你认为我们企业的收入分配能否搞“一刀切”的平均主义?为什么?
提示:直接原因——劳动的性质和特点。
(4)我们的企业实行这种分配方式有何积极意义?
提示:有利于充分调动劳动者的积极性和创造性,激励劳动者努力学习科学技术,提高劳动技能,从而促进社会生产的发展。这是对以往几千年来不劳而获的剥削制度的根本否定,是消灭剥削和消除两极分化的重要条件,体现了劳动者共同劳动、按劳分配的社会地位。分组探讨,师生互动。(6分钟)</td><td>阅读教材,思考回答“假设我们全班每位同学都是一个公有制企业的员工,我们辛勤工作制作出了产品——一个精美的大蛋糕,怎样分配最合理?”请说明理由。
分4个小组,每个小组讨论1个问题,推荐代表在全班交流分享。
聆听同学发言和老师点拨。
学生1:我们的企业应该根据每个人的劳动付出来实行分配,多劳多得,少劳少得。
学生2:我认为我们的企业还不能实行按需分配,现阶段我国生产力水平还不发达,我们仍然需要坚持按劳分配。
学生3:我们的企业不能搞平均分配,因为这不利于调动劳动者的积极性。
学生4:我们的企业实行按劳分配,就可以提高企业里每个人的劳动积极性,不仅自己可以获得更多收入,还可以把我们的企业做大做强。
在老师提示中,思考回答,并就疑惑的地方进行追问。
展示资料卡:通过阅读生活中常见的按劳分配所得形式,走出易混易错的误区。</td></tr>
</table>

续表

<table>
<tr><th colspan="3">《我国的个人收入分配制度》情境体验式教学设计</th></tr>
<tr><td>设计意图</td><td colspan="2">1.育智:通过设置具体的“公司分配蛋糕”情境,引导学生初步感知按劳分配的原则,理解我国个人收入分配制度确立的原因和意义。结合导入环节中我国个人收入分配制度变革的历史材料,引导学生理解我国现阶段的个人收入分配制度不是凭空想象出来的,而是由生产力发展水平、生产资料公有制决定的。在具体情境探究中,循序渐进地带领学生走进经济生活,了解平均分配、按劳分配、按需分配的内涵;培养理论联系实际的能力,逐步提高透过现象看本质的实际本领;初步体会在初次分配中如何坚持效率和公平的统一,为后面的教学环节做好铺垫,培育学生的学科思维。
2.育德:通过真实情境的再现,感受我国现阶段个人收入分配制度的必要性和优越性,对我国当前个人收入分配制度的合理性及优越性形成初步的政治认同,增强制度自信。</td></tr>
<tr><td>环节三</td><td colspan="2">议题二:晒李老师的“朋友圈”,体会多来源的收入方式。</td></tr>
<tr><td>学习内容</td><td colspan="2">非按劳分配方式的内涵。</td></tr>
<tr><td colspan="2">教师活动</td><td>学生活动</td></tr>
<tr><td colspan="2">资料展示:
A:23中的一名李教师;
B:在上海经营自己的广告公司的老板;
C:在深圳一家外资企业做财务工作的职员;
D:中国建设银行一名中层管理人员;
E:回到了农村,承包土地,经营着自己的农业生态园的承包户。
提出问题,组织分组活动。</td><td>思考回答:李老师及她的高中同学们分别按什么方式取得收入?这反映了我国目前收入分配方式有什么特点?师生共享,并梳理知识。
以小组为单位,内部讨论分享,时间3分钟。</td></tr>
<tr><td>设计意图</td><td colspan="2">1.育智:通过了解李老师的“朋友圈”,进一步探究居民收入来源多样化的原因,认识我国居民的收入来源会随着我国个人收入分配制度的调整而逐渐呈现多样化,理解我国现阶段个人收入分配制度。了解我国居民收入来源呈现多样化的原因,学会透过现象看本质,提升思维水平。
2.育德:通过情境实例的呈现,引导学生辨析合法收入和非法收入,明确劳动是财富的源泉,树立正确的劳动观,弘扬劳动精神。</td></tr>
<tr><td>环节四</td><td colspan="2">议题三:展示交流“我的职业理想”。</td></tr>
<tr><td>学习内容</td><td colspan="2">生涯规划,课题升华。</td></tr>
<tr><td colspan="2">教师活动</td><td>学生活动</td></tr>
</table>

续表

《我国的个人收入分配制度》情境体验式教学设计	
多媒体展示：分配制度是促进共同富裕的基础性制度。坚持按劳分配为主体、多种分配方式并存，构建初次分配、再分配、第三次分配协调配套的制度体系。——党的二十大报告 结束语：亲爱的同学们，党的二十大报告提出，从现在起，中国共产党的中心任务就是团结带领全国各族人民全面建成社会主义现代化强国、实现第二个百年奋斗目标，以中国式现代化全面推进中华民族伟大复兴。全面建成社会主义现代化强国，总的战略安排是分两步走：从二〇二〇年到二〇三五年基本实现社会主义现代化；从二〇三五年到本世纪中叶把我国建成富强民主文明和谐美丽的社会主义现代化强国。这一战略安排关系到我们每个人的幸福生活。正值高一的你们是未来建设者，有什么理由懈怠呢？那咱们就树立好自己的小目标吧，好好学习、好好工作，努力奋斗，咱们的梦想一定会成为现实。	阅读多媒体展示的内容。 合作探究：以小组为单位，内部讨论分享，时间3分钟。在这个"大众创业，万众创新"的新时代，你有创业创新的志向吗？请结合我国现行的个人收入分配制度和自己的爱好、特长谈谈你的职业畅想。 根据模板（可以补充完善），填写自己的职业理想。 全班展示交流。 分享： 我的职业理想：________ 期待的职业：________ 期待的收入：________ 其中按劳分配收入：________ 按生产要素获得的收入：________
板书设计	按劳分配为主体，多种分配方式并存。 1.决定因素：由生产资料所有制决定。 2.按劳分配的性质、地位、决定性因素、意义。 3.按要素分配。

（二）情境体验式教学案例评析

1.分析教学片段1：改革开放以来，我国个人收入分配制度的变化过程。

主要体现以下几个育人点：(1)育智：让学生了解改革开放以来，我国个人收入分配制度的变化过程，把国家的制度政策等落实于学生的生活体验，让学生收集、分析和归纳各种感性材料，逐步能够"由此及彼"，透过现象，探寻其中的本质和规律。(2)育德：通过情境创设，让学生带着对美好生活的憧憬，探究我国个人收入分配制度，初步感受到我国现阶段的个人收入分配制度有利于充分调动各方面的积极性和创造性，是适合我国国情的经济制度。(3)育美：感知劳动之美、生活之美，培育对经济生活的审美感知和审美能力。

在这个教学片段里，教师运用互联网等现代教育手段精选并整合改革开放以来，我国个人收入分配制度的相关视频、图片及文字信息，对比突出我国个人收入分配制度的变化，激发学生兴趣，产生思维冲击，活跃课堂氛围，引出教学重难点，开发课程资源。教师做到了图片、文字、视频的多元化教学，让学生"领略美好生活，劳动创造"，体会到中国特色社会主义经济制度的制度美，提高了课堂教学的实效性。

2.分析教学片段2:探究我国的个人收入分配制度的内涵。

主要体现以下几个育人点:(1)育智1:了解平均分配、按劳分配、按需分配的内涵;培养理论联系实际的能力,逐步提高透过现象看本质的实际本领;培育学科思维。(2)育德:对我国当前个人收入分配制度的合理性及优越性形成初步的政治认同。通过合作探究和追问思辨,树立问题意识,培养思辨精神。(3)育智2:在"育智1"的基础上,循序渐进地带领学生走进经济生活,掌握学科相关知识,培养理论联系实际的能力,逐步提高归纳总结的能力。同时,通过真实情境的再现,感受我国现阶段个人收入分配制度的优越性,增强制度自信,坚定政治认同。

这部分是本节课的重点,在教学设计的整体布局上,注重教学内容情境的预设,做到了阶梯式上升,从微观生活入手,运用相关知识,通过合作探究突破重点。在这个过程中,教师层层追问,注重问题的预设,让小组间相互点评对方的观点,引导学生互助、互补、互学。通过制造冲突点,让学生进行思维的碰撞,使教学环节系统化,避免碎片化教学,凸显教学的思辨性。从平均分配、按劳分配、按需分配三个角度进行辨析,让学生通过合作探究得出结论,提高实践能力。在这个过程中注重情境、问题和教学目标的统一,处理好生成性与预设性的关系。教师在这部分的设计过程中,坚持教师的引导和学生的主体相结合,注重师生互动、生生互动。主要表现在:教师在整堂教学中,坚持发挥学生的主体地位,在积极引导的前提下,让学生在小组合作、自主探究中不断深化对我国现行分配制度的政治认同,自觉参与创设的情境,师生间和谐互助,共享资源,共同完成教学任务,真正做到共存、共享、共生,实现教师教学理念、教学过程、学生情感认知几方面的统一,从而提高教学质量。

3.分析教学片段:我为梦想劳动。

主要体现以下几个育人点:(1)育智:引导学生畅想未来,激发其主动性和创造性,结合实际进行自我想象、自我构建,培养学生的发散性思维、批判性思维,提高解决问题的能力和团队合作的能力,提升学生参与经济生活的实际本领,实现知情意行的有机统一。(2)育德:初步培养学生的公共参与意识,增强社会责任感。牢固树立辛勤劳动、诚实劳动和创造性劳动的观念。(3)育美:通过理性思辨,培育学生的理性思维,使其体会理性之美。

在这个教学片段中,教师主要运用了富有张力的教学手段,升华学生的情感态度价值观,充分调动学生对自己生活环境的感知和理解,激发学生的主体地位和认知发展的积极性、参与性,提升公共参与素养,认同和践行辛勤劳动、诚实劳动和创造性劳动的观念。在畅想的过程中,教师调动学生的主动性,让学生的自我思维和同学的思维形成碰撞,相互交流、共同提升。总之,本堂课采用情境体验式教学,逻辑严密,层次清晰，有利于激发学生兴趣，促使学生培养正确的劳动理念，认同我国的个人收入分配制度，在整体逻辑构建上具有一定的张力。但教学过程中设问有些直接，材料较为单一，有待进一步改进。

二、议题式活动教学实施案例与评析

（一）议题式活动教学实施案例

表4-2 《世界是普遍联系的》议题式活动教学设计[①]

<table>
<tr><th colspan="3">《世界是普遍联系的》议题式活动教学设计</th></tr>
<tr><td>课题</td><td colspan="2">世界是普遍联系的</td></tr>
<tr><td>课型</td><td colspan="2">新授课</td></tr>
<tr><td>学情分析</td><td colspan="2">高二学生具有较强的学习积极性和创造性，喜欢关注生活，热爱生活。对于哲学，一开始觉得比较抽象，随着学习的深入，逐步能感知到生活处处有哲学。</td></tr>
<tr><td>育人目标</td><td colspan="2">学科认知：理解联系的普遍性、客观性、多样性，培养运用联系观点认识、分析并解决问题的能力。
德性育人：通过议题探讨，树立辩证法的联系观，自觉抵制形而上学观，坚持用联系的观点看问题。
劳动育人：通过成果交流、展示，培养学生的实践能力。
审美育人：通过议题探讨，感受哲学的思辨之美。</td></tr>
<tr><td rowspan="2">学习重难点</td><td colspan="2">教学重点：联系的普遍性。</td></tr>
<tr><td colspan="2">教学难点：人为事物联系的客观性。</td></tr>
<tr><td>学习方法</td><td colspan="2">自主合作探究式学习。</td></tr>
<tr><td>教学方法</td><td colspan="2">议题式活动教学。</td></tr>
<tr><td colspan="3">教学过程</td></tr>
<tr><td>环节一</td><td colspan="2">课题导入，引出总议题：为什么要用联系的观点看问题？</td></tr>
<tr><td>学习内容</td><td colspan="2">观看视频，初步感悟世界是普遍联系的。</td></tr>
<tr><td colspan="2">教师活动</td><td>学生活动</td></tr>
<tr><td colspan="2">播放视频：重庆旅行宣传片。
创设任务：必须前往重庆旅游的理由是什么？</td><td>课前小组进行收集、整合资料，课上分享相关成果。</td></tr>
<tr><td>设计意图</td><td colspan="2">收集的本土相关素材，体会世界是普遍联系的，从而更好地导入新课学习。</td></tr>
<tr><td>环节二</td><td colspan="2">议题一：求知联系的普遍性。</td></tr>
<tr><td>学习内容</td><td colspan="2">联系的普遍性含义、表现。</td></tr>
</table>

① 本教学设计由重庆市第二十三中学李云敏提供。

续表

<table>
<tr><td colspan="3">《世界是普遍联系的》议题式活动教学设计</td></tr>
<tr><td colspan="2">教师活动</td><td>学生活动</td></tr>
<tr><td colspan="2">多媒体图片展示重庆名片：
1.长江三峡、北温泉；
2.解放碑、江北嘴中央商务区；
3.火锅、红岩文化。
引出议题：请同学们分别从自然界、人类社会、人的思维三个领域探讨联系的普遍性，众议孤立的事物是否存在？
教师走进各个小组，倾听学生观点，及时点拨，帮助学生走出误区。
点拨过渡：列宁说："每个事物（现象、过程等等）是和其他的每个事物联系着的。"任何事物都具有一定的外部联系和内部联系，正是这种联系构成了事物的运动和发展。</td><td>小组合作探讨，小组代表发言，全班分享。
学生从实际生活出发，概括得出结论：关于联系的普遍性，可以从三个方面把握。一是世界上的一切事物都与周围其他事物有着这样或那样的联系。从宏观天体到微观粒子，从无机界到有机界，从自然界到人类社会和人的思维，任何事物都与周围的其他事物有着这样或那样的联系。二是每一事物内部的各个部分、要素之间也是相互联系的。三是世界是一个普遍联系的有机整体，是一幅由种种联系交织起来的丰富多彩的画，没有一个事物是孤立存在的。世界上万事万物既作为个体事物存在，又作为普遍联系中的事物存在。</td></tr>
<tr><td>设计意图</td><td colspan="2">1.育智：正确认识联系的普遍性，任何孤立的事物都是不存在的。
2.育德：培养学生核心素养之科学精神。</td></tr>
<tr><td>环节三</td><td colspan="2">议题二：求知联系的客观性。</td></tr>
<tr><td>学习内容</td><td colspan="2">联系的客观性原理。</td></tr>
<tr><td colspan="2">教师活动</td><td>学生活动</td></tr>
<tr><td colspan="2">多媒体展示重庆轨道交通的壮美图片。
引出问题：1.事物是普遍联系的，是否意味着任何两个事物都有联系呢？2.自在事物的联系是客观的，人为事物的联系是否具有客观性呢？为什么？
教师走进各个小组，倾听学生观点，及时点拨，帮助学生走出误区。
追问思辨。
创设活动：脑筋急转弯——米他妈是谁，他爸是谁，他外公是谁，他外婆是谁？
答：米他妈是花，因为花生米。米他爸是蝶，因为蝶恋花。米他外公是爆米花，因为他既抱过米又抱过花。米外婆是妙笔，因为妙笔生花。</td><td>分组研讨，探索得出：联系就其与实践的关系来说，可以分为自在事物的联系与人为事物的联系。自在事物是在人产生之前就存在或至今仍处在人的活动之外的事物，其机械、物理、化学、生物的联系都不以人的意志为转移，具有客观性。人为事物的联系虽然是在人类实践活动中形成的，具有"人化"的特点，但这种联系得以建立的根据及其形成，同样不以人的意志为转移，具有客观性。联系的客观性要求我们从事物固有的联系中把握事物，切忌主观随意性。不能离开事物的真实联系，抓住事物的表面相似之处。主观臆造并不存在的联系，是诡辩论的一个重要特征。</td></tr>
<tr><td>设计意图</td><td colspan="2">育智：通过创设脑筋急转弯活动，培育学生的演绎思维能力，加深对联系客观性的理解，认识到联系是事物本身所固有的，不以人的意志为转移，违背了联系的客观性就会受到惩罚。</td></tr>
<tr><td>环节四</td><td colspan="2">议题三：作为重庆人，为了提升咱们家乡的美誉度，请运用唯物辩证法联系观提出合理建议。</td></tr>
<tr><td>学习内容</td><td colspan="2">联系的多样性原理。</td></tr>
</table>

续表

《世界是普遍联系的》议题式活动教学设计	
教师活动	学生活动
多媒体播放有关重庆人文的视频。 多媒体展示,创设活动:请同学们结合所学,为家乡发展建言献策。作为新时代重庆人,为了提升咱们家乡的美誉度,建设国际化大都市,做有担当的幸福重庆人,请运用唯物辩证法联系观提出合理建议。 小结:事实上,不同的联系所处的地位不同,对于事物的存在和发展所起的作用也不同。人们在实际生活中经常会犯一些错误,即容易看到那些直接的、表面的和眼前的联系,而往往忽视那些间接的、本质的和长远的联系,忽视事物之间相互联系的中间环节。全面具体地分析各种条件的性质和作用,是正确认识和解决问题的前提。	观看视频,小组合作探究,大胆畅想。灵活运用联系多样性的特点进行分析和探讨。获得对联系的多样性的正确认识与应用:依据联系的多样性,即直接联系和间接联系、内部联系和外部联系、本质联系和非本质联系、必然联系和偶然联系等。我们要善于分析和把握事物存在和发展的各种条件,既要注重客观条件,又要恰当运用主观条件;既要把握事物的内部条件,又要关注事物的外部条件;既要认识事物的有利条件,又要重视事物的不利条件,一切以时间、地点和条件为转移。 学生扩展运用,分享探究成果。
设计意图	育德:通过自主阅读教材、观看相关视频,培养学生分析和解决社会生活实际问题的能力,真正把握联系多样性的意义,并实现情感上的升华,做一个有担当的幸福重庆人,培养学生的政治认同、科学精神以及公共参与等核心素养。
作业设计	(2019·全国卷Ⅱ)最近,科学家设计和制造出一种小蛋白,这种小蛋白自我组装成螺旋状的蛋白长丝。该研究有助于更好地了解天然蛋白丝,进而研制出自然界没有的全新材料,如超过蜘蛛丝强度的人造纤维等。这表明( ) ①人类能够基于事物固有的联系建立新的联系;②实践可以把自在事物的联系转化为人为事物的联系;③人为事物的联系比自在事物的联系更高级、更复杂;④人为事物的联系以人的意志为转移,具有“人化”的特点。 A.①② B.①④ C.②③ D.③④ [能力立意]本题以科学实验为背景材料,考查联系和实践的有关知识,旨在引导学生立足社会实践,辩证认识小蛋白,培养学生分析与综合的能力。 [试题解析]选A。材料中“科学家设计和制造出一种小蛋白,这种小蛋白自我组装成螺旋状的蛋白长丝”说明人类能够基于事物固有的联系建立新的联系,①正确;“该研究有助于更好地了解天然蛋白丝,进而研制出自然界没有的全新材料”说明实践可以把自在事物的联系转化为人为事物的联系,②正确;人为事物的联系与自在事物的联系都是多样的,不能说哪个更高级、更复杂,③错误;人为事物的联系虽然具有“人化”的特点,但仍然是客观的,是不以人的意志为转移的,④错误。
板书设计	唯物辩证法的联系观 一、含义 事物之间以及事物内部各个要素之间相互依赖、相互影响、相互制约和相互作用。 二、特征 1.联系具有普遍性。 2.联系具有客观性。 3.联系具有多样性。

(二)议题式活动教学案例评析

1.分析议题一的教学。

联系观是唯物辩证法的总特征,也是学科核心素养科学精神的重要体现点。笔者力图采取议题式活动教学方式,达到“以理化人”的效果。主要体现以下几个育人点:(1)育智:从哲学的角度了解联系的普遍性,提高透过现象看本质的实际本领,将感性认识上升到理性认识。(2)育德:通过合作探究和追问思辨,树立问题意识,培养思辨精神。(3)育美:通过视频、图片等各种资源,体会到家乡重庆的城市之美、人文之美。

必须前往重庆旅游的理由是什么?教师在课前创设教学情境,将其作为整堂课的逻辑起点。基于学生的认知,预设与教学目标相一致的问题,学生围绕问题,通过自主思考以及教师引导助学,能准确达成预设目标。如果就课本直接回答问题,会缺乏知识生成的过程,缺乏思维张力,无法有效体现课堂的预设性和生成性等特征。要侧重主体资源开发,遵循以学生为中心的开发原则,发挥学生主动性,收集并整合本土资源,使学生通过阅读,捕捉有效信息,培养学生获取和解读材料的能力。本堂课采用从特殊到一般的推理方法,充分利用兴趣小组收集和发布的资源,围绕课程目标设置问题,问题的指向性强,层层递进,尊重学生主体地位,引发学生自主学习思考,注意知识由感性到理性的生成性,注重学科核心素养中科学精神的培育。

2.分析议题二中的问题1:“事物是普遍联系的,是否意味着任何两个事物都有联系呢?”的教学。

主要体现以下几个育人点:(1)育智:了解联系的普遍性,提高透过现象看本质的实际本领。(2)育德:通过合作探究和追问思辨,树立问题意识,培养思辨精神。(3)育美:透过现象,引导学生去探索现象背后的本质和规律,让学生体验理性之美、逻辑之美。

本环节注重并列与递进逻辑关系的应用。基于学生已有认知材料信息,设置层层递进且注重逻辑,指向关键性的中心议题。中心议题具有思辨性,目的是培养学生的理性思维能力。引导学生透过现象看本质,注重抽象与概括以及归纳与演绎的逻辑关系的应用,在多元回答中达成知识目标。

本环节开展的小组合作探究活动效果显著,基于文本资源和学生认知,设置有价值的、有针对性的问题,不仅能让学生答得上,还能答得深。注重让学生阅读、思辨、辩论,训练其逻辑思维能力。通过一个个问题的有效衔接与铺垫,让学生能对材料资源进行深入挖掘,在学习知识的同时,也提高了学生的参与度、合作意识,培养了学生获取和解读信息的能力。

3.分析议题二中的问题2:“自在事物的联系是客观的,人为事物的联系是否具有客观性呢? 为什么?”的教学。

主要体现以下几个育人点:(1)育智:了解联系的客观性,提高透过现象看本质的实际本领,将感性认识上升到理性认识。(2)育德:通过合作探究和追问思辨,树立问题意识,培养思辨精神。

本环节注重分析与综合的逻辑关系。苏霍姆林斯基说过,在人的心灵深处,都有一种根深蒂固的需要,这就是希望自己成为一个发现者、研究者、探索者,而在儿童的精神世界中,这种需要特别强烈。教师围绕“人为事物的联系是否具有客观性”这一知识点设置相关的教学情境,突出思维冲突点,让教学情境层层递进,激发学生思维,体现价值冲突。既落实了教材知识,又培养了学生的辩证思维能力,践行了科学精神。

4.分析议题三:“作为重庆人,为了提升咱们家乡的美誉度,请运用唯物辩证法联系观提出合理建议”的教学。

主要体现以下几个育人点:(1)育智:了解联系的多样性,学生能够结合实际进行大胆想象,培育学科逻辑思维能力以及创新能力。(2)育德:升华学生的责任感和参与意识。

本部分通过图文材料创设情境,引入家乡旅游资源开发建设项目的探讨,设置与教学目标一致的问题,落实教材知识点,处理知识教学与学科核心素养培养的关系,体现高考所要求的获取和解读信息的能力、调动和运用知识的能力、描述和阐释事物的能力;同时注重归纳与演绎逻辑关系的应用;创设学生交流情境,在情境的层层递进中,注重学生的真实体验,引导学生全面认识联系的复杂性,深化对家乡建设的认识与认同,达到情感升华的效果。

教育心理学家加涅认为,教学设计提供了对所学东西的保持以及将学习往一个新的情境迁移。教学设计至关重要,本课采用议题式活动教学方法,用问题、知识、逻辑去设置议题,创设情境,设置思辨性问题,着力突出学科张力,层层推进,以学生为主体,通过学生自学、互学、展学,以及教师的助学,达成教学目标。整堂课注重培育学生学科核心素养,注重答案的生成过程以及知识的落实,较好地处理了知识教学与学科核心素养培育的关系。

第五章

高中思想政治学科全息育人教学评价

教学评价是依据一定的教学目标和教学要求，制订科学的标准并利用多种方法和手段对教学活动的要素、过程及其所达到的效果进行衡量，并做出价值评判的活动。教学评价作为师生之间交流的一种及时、有效的反馈方式，贯穿于教学的始终，能够及时、准确、积极、有效地对课堂教学起着重要的导向和激励作用，对教师和学生认识自我、建立自信起着良好的调节作用，并能督促、引导教师对教学工作进行必要调整，从而促进教师教学工作的改进和提高。

高中思想政治教学评价是高中思想政治教学系统的重要构成部分，也是检查教学目标达成情况，从而调整教学活动以提高教学质量的主要手段。全息育人教学评价运用全息理论对课堂教学进行评价。高中思想政治学科全息育人教学评价就是根据高中思想政治学科的特点，借鉴全息理论构建课堂教学评价技术与方法，对思想政治课堂的组织实施和教学效果进行监控的活动。

第一节　高中思想政治学科全息育人教学评价目标

教学评价的出发点是所要实现的目标，目标指明教育应培养什么样的人，是课程和教学的方向，是对课程教学目标的价值体现，也是对教育目的的把握。高中思想政治学科全息育人教学评价目标面对当前教育发展新形势，围绕立德树人教育工作的根本任务，起到落实学科核心素养的培养，强化育人导向，促进师生“五育融合”的评价标准的作用。评价目标本质上是为了促进学生的发展。

一、评价目标的发展

（一）第一阶段：“双基”评价目标

“双基”即基础知识和基本技能。此阶段的教学评价围绕基础知识的落实和基本技能的训练而展开，关注学生掌握学科知识内容的具体情况，以学生能够识记、理解学科知识的数量和准确度为评价标准，以追求高分数为目标。在这一评价目标的指导下，教师教学注重基础知识的落实和解题技能的训练，学生学习也更加注重基础知识的识记。这让学生打下了扎实的学科基础，在学习过程中强化了记忆。但是这一评价目标过多强化教师的主导地位，忽视了学生的主体地位，忽视了学生其他能力的锻炼培养，不利于学生全面发展。

（二）第二阶段：三维评价目标

三维评价目标是指在教育教学过程中应该达到的三个目标维度，即知识与技能、过程与方法、情感态度价值观。三维评价目标关注学生学习的方式和学习能力，关注学生的情感态度价值观等品质的发展。这在一定程度上克服了“双基”评价目标的片面性，拥有了全面、多维的视角。评价从对基础知识的记忆理解、基本技能的熟练掌握运用到开始关注生活实际，强调把理论知识运用于社会生活实践之中，建构学科知识与生活实践、理论逻辑与生活逻辑有机结合的评价方式，积极鼓励学生主动参与，发挥学生在课堂中的主体作用，倡导开放互动的教学方式与合作探究。在强调“双基”的基础上，更加注重学生的情感态度价值观和行为表现。这一阶段的教学评价切实增强了课程的时效性，让学科更具吸引力和感染力。

（三）第三阶段：学科核心素养评价目标

党的二十大报告强调，“教育是国之大计、党之大计。培养什么人、怎样培养人、为谁培养人是教育的根本问题。育人的根本在于立德。全面贯彻党的教育方针，落实立德树人根本任务，培养德智体美劳全面发展的社会主义建设者和接班人。”这些要求落实到思想政治课堂中，需要以学科核心素养为中心展开。学科核心素养指学生通过学科学习而逐步形成的正确价值观念、必备品格和关键能力。思想政治学科核心素养主要包括政治认同、学科精神、法治意识和公共参与。《课程标准》指出，具体教学目标的制订与评价方式的选择应该聚焦学生思想政治学科核心素养的发展，整合知识与技能、过程与方法、情感态度价值观。学科核心素养评价目标对知识与技能、过程与方法、情感态度价值观三维目标进行了整合，是对三维目标的发展和深化，注重思想政治学科四个核心素养之间的有机联系，引导教师教学和学生学习更加关注全面发展的教育目标。这是适应当前经济和科技迅猛发展变化的需要，是适应新时代人才质量要求的需要。

（四）第四阶段：“五育并举”评价目标

《深化新时代教育评价改革总体方案》（以下简称《方案》）指出，改革学生评价，促进德智体美劳全面发展。《方案》强调，坚持以德为先、能力为重、全面发展，坚持面向人人、因材施教、知行合一，坚决改变用分数给学生贴标签的做法，创新德智体美劳过程性评价办法，完善综合素质评价体系，切实引导学生坚定理想信念、厚植爱国主义情怀、加强品德修养、增长知识见识、培养奋斗精神、增强综合素质。“五育并举”评价目标正是对《方案》的认真落实，要充分发挥评价这一“指挥棒”的作用，引导教师更新教学观念，改进教学方法，实现“五育融合”，促进学生全面发展。

二、全息育人课堂教学评价目标

（一）全息课堂教学评价

全息课堂教学观认为课堂教学应具有全息性。全息课堂教学实施过程要通过全息课堂教学评价确保教学目标和效果的达成。全息课堂教学评价是借鉴全息理论构建的一种课堂教学评价方法，它注重课堂教学前后的延伸与拓展，强调课堂教学的整体意识。课堂教学评价系统的任何一个全息元子系统都包含着整个系统的全部信息。用这个观点来考察课堂教学评价过程，即是将评价对象的信息提炼成不同层次、不同角度的全息元，并把它们编织成一个课堂教学全息网络或全息纲要。[①]评价者可以通过对这节课评价信息的收集、挖掘，评判教师在这节课的教学过程中对课堂教学的驾驭能力，以及学生在学习过程中所展示出的学科核心能力。全息课堂教学评价主要表现在以下三个方面。

1.评价内容的全息性。

评价内容涵盖各个环节、各个方面，需在评价过程中采集个体发展的全部信息。对教学的评价既重视知识的落实，又重视能力的培养，还强调素养的养成，重视整体评价。

2.评价过程的全息性。

评价实施的各个阶段、各个环节，应实行全程监控，在整个教学实施过程中进行评价，在评价的过程中实施课程。

3.评价对象的全息性。

全息课堂教学评价对象应包括教学相关的各个部门、各方人员，如教师、家长和孩子自身都作为评价主体来共同参与评价过程，即评价对象面向全体成员，各个成员相互支持、相互合作。

综上所述，全息课堂教学评价构建了全员、全方位、全过程的评价体系，引导教师

---

① 俞健.全息课堂教学评价技术研究[D].上海：华东师范大学，2007:5.

运用教学智慧达成全息育人目标。

（二）高中思想政治学科全息课堂教学评价

高中思想政治学科全息育人依据立德树人根本任务、社会主义核心价值观、《课程标准》、全国教育大会精神、高中思想政治学科育人功能，以高中思想政治课程为基础，挖掘育人点，建构了基于学科认知、德性育人、审美育人、健康育人和劳动育人五个维度的高中思想政治学科全息育人点。这为高中思想政治全息课堂教学评价指标体系的构建提供了依据。高中思想政治全息课堂教学评价关注学生学科核心素养的形成与发展，注重观察学生能否综合运用相关的学科知识在真实情境中提出问题、分析问题和解决问题，以及在这些过程中是否表现出坚持正确思想政治方向的情感和行为，注重观察教师对学生学科核心素养培养和价值引领的策略。

（三）高中思想政治学科全息课堂教学评价目标

美国教育评价专家斯塔弗尔比姆指出，评价最重要的意图不是为了证明，而是为了改进。高中思想政治学科全息课堂教学评价目标应遵循全息课堂教学原理，发挥课堂教学评价引导、监控、改善的作用，在高中思想政治学科全息育人点的指导下，全程监控教师教学活动和学生学习活动，引导教师改善教学，更好实现学生德智体美劳“五育融合”发展育人目标。

三、评价目标的设计

（一）基于学科核心素养和《课程标准》要求确定评价目标

党的二十大报告进一步提出，要“完善学校管理和教育评价体系，健全学校家庭社会育人机制。”要努力构建德智体美劳全面培养的教育体系，形成更高水平的人才培养体系，要把立德树人融入教育各环节，贯穿在教育各领域。这为当前全息课堂教学评价目标的设计指明了方向。在落实立德树人根本任务的过程当中，教学评价目标作为教师教学和学生学习的指挥棒，发挥着极其重要的作用。评价目标设计科学合理、可行性高、操作性强，能够更好地激发教师转变教学观念、创新教学方法，促进学生学科核心素养的发展，促进学生在课堂上实现全身心、全过程、全成员的发展，把课堂教学中的知识转化为能力，进而增强学生对高中思想政治学科的学习兴趣和热情，在帮助学生掌握基础知识和基本技能的同时，养成良好的行为习惯，争当有信仰、有思想、有尊严、有担当的新时代中学生。《课程标准》明确指出评价要将过程性评价与终结性评价相结合，着重评估学生解决情境化问题的过程和结果，其能反映学生所表现出来的思想政治学科核心素养发展水平，聚焦学生思想政治学科核心素养的发展，整合知识与技能、过程与方法、情感态度价值观。要从总体上把握政治学科核心素养之间的相互联系。政治认同关乎学生的成长方向和理想信念的确立，是科学精神、法治意识和公共参与的共同标识。科学精神展现学生认识社会、参与社会的能力和态度，显示人身自由发展的文明程度，是达成政治认同、形成法治意识、实现公共参与的基本条件。法治意识体现当代中国公民依法行使权利、履行义务的必备品质，是公共参与的必要前提，也是公共参与和科学精神的必然要求。公共参与体现人民当家作主的责任担当，是政治认同、科学精神和发展意识的行为表现。[①]基于核心素养和《课程标准》的评价，应注重引导学生把握正确的思想方向、融会贯通社会科学综合性知识、改进社会实践行为，获得相关的基础知识和能力，培育正确的情感、态度、价值观。教师在制订评价目标时，一定要把握学科核心素养之间的相互关系，既要体现出学科核心素养的整体性，又要把握每个核心素养要素的独特价值，激发学生的主动性和创造性，培养学生解决复杂问题的能力和交流合作的能力，践行社会主义核心价值观。

【案例1】必修1《中国特色社会主义》第二课第一框“新民主主义革命的胜利”

围绕中华民族在近代面临的两大历史任务，讲述了近代中国探索复兴之路的悲怆历程及失败原因，阐述了只有新民主主义革命道路才能把中国革命引向胜利的历史规律。《课程标准》内容要求：阐述新民主主义革命的性质和特点，理解新中国确立社会主义制度的历史必然性。根据《课程标准》内容及要求，本课应完成以下教学任务：

(1)结合社会发展规律，通过史实的列举和分析，理解我国近代以来沦为半殖民地半封建社会的原因及中国人民的历史任务。

(2)运用唯物史观的基本原理，通过近代典型探索实践的分析，理解多种尝试终归失败的原因。

(3)运用唯物史观和科学社会主义的基本原理，通过两种探索的对比以及对理论形成和革命实践过程的分析，理解新民主主义革命的性质、特点，及取得胜利的原因、新中国成立的伟大意义。

(4)综合以上探究过程，理解只有社会主义才能救中国的道理，形成对社会主义道路选择的积极认同。

---

① 人民教育出版社课程教材研究所中学德育课程教材研究开发中心.普通高中教科书教师教学用书 思想政治 必修1中国特色社会主义【M】.北京：人民教育出版社，2019：367.

根据《课程标准》内容及要求，可设计以下评价目标：

1. 教学设计应凸显立德树人思想，聚焦学科核心素养，能够引导学生增强对我国社会主义社会制度的政治认同感，树立道路自信、理论自信、制度自信、文化自信。

2. 对学科知识点的把握准确、具体，重、难点的确定与处理得当，符合《课程标准》要求和教材、学生的实际。

3. 教学过程能够引导学生运用社会发展规律分析史实材料，培养学生的演绎思维、求证思维。

【案例2】必修3《政治与法治》第一单元综合探究“始终走在时代前列的中国共产党”

根据学科核心素养要求制订评价目标：

1. 教师能够采用多种方式，关注学生在探究中展现能够体现学科核心素养的行为表现，鼓励学生运用学科知识和技能，分析情境问题，引导学生树立坚持中国共产党全面领导的政治认同，理解中国共产党是始终走在时代前列、人民衷心拥护、勇于自我革命、经得起各种风险考验、朝气蓬勃的马克思主义政党，坚定理想信念。

2. 学生能够提取情境材料中的关键信息，运用相关学科知识分析解决问题，能够深刻理解“始终走在时代前列的中国共产党”，并能引用事实、学科观点加以论证。①

（二）根据全息育人教学目标确定评价目标

教学目标是开展教学活动的依据和前提，是一切课堂教学活动的方向和归宿。教学活动的开展应围绕和指向教学目标，而这个过程又需要评价目标来更好地指挥其实现。评价目标以教学目标为基础，制订科学客观的标准，运用一定的评价工具和技术手段，对教学活动的过程及其结果进行有效评估，为教学目标的调整提供反馈。全息育人教学目标要求教学活动要依据和遵循高中思想政治学科全息育人点导引框架的标准开展教学和学习活动，激励引导教师教学和学生学习行为，实现师生五育融合。高中思想政治学科全息育人评价目标应结合学科认知、德性育人、审美育人、健康育人和劳动育人五个维度，对教师的教学行为和学生的学习行为进行全方位的评价，引导教师深入挖掘教材，探寻教材内容中的具体育人点，促进学生思想政治学科核心素养发展，实现德、智、体、美、劳全面发展的育人目标。重庆市北碚区高中思想政治全息育人点导引框架从学科认知、德性育人、审美育人、健康育人、劳动育人五大维度着手，在《课程标准》指导下，对统编版高中思想政治四本必修教材内容中的育人点进行挖掘，

① 人民教育出版社课程教材研究所中学德育课程教材研究开发中心.普通高中教科书教师教学用书 思想政治 必修3政治与法治【M】.北京：人民教育出版社，2019：162.

构建高中思想政治学科全息育人点导引框架，坚持贯彻落实高中思想政治学科备、教、学、评一体化要求。

【案例3】必修1《中国特色社会主义》第二课第一框“新民主主义革命的胜利”

表5-1 “新民主主义革命的胜利”全息育人教学目标

育人目标	学科认知： 1.阐述新民主主义革命的性质和特点。 2.理解新中国确立社会主义制度的历史必然性。 3.通过情境材料引导学生分析，培养学生的演绎思维、求证思维。
	德性育人： 1.通过学习我国近代探索复兴之路的历程和新民主主义革命取得胜利的史实，认同新民主主义革命和中华人民共和国成立的巨大历史意义。 2.增强社会主义社会代替资本主义社会是历史发展必然趋势的信心，增强对我国社会主义社会制度的认同感，树立道路自信、理论自信、制度自信、文化自信。 3.理解“中国半殖民地半封建社会的基本国情，决定了中国革命必须分为民主革命和社会主义革命两个步骤”这句话，明确中国人民选择了马克思主义，选择了中国共产党，选择了社会主义道路，是符合中国国情的，是符合我国发展规律的。 4.通过了解新民主主义革命的历程，树立为实现中华民族伟大复兴而奋斗的理想，勇于担当社会责任，勇于参与社会实践。
	审美育人：引导学生结合史实，运用社会发展基本规律分析旧民主主义革命没能取得胜利的原因，了解新民主主义革命的实施步骤，让学生体会社会经济生活的规律美、中国社会的时代发展美。

根据全息育人教学目标，设计评价目标如下：

1. 育人点准确、具体、有层次性，接近学生的学习发展区。

2. 育人点与知识点结合好，课堂教学中“五育”融入自然、生动。

3. 育人点与知识、材料的相关度高，全息育人表现形式丰富。

4. 根据学习内容和育人目标，有效设计课堂及课外作业。

【案例4】必修4《哲学与文化》第三课第一框“世界是普遍联系的”

表5-2 “世界是普遍联系的”全息育人教学目标

育人目标	学科认知： 1.了解联系的含义，理解联系的特点。 2.理解整体和部分的辩证关系原理及其方法论要求。 3.了解系统的含义及基本特征。 4.理解并掌握系统优化方法。
	德性育人： 1.认同马克思主义关于唯物辩证法的联系观。 2.能够对联系的观点进行分辨和比较。理解联系的普遍性、客观性、多样性、条件性。 3.在生活中能从事物固有的联系中把握事物，善于分析和把握事物存在和发展的各种条件，坚持一切以时间、地点、条件为转移的观念。
	审美育人：引导学生结合生活实际，运用联系的观点，让学生体会社会经济生活的规律美。

根据全息育人教学目标，设计评价目标如下：

1.学生知晓学习目标，知识点、育人点和学生发展点的确立一致。

2.聚焦育人点，营造追问、反问、质疑、激励等互动评价氛围。

3.关注学生生活实际，育人点生成自然，学生在课堂中获得良好的情感体验。

4.根据学习内容和育人目标，有效设计课堂及课外作业。

（三）注重信息技术与评价目标的融合

面向未来，智能时代的人才要求具备创新能力、解决复杂问题的能力、协作沟通能力等，现有的评价体系难以适应新形势下人才培养要求。习近平总书记在2018年的全国教育大会上指出，要深化教育体制改革，健全立德树人落实机制，扭转不科学的教育评价导向，坚决克服唯分数、唯升学、唯文凭、唯论文、唯帽子的顽瘴痼疾，从根本上解决教育评价指挥棒问题。在2019年全国教育工作会议上，教育部部长陈宝生表示，要把教育评价改革作为“最硬的一仗”来推进，在遵循教育规律和人才成长规律的前提下，以考试评价等关键环节为突破口，深化高考、中考改革，形成更加全面的考试、更加综合的评价、更加公平的选拔发挥教育评价改革领头雁作用。导入信息技术、智能技术促进教育教学评价改革，是应对新时代人才培养挑战的必然选择。[①]评价目标的设计应与信息技术融合。

1.评价目标应关注教师利用信息技术服务课堂教学的能力。

在智能环境下，培养教师的信息素养是转变教师角色、创新教学方法、提升教学绩效的关键。教师是否能适应信息化推动下的教学变革，加快完成智能时代下角色转型；教师是否能够很好地利用微课、慕课、翻转课堂、智慧教室等现代化教学手段，与学生学习内容融合，凸显教学手段的创新性；教师是否能够借助信息技术记录、反馈学生学习过程，分析学习结果，更加精准地掌握学情，有针对性地对学生进行指导；教师如何利用智能技术提升教学效果与促进创新实践，是智能教育发展急需解决的问题，也是教师信息素养发展与提升的现实需求。评价目标应引导教师提升信息素养，树立信息意识、掌握信息知识、运用信息技术、固牢信息伦理安全，实现信息技术与教育教学的深度融合。

2.评价目标应注重培养学生的信息素养。

在“互联网+教育”的时代中，个人获取、处理信息知识的能力已成为公民进行终身学习的必备条件。即时、互动、多元、独立、全程的信息化学习环境及方式，要求学生具

① 吴砥.利用智能技术赋能教学评价创新——谈智慧教育示范区建设如何落地[J].教育家，2020(10):52-53.

备适应信息时代的自主学习能力。评价目标也应注重学生信息素养的培养,培养学生利用信息技术多渠道获取知识、自主学习的能力,提高学习兴趣,增强学习主动性,激励学生积极参与教学,体验学习全过程。

综上所述,可以设计以下评价目标:(1)教师能够熟练运用现代教学手段,为学生提供丰富的学习资源,帮助学生有效学习。(2)教师能够引导学生树立正确的信息伦理安全观,在使用信息资源时应当遵守相关法律法规、伦理准则和道德规范。(3)学生能够利用信息技术搜集整理学习资源。

第二节 高中思想政治学科全息育人教学评价原则

高中思想政治学科全息育人教学评价原则是全息育人理念在高中思想政治教学评价环节上具体化、方法论的表述,它是指导高中思想政治教学评价活动的思想方法和规范要求。根据全息育人理论,结合高中思想政治学科特点,教学评价必须坚持下列原则。

一、效用原则

效用原则是高中思想政治教学评价的目的性原则,体现了当代高中思想政治教学评价的本质特征。该原则认为,高中思想政治学科全息育人教学评价原则对学生学科核心素养养成具有引导、激励和水平确认等功能。评价不是目的,而是教学过程中的一个环节,是教学活动和行为的依据,是培养学生学科核心素养的一种手段。贯彻这一原则应做到:

1.突出学科核心素养,坚持学科认知、德性育人、审美育人、健康育人、劳动育人“五育融合”的评价,指引教师进行学科教学、学生进行学科学习和素养发展的方向。

2.通过诊断性评价,从微观上给教师的学科教学和学生的学科学习、素养养成提供具体指导。教师应了解教学各方面的情况,全面判断教学的质量和水平、成效和缺陷,全面客观地评估学生的成绩在多大程度上实现了教学目标,分析成绩不良的原因。

3.充分发挥评价的诊断、导向、激励、发展等功能,激发学生的内在发展动力,提高学科能力和学科思维水平,提升自身审美情操,引导学生争当有信仰、有思想、有尊严和有担当的社会主义建设者和接班人。

二、科学性原则

科学性原则是指教学评价过程的各个环节都应符合科学要求，应以科学合理的评价指标为尺度，以事实为依据，采用可行的评价方法与技术，对评价对象进行实事求是的价值判断。该原则要求评价需客观、公正、全面、评价标准多元化。贯彻这一原则应做到：

1.遵循教学评价活动的客观规律。

教学评价具有导向作用，科学的评价结论能够更好地指导教学和学习活动。因此制订评价指标时需要认真学习教学理论，研读《课程标准》，掌握时代发展趋势，遵循教学规律。

2.评价指标体系的构建应合情合理，符合实际，具体可行。

一方面，评价指标应具有可操作性，用可操作性语言进行表述。例如，增强学生政治认同不能直接作为评价指标，因为政治认同是人大脑内部的思想活动，它无法直接测试。因此，可以把这一目标放入具体的教学活动中表现出来。另一方面，评价指标不宜过难，要能被被评价者所接受和理解，被评价者经过努力可以实现的目标，才能更好地发挥评价的激励功能。

3.评价过程和结果应符合客观实际，尊重客观事实、实事求是。

要防止因个人情感干扰而用主观印象来代替客观分析。对评价对象应采取实事求是的科学态度，以事实为依据，不主观臆断，不弄虚作假，严肃认真、公平公正对待评价对象，坚持统一的评价标准。

4.评价应全面，全方位、全过程考查被评价者素养的养成情况，坚持评价的整体性。

评价时应考虑评价对象的各个因素，从不同水平、不同方面多层次综合考查和评定。

5.坚持静态评价和动态评价相结合。

所谓静态评价是指评价对象在特定时间和空间中，所表现出的现有水平和现实状态。动态评价是指用发展的眼光观察评价对象，对评价对象进行纵横比较，既关注评价对象的现实状态，又关注评价对象的发展潜力和发展趋势。

6.坚持他评与自评相结合。

他评即别人的评价，如评价小组、观课者等；自评即自我评价，被评价者对自己的教学行为或学习行为进行总结反思，达到自我反思、自我完善的目的。

三、民主性原则

民主性原则主要表现为学生既是评价的对象又是评价的主体。这是新时期高中思想政治教学评价的重要特征和根本要求。只有实现了评价的民主化,才能形成真正的教育过程。该原则要求:教师的单方面评价应改变为学生个体的自我评价,学生群体的"互评",其他任课老师和学生家长的"助评",班主任的综合评价的多元评价。在民主评议的过程中必须突出教师的主导作用,使民主评议成为促进学生学科核心素养、德智体美劳全面发展的过程。教学评价遵循民主性原则,有利于评价更加客观科学,以此提高学生自我认识、自我教育、自我调节和自我控制的能力,增强学生自主学习和合作学习的积极性,在学生合作学习的过程中,增进同学之间的相互了解和理解,培养健康和谐的人际关系,树立集体主义价值观。

四、发展性原则

发展性原则指的是教学评价一方面应促进学生全面发展,不仅要观察和衡量学生的现实表现,还应观察和衡量学生的内在情感、意志、态度,强调以人为本,重视学生未来的发展;另一方面应促进教师教学水平的不断提高,激励教师转变观念,改进课堂教学实践。美国教育学家科隆巴赫认为:评价的重点应放在教育过程之中而不是结束之后;评价不是决定优劣的过程,而是收集和反馈信息的过程。美国著名教育评价专家斯塔费尔比姆也认为,评价最重要的意图不是为了证明,而是为了改进。发展性原则坚持静态和动态的统一,既关注学生的原有基础又关注学生的发展水平,既关注学生的学习结果又关注学生主观努力创新的过程和程度,将终结性评价和过程性评价结合起来,将定量评价和定性评价结合起来,采用多样化手段和方法,如情境测验、行为观察和开放性考试等,挖掘学生的兴趣和潜能,判断其存在的优势和不足,了解学生的需求,提出适合学生发展的具体建议和改进意见,激发学生自我完善、自我发展的意识,发挥评价的激励、导向和促进发展的功能,促进师生德智体美劳全面发展,实现"五育融合"。

五、学科特性原则

高中思想政治学科以立德树人为根本任务,以培育社会主义核心价值观为根本目的,是帮助学生确立正确的政治方向,提高思想政治学科核心素养,增强社会理解和参与能力的综合性、活动型学科课程,具有政治性、理论性、价值性、实践性、时代性等特点，具有强烈的意识形态属性，体现国家意志，承载着培养新时代“四有公民”的艰巨任务。随着新课改的不断深入发展，高中思想政治教学从以往只注重知识传授，只关注考试结果向注重学生能力培养，关注学生的全面发展、终身发展转变。从事高中思想政治教学的教师也在不断探索符合时代要求的教学方法，不断学习提升自己，实现自身全面发展。

思政课改革创新要坚持“八个相统一”，其中“政治性和学理性相统一”，要求教师政治立场、政治信仰必须坚定，要有敏锐的政治洞察力，善于从政治上看问题，在大是大非面前保持政治清醒，要善于用学术讲政治，以透彻的学理分析回应学生，以彻底的思想理论说服学生，用真理的强大力量引导学生，以深厚的理论功底赢得学生。这为我们推进全息育人理论与高中思想政治学科特性有机结合提供了根本遵循。高中思想政治教学评价应把全息育人理论与学科特性有机结合，不仅关注学科知识落实、学科核心素养培养情况，还应注重德育与智育的结合，关注学生审美感知和能力的培养，渗透健康育人，引导学生养成健康生活习惯，形成健康心理，激励学生努力成为德智体美劳全面发展、有理想有担当、身心健康的新时代社会青年。引导教师转变教学观念，不断探索符合时代要求的教学方法，积极主动挖掘教材育人点，引导学生对马克思主义理论从真知、真懂到真信、真行，坚定对共产主义的信仰和对中国特色社会主义的信念。在完成教学目标的情况下更好地锻炼自己、提升自己、实现自身全面发展，成为有扎实学识、广博视野的思政教师。

六、教、学、评一体化原则

传统的教学评价认为“考试就是评价”或“以考试代替评价”，实际上考试只是评价的工具和方法之一，是以量化方式表现的结论性评价。教学评价应将综合性评价和过程性评价相结合，依据《课程标准》要求，把培育学生学科核心素养作为目标，力求将学业质量转化为具体的教学要求，实现教、学、评相统一。全息育人教学评价以教学的全部领域作为对象，贯穿于整个教学的全过程、全学段。评价内容不仅包括学生的学习，也包括教师的教学，即只要哪里有学习发生，哪里有课程教学，哪里就伴随着评价，坚持以生为本、以学评教，实现教、学、评有机统一，协调各种环境、各个阵地、各方力量，发挥其育人功能。

第三节 高中思想政治学科全息育人教学评价方法

全息育人教学评价方法又可以说是全息育人评价策略，或者评价全息育人效果操作模式，评价方法越多元，运用越科学，评价就越有效。高中思想政治学科全息育人教学提倡运用多元科学、行之有效的教学评价方法，评价教学是否达到全息育人目标要求。

一、整体评价与片段评价相结合

高中思想政治学科全息育人教学评价应将整体评价与片段评价相结合。片段评价突出“片段”二字，即贯彻全息育人理念教学过程中的教学片段评价，也可称为过程性评价。片段评价的关注点包括学生学习的过程、教师教学的过程、学科育人的过程。整体评价，也可称为综合评价。它是开展高中思想政治教学所应该采用的一种评价方式。整体评价指的是对教育对象或学习主体——学生的德智体美劳统一状态与知行合一的整体评价。

从时间角度来看，学生的思想道德、情感态度价值观的形成是一个漫长的过程。从空间角度来看，学生的发展是多方面、多领域的，包括丰富理论知识、培育道德情感、提升思维能力、提升审美水平、发展身心健康等多方面。所以在开展学科全息育人教学评价的过程中，既要注重整体性评价教学效果，即对教学目标达成，对学生全面发展所带来的整体影响进行综合评价，也要有针对性地衡量教学的具体过程对学生的学科认知、德性育人、审美育人、健康育人、劳动育人等方面有怎样积极的影响，并展开片段评价。

目前，我们所提倡的片段性评价就是要求从教师教学片段和学生学习过程考查教学效果，主要包括表现性评价、成长记录袋评价。表现性评价相较于传统的纸笔评价方式，更加注重在学生的理论素养和能力水平基础上，构建真实教学情境，指导学生完成实际任务，通过此过程来考查的学生学习情况和实际操作能力。表现性评价可以通过以下途径对学生的学科认知、德性育人、审美育人、健康育人、劳动育人等方面做出判定。

第一，设计情境，制订任务。教师根据教学目标、学生学情、教学评价内容设计适当情境和表现性任务。例如：口头表述、小组合作探究、研究性学习等。通过观察学生在任务完成过程中的行为和表现，对学生的学习效率进行测评，因此任务设计是表现性评价的核心。

第二,依据目标,记录情况。教师根据评价目标,记录学生的实践表现情况。信息反馈直接影响评价结果,在学生完成任务的过程中,教师要对学生的信息进行记录、收集并及时分析、反馈。

第三,制订标准,有效反馈。教师要制订科学详细的评分规则和评价标准,真实反映学生在完成任务中的行为表现。例如:在小组合作探究的任务中,"是否与小组成员分工协作完成任务";在研究性学习中,"是否出谋划策向班级呈现研究结果";在口头表述中,"是否主动积极思考问题,回答情境问题",等等。其中,评价指标要多元全面,具有激励功能。因此,制订评价标准时应该考虑学生的实际情况,既包括理论基础,也包括性格特点、能力水平等因素。

第四,反思结果,改进教学。在表现性评价结束后,师生都应对评价结果进行反思。学生反思自己在完成任务的过程中的不足与优势,扬长避短,提升自身学习的潜能,同时,教师根据学生的表现和反馈,对自身教学存在的问题进行反思,改进教学策略,提高教学效果。

表现性评价在教学实践中可以采取不同的形式,研究性学习则是其中一种,下面以统编版高中思想政治必修2《经济与社会》第二课"我国的社会主义市场经济体制"第一框题"使市场在资源配置中起决定性作用"为例。

【案例】社会调查学习实践

(一)情境创设

近年来出现了对互联网金融的争议。它为什么出现?究竟对我们的生活带来了怎样的影响?是利大于弊,还是弊大于利?探究这些问题时,可以明显发现不同的人持有不同的观点、态度。

(二)任务要求

以学习小组为单位进行社会调查的要求:

1.先进行小组合作,确定观点,互联网金融利大于弊还是弊大于利。

2.通过不同方式和途径获得信息,收集了解群众的看法与相关专家的观点。

3.以小组为单位,向全班展示观点,并解释为什么人们对互联网金融这一经济现象持有不同的看法,寻求解决矛盾的方法。

4.研究性学习时间为一个星期。

（三）评价标准

表5-3 案例评价标准

评价维度	评价内容	等级
学习内容	1.互联网金融是什么？对资源配置有怎样的影响？ 2.小组合作，认识互联网金融。 3.获取群众与专家对互联网金融的看法。	
思辨能力	1.对新兴复杂事物进行阐述，以及对其不确定性进行辨别或解释的能力。 2.对互联网金融的矛盾进行辩论，并且提出合乎情理的解决办法的能力。	
小组合作	1.与组内所有同学分工协作完成任务的能力。 2.主动承担任务，推动小组出色完成项目的能力。 3.为得出研究结果提供信息和观点的能力。	

通过此次社会调查研究性学习项目，可以充分全面地反映学生对市场机制的了解情况和宏观调控作用的掌握情况，从而把握学生运用学科知识的能力、科学精神发展状况，培养学生描述和阐释事物、探究和论证问题的能力，推动学生通过观察和分析经济社会现象，了解社会主义基本经济制度的优越性。

二、定性评价与定量评价相结合

高中思想政治学科以立德树人为根本任务，是帮助学生确立思想政治方向、增强社会理解和参与能力、提高法律与道德修养的公民教育课程。因此开展思想政治教学评价时更应该聚焦培养学生的学科核心素养，综合学科认知、德性育人、审美育人、健康育人、劳动育人多方面进行考查。因此，不能采用单一的评价方法，应该将定性评价与定量评价相结合。

定性评价，即评语式评价。它是指通过观察、分析、描述、归纳等方式对评价对象平时的表现、现实状况进行评价的方法。与自然科学如化学、物理、数学等学科注重数据的精确性相比，人文社会学科如语文、思想政治、历史则注重思想性、人文性。如果仅使用单一的评价手段是无法对学生的情感观念及行为表现进行精确测量的，同时，学生的思维观念和行为表现很难量化，需要长时间探索，评价难度相对较大，一般采用定性评价方式。在高中思想政治教学过程中，可以运用学生展示、行为观察、小组合作等方式进行定性评价。教师依据教学目标和内容设计教学情境、提出议题，学生根据已有知识素养，进行思考及自我展示，包括口头表达、日志呈现、单独演说、作品展示等。但是这种评价方法具有极易受主观意识、外界因素干扰的局限性，依据的是评价者的主观判断，对学生的思想观念和行为表现考查相对笼统抽象，缺乏一定的科学性、客观性。因此，在教学评价中应将其与定量评价结合运用。

定量评价，即在掌握数据的基础上进行考核的评价方法。相对于定性评价而言，它具有精确客观的优势。考试是其中一种重要形式。考试本身并没有错，问题的关键是考什么样的内容，以什么样的形式来考试，才能全面评价学生的学科学习情况及德智体美劳全面发展的状况，推动立德树人根本任务的达成。首先，需要教师确立价值引领方向，精选内容素材，设计考试题目，试题内容要做到与学生生活、社会发展相结合，一方面避免出现脱离实际甚至与实际不符的怪题、偏题的情况，另一方面要贯彻理论与实践相统一的原则，注重考查学生获取和解读信息、调动和运用知识、描述和阐释事物、论证和探究问题的四种关键能力，加大对学生学科核心素养的培育，使命题具有思想性、科学性、精确性。这就需要教师改变以往一贯的考试命题方式，使得命题既具有精确性，又有思想性。其次，学校和教师要照顾好学生的情绪状态，尊重学生主体意愿，是否公开考试成绩根据具体情况而定。例如关于升学考试，可根据分数的高低进行赋分排名，直接决定是否录取；而对学生核心素养综合素质的评价，可重点采用定性评价的方式，通过作品展示、实践调查、访谈、问卷等评价形式进行展示。

在思想政治教育过程中，评价学生的思维和行为变化情况很难量化，且需要长时间综合考查，评价难度相对较大，一般采用定性评价方式。而学科认知、劳动开展程度可在收集相应数据后进行统计分析，进行定量评价。

总之，进行高中思想政治全息育人评价要坚持定量评价和定性评价相结合，二者相辅相成，克服以考试为主的、单一的量化评价方式，为高中思想政治学科全息育人教学评价增添亮色，提高教学评价的科学性、准确性。

第四节　高中思想政治学科全息育人教学评价量表

一、高中思想政治学科全息育人教学评价表

表5-4　高中思想政治学科全息育人教学评价表

高中思想政治学科全息育人教学评价表
时间：年　月　日　　　地点：
教学科目及内容：　　　　　　授课年级：
授课教师：　　　　　　评价人单位：

续表

高中思想政治学科全息育人教学评价表								
评价维度	价值导向	观察要点	可视化行为	评价等级				
				A	B	C	D	E
全要素设计	目标定位准确、全面，表述准确。	目标设计	1.定位全面，凸显立德树人思想，聚焦学科核心素养。					
			2.立足学科本质，蕴含德智体美劳育人要素（至少三项）。					
			3.重难点的确定与处理得当，符合《课程标准》要求和教材、学生的实际。					
	知识点与育人点契合，切合学生经验。	内容设计	4.对学科知识点的把握准确、具体。					
			5.体现知识的形成过程，结论由学生自悟与发现，课堂教学自然生成。					
			6.尊重教材，创造性地使用教材，合理开发、利用教学资源，教学策略适宜。					
	紧扣知识点，有效渗透育人思想，逐层逼近育人目标。	过程设计	7.坚持以学生为主，体现教师是组织者、指导者、合作者的思想。					
			8.渗透育人点，与知识、材料相关度高，全息育人表现形式丰富。					
			9.结合知识点，教学内容情境化，教学过程问题化，有效调动学生已有认知。					
	激励氛围浓厚，作业设计彰显"五育"要素。	评价设计	10.聚焦育人点，营造追问、反问、质疑、激励等互动评价氛围。					
			11.根据学习内容和育人目标，有效设计课堂及课外作业。					
全过程育人	学习方式多样，知识点揭示准确，关注育人目标、内容与评价检测的一致性。	目标意识	12.学生知晓学习目标和结果，知识点、育人点和学生发展点一致。					
			13.育人点准确、具体、有层次性，接近学生的学习发展区。					
		生本意识	14.体现学生的主体地位，能够激发学生主动参与学习活动的兴趣。					
			15.教师讲授生动、育人自然，有利于激发学生的学习兴趣，促进学生思维和素养的发展。					
			16.关注学生的学习状态和听课感受，从学生学习的视角出发，能根据课堂生成调整预案。					
		学习意识	17.注重学习过程中对学生的完整表达能力、逻辑思维能力的培养和训练。					
			18.教学方式多样，既关注"双基"落实，又关注思维培养，更关注品性养成。					

续表

高中思想政治学科全息育人教学评价表								
评价	价值导向	观察	可视化行为	评价等级				
				A	B	C	D	E
全过程育人	学习方式多样，知识点揭示准确，关注育人目标、内容与评价检测的一致性。	学习意识	19.熟练运用现代教学手段，为学生提供丰富的学习资源，帮助学生有效学习。					
			20.注重问题导学，学习活动有趣、有序。					
			21.强化分层训练，对学习的即时检验和练习到位。					
			22.采取任务式学习，注重学生创新能力的培养。					
			23.能及时反思自己的学习行为，调整学习策略。					
			24.师生互动、生生互动，在课堂中能营造竞争合作的氛围。					
			25.关注学生生活实际，育人点生成自然，学生在课堂中获得良好的情感体验。					
			26.课堂氛围民主，师生关系和谐，体现教学相长的氛围。					
		融合意识	27.育人点与知识点结合得好，课堂教学中“五育”融入自然、生动。					
			28.强化学习时空的拓展，有效打通学习与生活、与时代的联系，培养学生正确的价值观。					
			29.注重养成教育，充分关注学生的学习动机、习惯、信心等非智力因素的影响。					
		评价意识	30.评价有依据、有标准，紧扣《课程标准》和育人目标。					
			31.方式多元，有自评、互评、教师激励性评价等。					
			32.载体多样，有活动、实验、交流、讨论、作业等开放式评价。					
			33.及时、有效，具有明显的以“五育”为抓手促进学生终身发展的意识。					
		发展意识	34.注重让学生经历知识习得过程，注重知识整体价值的体现，促进学生综合素养的形成与发展。					
			35.出错时有良好的心态，阳光乐观，不气馁。					
			36.育人点生成自然，学生能在课堂中获得良好的情感体验。					
			37.能大胆质疑已有结论，并提出自己的见解。					

续表

高中思想政治学科全息育人教学评价表								
评价	价值导向	观察	可视化行为	评价等级				
				A	B	C	D	E
全息性达成	价值导向正确，学习愉悦、参与度高	目标达成	38.课堂形态丰富，学生自主学习、自我展示能力强。					
			39.学生求知欲强，专注度高，思维活跃，能积极主动参与学习的全过程。					
			40.师生互动、生生互动，在课堂中营造竞争合作的氛围。					
		行为表现	41.学生能围绕学习内容，积极开展自主、合作、探究性学习，参与面广，活动有效。					
			42.学生感受到学习的快乐，人文素质、探究精神、审美意识、创新思想、德行认知得到培养和提升。					

二、高中思想政治学科全息育人观课量表

表5-5 高中思想政治学科全息育人观课量表

高中思想政治学科全息育人观课量表					
观课人：__________观课时间：__________观课地点：________					
学科		课题		授课人	
教学过程					
活动	一级指标	二级指标	三级指标		
活动1	1.教师行为	1.1创设情境；1.2激活经验；1.3提出问题；1.4指导活动；1.5点拨归纳；1.6及时评价；1.7互动生成；1.8整合教材；1.9其他。	A.教师的活动有效地推进了学生的活动。 B.教师的活动充分地利用了学生活动的成果。 C.教师对教材的处理更有利于学生学习知识、开展活动。 D.教师的活动更有利于教学内容以更适宜的方式呈现给学生。 E.教师的活动能有效实现育人目标。		
	2.学生行为	2.1听讲；2.2思考；2.3视听；2.4答问；2.5记录；2.6合作；2.7；互评；2.8练习；2.9其他。	A.学生活动时间充足。 B.学生参与面广（超过60%）。 C.学生的活动形式适切。 D.学生的活动开展有序。 E.学生活动与学习内容相关性强。 F.学生活动展示交流质量高。		

续表

活动	一级指标	二级指标	三级指标
活动1	3.育人目标	3.1.德性育人;3.2认知育人;3.3健康育人;3.4审美育人;3.5劳动育人。	A.学科知识。 B.学科能力。 C.学科思维。 D.政治认同。 E.科学精神。 F.法治意识。 G.公共参与。 H.审美感知。 I.审美能力。 J.生活健康。 K.心理健康。 L.劳动认知。 M.劳动精神。
	4.育人策略	4.1传统说教;4.2创意吸引;4.3情境体验;4.4直观形象;4.5任务驱动;4.6相机生成;4.7潜移默化;4.8其他。	
活动2	1.教师行为	1.1创设情境;1.2激活经验;1.3提出问题;1.4指导活动;1.5点拨归纳;1.6及时评价;1.7互动生成;1.8整合教材;1.9其他。	A.教师的活动有效地推进了学生的活动。 B.教师的活动充分地利用了学生活动的成果。 C.教师对教材的处理更有利于学生学习知识、开展活动。 D.教师的活动更有利于教学内容以更适宜的方式呈现给学生。 E.教师的活动能有效实现育人目标。
	2.学生行为	2.1听讲;2.2思考;2.3视听;2.4答问;2.5记录;2.6合作;2.7互评;2.8练习;2.9其他。	A.学生活动时间充足。 B.学生参与面广(超过60%)。 C.学生的活动形式适切。 D.学生的活动开展有序。 E.学生活动与学习内容相关性强。 F.学生活动展示交流质量高。
	3.育人目标	3.1.德性育人;3.2认知育人;3.3健康育人;3.4审美育人;3.5劳动育人。	A.学科知识。 B.学科能力。 C.学科思维。 D.政治认同。 E.科学精神。 F.法治意识。 G.公共参与。 H.审美感知。 I.审美能力。 J.生活健康。 K.健康心理。 L.劳动认知。 M.劳动精神。
	4.育人策略	4.1传统说教;4.2创意吸引;4.3情境体验;4.4直观形象;4.5任务驱动;4.6相机生成;4.7潜移默化;4.8其他。	

续表

活动	一级指标	二级指标	三级指标
活动3	1.教师行为	1.1创设情境;1.2激活经验;1.3提出问题;1.4指导活动;1.5点拨归纳;1.6及时评价;1.7互动生成;1.8整合教材;1.9其他。	A.教师的活动有效地推进了学生的活动。 B.教师的活动充分地利用了学生活动的成果。 C.教师对教材的处理更有利于学生学习知识、开展活动。 D.教师的活动更有利于教学内容以更适宜的方式呈现给学生。 E.教师的活动能有效实现育人目标。
	2.学生行为	2.1听讲;2.2思考;2.3视听;2.4答问;2.5记录;2.6合作;2.7互评;2.9练习;2.9其他。	A.学生活动时间充足。 B.学生参与面广(超过60%)。 C.学生的活动形式适切。 D.学生的活动开展有序。 E.学生活动与学习内容相关性强。 F.学生活动展示交流质量高。
	3.育人目标	3.1.德性育人;3.2认知育人;3.3健康育人;3.4审美育人;3.5劳动育人。	A.学科知识。 B.学科能力。 C.学科思维。 D.政治认同。 E.科学精神。 F.法治意识。 G.公共参与。 H.审美感知。 I.审美能力。 J.生活健康。 K.心理健康。 L.劳动认知。 M.劳动精神。
	4.育人策略	4.1传统说教;4.2创意吸引;4.3情境体验;4.4直观形象;4.5任务驱动;4.6相机生成;4.7潜移默化;4.8其他。	
活动4	1.教师行为	1.1创设情境;1.2激活经验;1.3提出问题;1.4指导活动;1.5点拨归纳;1.6及时评价;1.7互动生成;1.8整合教材;1.9其他。	A.教师的活动有效地推进了学生的活动。 B.教师的活动充分地利用了学生活动的成果。 C.教师对教材的处理更有利于学生学习知识、开展活动。 D.教师的活动更有利于教学内容以更适宜的方式呈现给学生。 E.教师的活动能有效实现育人目标。

续表

<table>
<tr><th>活动</th><th>一级指标</th><th colspan="2">二级指标</th><th>三级指标</th></tr>
<tr><td rowspan="3">活动4</td><td>2.学生行为</td><td colspan="2">2.1听讲；2.2思考；2.3视听；2.4答问；2.5记录；2.6合作；2.7互评；2.8练习；2.9其他。</td><td>A.学生活动时间充足。
B.学生参与面广（超过60%）。
C.学生的活动形式适切。
D.学生的活动开展有序。
E.学生活动与学习内容相关性强。
F.学生活动展示交流质量高。</td></tr>
<tr><td>3.育人融点</td><td colspan="2">3.1.德性育人；3.2认知育人；3.3健康育人；3.4审美育人；3.5劳动育人</td><td>A.学科知识。
B.学科能力。
C.学科思维。
D.政治认同。
E.科学精神。
F.法治意识。
G.公共参与。
H.审美感知。
I.审美能力。
J.生活健康。
K.心理健康。
L.劳动认知。
M.劳动精神。</td></tr>
<tr><td>4.育人策略</td><td colspan="3">4.1传统说教；4.2创意吸引；4.3情境体验；4.4直观形象；4.5任务驱动；4.6相机生成；4.7潜移默化；4.8其他。</td></tr>
<tr><td colspan="2">育人效果总体评价</td><td>等级评价：
A.优；B.良；
C.中；D.一般；
E.差。</td><td colspan="2">A.学生学习愉悦。
B.学生参与主动。
C.学生完成任务有实效。
D.学生在预设的几个育人点上有发展。
E.以上项目均无明显体现。</td></tr>
<tr><td colspan="2">观课感言及建议</td><td colspan="3"></td></tr>
</table>

第五节 高中思想政治学科全息育人教学评价课例分析

一、【课例1】《业主的烦心事——民主管理:共创幸福生活》①

表5-6 《业主的烦心事——民主管理:共创幸福生活》课例分析

《业主的烦心事——民主管理:共创幸福生活》			
课题	业主的烦心事——民主管理:共创幸福生活	授课时间	2019年12月20日
课型	新授课	总7课时　本次为第6课时	
教材及学情分析	对应课标的内容目标:对照村民自治和城市居民自治的有关制度和法规,理解公民行使民主管理权利的途径和方式。		
	教材分析:《民主管理:共创幸福生活》是人教版必修3《政治与法治》第二单元第六课第三框基层群众自治制度,本框实质上讲的是民主管理与民主选举、民主决策的关系,又点明了基层群众自治制度是公民参与政治生活的重要形式。本框题知识是第二课《我国公民的政治参与》的重点内容,虽然没有理论难度,容易理解,但它具有较强的实用价值,起到承接民主选举和民主决策,启发学生学习民主监督的作用,可以帮助学生找到一种切实可行的公民政治参与途径,在学科育人中具有不容忽视的重要地位。		
	学情分析:高一学生具有较强的求知欲和可塑性,乐于实践,但社会接触较少,解决问题的能力较弱,不喜欢空洞说教,喜欢关注身边的事。通过对民主选举和民主决策的学习与认识,学生们对我国社会主义民主政治的参与途径有了一定的学习了解,但学生对民主管理参与极少,了解不多,需要从学生的生活经验出发。因为村委会的知识对城市中的孩子来说比较陌生,所以本课侧重学习居委会的内容。通过活动的开展,帮助学生体验民主管理,从而感知基层群众自治制度的意义和价值,提高参与政治生活的能力。		
育人目标	1.学科认知:知道居委会和村委会是如何带领居(村)民行使民主管理权利的;了解实行基层群众自治的意义;培养理论联系实际的能力,逐步提高政治参与的实际本领。 2.德性育人:通过参与制订居委会解决实际问题的方案和提建议等活动,增强政治参与的责任意识,正确行使民主权利,增强主人翁责任感,培育公共参与和法治意识素养;感知并概括基层群众自治的意义和价值,认同社会主义基层群众自治制度是我国的基本政治制度,培育科学精神和政治认同素养。 3.劳动育人:展示交流民主管理活动,适时引导学生积极参与共建幸福生活的劳动实践,培养学生尊重劳动、崇尚劳动、热爱劳动和爱惜劳动成果的观念。 4.审美育人:通过情境,感知生活美;通过课件和板书设计,感知中华优秀传统文化美,培育审美感知和审美能力。		

① 本课例由重庆市江北中学耿向林提供。

续表

<table>
<tr><td colspan="5">《业主的烦心事——民主管理:共创幸福生活》</td></tr>
<tr><td>重难点</td><td colspan="4">教学重点:了解居委员会和村委会的性质及其自治的内容。
教学难点:理解发展基层群众自治制度的意义。</td></tr>
<tr><td>学习方法</td><td colspan="4">自主合作探究式学习</td></tr>
<tr><td>教学方法</td><td colspan="4">情境活动体验式教学</td></tr>
<tr><td colspan="5">教学过程</td></tr>
<tr><td>环节</td><td>教学内容</td><td>教师活动</td><td>学生活动</td><td>设计意图(育人点及育人效果预期)</td></tr>
<tr><td>课题导入</td><td>揭示课题:
小区业主的烦心事——民主管理:共创幸福生活(3分钟)</td><td>·课前播放视频暖场。
提出设问1。
·讲述:在这么漂亮的小区里,业主们却遇到了一件烦心事。(略)
提出设问2。
·导入:同学们知道的组织还挺多的。这个小区业主找到了小区所在的居委会来解决烦心事。今天我们来一起了解居民委会,共同参与民主管理。
·PPT呈现课题——参与民主管理:共创幸福生活。</td><td>·观看视频。
·思考回答:
设问1:请用一个词语形容视频中的小区环境。
设问2:你知道可以找到什么样的组织来解决小区业主的烦心事?

(预设:1.漂亮等;2.派出所等)</td><td>·育美:感知生活美。
·育德:培育关注社会公共生活的公共参与意识。</td></tr>
<tr><td>新课教学</td><td>居委会的性质及作用(5分钟)</td><td>·过渡:那我们就通过一段小视频来了解一下居民委员会,播放视频。
·PPT呈现。
居民委员会是居民自我管理、自我教育、自我服务的基层群众性自治组织——《中华人民共和国城市居民委员会组织法》。
基层是各种组织的最低一层,说明居委会和我们居民的生活联系最密切。
PPT呈现:居委会的重要作用。</td><td>·思考回答:
·设问1:你知道居民委员会是一个什么样的组织吗?
·观看视频,学习了解居民委员会的含义、性质。
·设问2:大家知道“基层”是什么意思吗?
·联系班委会感知居委会的作用。
设问3:你了解居委会的工作吗?它是如何进行基层自治的?</td><td>·育智:了解居民委员会的含义、性质和作用;培养理论联系实际的能力,逐步提高政治参与的实际本领;培育学科思维,突出强调“性质”易混点,突出重点。
·育德:感知公民参与民主管理的权利是法律赋予的,培育法治意识。</td></tr>
</table>

续表

《业主的烦心事——民主管理:共创幸福生活》				
环节	教学内容	教师活动	学生活动	设计意图(育人点及育人效果预期)
新课教学	居民自治的内容(12分钟)	·开展活动1,提供方案模板,巡视指导。 ·倾听、追问、点拨引导。 ·提出设问1:你们制订的方案是如何形成的?方案制订过程中有分歧吗?是如何解决的? ·PPT呈现:社区大事由居民会议讨论决定——民主决策。 ·提出设问2:你们对资金的使用是如何监管的? PPT呈现:各项工作居民监督——民主监督。 过渡:居委会召开居民会议制订方案来解决“烦心事”,实现了“自己的事情自己办,自己的难题自己解”,这说明:日常事务居民管——民主管理。 PPT呈现:居民委员会自治的内容。 ·成员如何产生→居民选举(民主选举)。 ·社区大事如何定→居民会议决定(民主决策)。 ·日常事务谁来管→居民来管(民主管理)。 ·各项工作谁监督→居民监督(满足监督)。 PPT呈现:《中华人民共和国城市居民委员会组织法》的相关内容。教师进行点评。	·参与活动1:了解居委会的工作后,让我们一起来体验一下居委会是如何来解决小区业主的烦心事的。接下来,我们按课前的分组进行讨论,为居民委员会动用75万大修基金解决小区业主的烦心事儿制订一个可行方案。请小组长认真履行职责,并选出发言人进行交流展示。 ·分组研讨制订方案。 ·小组发言人展示方案。 ·思考回答设问1:你们制订的方案是如何形成的?方案制订过程中有分歧吗?是如何解决的? ·分组参与活动,并交流。 ·了解《中华人民共和国城市居民委员会组织法》,知道依法参与民主管理。 参与活动2:接下来,各组交换方案,找出方案中不可行的措施有哪些,并说明理由。	·育德:认同民主集中制和居民自治;培育法治意识和公共参与意识。 ·育智:了解居民委员会自治的内容;运用知识解决实际问题的能力;突出重点。

续表

《业主的烦心事——民主管理:共创幸福生活》				
环节	教学内容	教师活动	学生活动	设计意图(育人点及育人效果预期)
新课教学	村委会的性质、自治内容;基层群众自治的意义、历程 (5分钟)	·播放视频展示十九届四中全会的相关内容。 ·播放PPT,呈现比较村委会与居委会的异同。 ·提出设问1:村民和居民都是公民,我国公民为什么可以通过居委会和村委会直接行使管理社会事务的权利? ·PPT呈现:意义。 ·提出设问2:你知道重庆市有多少个居委会和村委会? ·PPT呈现:展示重庆市及全国居民委员会和村民委员会的数量。 ·PPT呈现:意义。 过渡:随着社会的发展,基层群众自治也在不断地发展,我们一起来了解基层群众自治的发展历程。 ·PPT呈现简介:基层群众自治历程。	·观看视频,了解党的十九届四中全会精神相关内容。 ·在比较中掌握村委会自治的内容及其与居委会的异同。 ·思考设问1:村民和居民都是公民,我国公民为什么可以通过居委会和村委会直接行使管理社会事务的权利? ·观看PPT。 ·基层民主能够保证人民群众依法直接行使民主权利,管理基层公共事务和公益事业,是人民当家作主的有效途径。 ·思考设问2:你知道重庆市有多少个居委会和村委会吗? ·观看PPT。	育智: 知道村委会自治的内容;理解基层群众自治制度的意义;了解基层群众自治的发展历程。突破难点。 育德: 认同国家的基层民主制度,增强“四个自信”;了解并有机会有能力参与基层群众自治,培育公共参与意识。
	共建祥和文明社区 (10分钟)	·过渡:从法律上说,公民是指具有一国国籍的人,要依法履行义务和行使权利;从政治学上说,在我国,年满十八周岁没有被剥夺政治权利的公民是国家的主人。引导学生要有主人翁的精神,积极有序地参与政治生活。从社会学上说,公民是指在公共社会中生活之民,活着不仅仅是为自己,更应考虑公众和社会的利益。 ·展现活动3。 ·总结过渡。	·参与活动3:聚焦学校周边的(交通、文化设施、环境治理等)问题,向所在社区居委会提出改进建议,并小组合作交流。 ·聆听过渡:同学们的建议都有独到之处,并有一定的可行性,课后大家可以加以完善形成建议方案提交给学校所属居委会,为共建幸福生活力所能及地做点事儿。	育德:增强学生政治参与的责任意识和法治意识。 育智:提高学生政治参与的实际本领;培育学科逻辑思维能力。 育美:感知学科的理论美。

续表

《业主的烦心事——民主管理:共创幸福生活》				
环节	教学内容	教师活动	学生活动	设计意图(育人点及育人效果预期)
课堂小结	构建知识体系(1分钟)	·PPT呈现:本课知识结构体系。 ·总结:通过今天的学习我们可以感知到,民主就在我们的身边。无论村委会还是居委会都是公民依法行使民主权利的重要途径。可以采取不同的方式,如为社区办黑板报、提建议,参加社区公益劳动等,尝试参与民主管理的活动。	·观看PPT。 ·感悟:着眼于未来的发展,特别需要采取不同的方式,如为社区办黑板报、提建议,参加社区公益劳动等,尝试参与民主管理的活动,在活动过程中学习民主管理的知识和技能,体验民主管理的意义和价值,逐步增强自己政治参与的责任意识,提高政治参与的实际本领。	育美:感知中华优秀传统文化美;板书设计逻辑美。 育德:培育法治意识和公共参与。
课堂反馈(3分钟)	巩固练习(4分钟)	1.在我国现阶段的民主实践中,村民委员会和城市居民委员会属于群众性( ) A.基层政权组织 B.基层自治组织 C.基层经济组织 D.基层社会团体 2.实行村委会选举,是中国特色社会主义民主政治的伟大创造。如果综合这些信息写一篇新闻稿,你认为最合适的标题是( ) A.选举权和被选举权——公民基本的民主权利 B.自己选举当家人——村民自治的基础 C.村民委员会选举——发展大众文化的创举 D.发展基层民主——精神文明建设的根本目标	·自主完成第1~2题。 ·交流反馈第3题。 3.《中华人民共和国村民委员会组织法》颁行20多年来,我国村民的选举权、知情权、决策权、参与权和监督权得到进一步保障,各地相继建立了村民选举、村民议事、村务公开等一系列村民自治制度,村民自治已成为村民身边"看得见摸得着的民主"。这表明( ) ①村民自治制度为村民监督政府提供了有力保障。 ②村民行使民主管理的权利得到切实落实。 ③村民自治是我国社会主义民主政治的重要内容。 ④村民自治制度建设完善了我国国家机构体系。 A. ①② B. ②③ C. ①②④ D. ②③④	育智:培养学科思维和能力。 育德:政治认同、法治意识和公共参与。

续表

《业主的烦心事——民主管理:共创幸福生活》				
环节	教学内容	教师活动	学生活动	设计意图(育人点及育人效果预期)
作业布置	社会实践	请将课堂上收集的建议整理完善,提交给你所在的社区居委会。	完善和提交建议。	育智:培养解决实际问题的能力。 育德:培育公共参与的意识。 育劳:培育参加社区公益劳动的意识。
板书设计	民主管理 - 村民自治 　- 含义 　- 组织 　- 内容 　　1.民主选举——选好当家人是村民自治的基础 　　2.民主管理——村规民约、管理村民 　　3.民主决策——召开村民会议,少数服从多数 　　4.民主监督——村民公开、民主评议 - 居民自治 - 意义 - 青年学生应该自觉参与民主管理			育智:培养概括归纳能力。 育德:培养政治认同、公共参与意识。

【教学评价案例1】《民主管理:共创幸福生活》

《民主管理:共创幸福生活》是人教版必修3《政治与法治》第二单元第六课第三框基层群众自治制度,本框旨在让学生通过民主管理与民主决策、民主监督的关系,了解基层群众自治是公民参与政治生活的重要形式。本课以问题为导向,从外围向核心逼近,通过三个课堂活动的有机串联,引导学生带着预设问题参与课堂活动,帮助学生体验民主管理,感知基层群众自治制度的意义和价值,培养其参与政治生活的能力。

从全息育人目标实现的角度做简要教学评价:

1.学科认知:基层群众自治制度是依照宪法和法律,由村(居)民选举的成员组成村(居)民委员会,实行自我管理、自我教育、自我服务、自我监督的制度,是我国的一项基本政治制度。在课堂导入环节,本课精选视频,确立育美、育德目标,旨在引导学生感知生活,贴近他们的生活实际,激发他们的公共参与意识,增强他们对社会主义祖国的认同感,坚定他们对社会主义制度的自信。

2.德性育人:《中华人民共和国城市居民委员会组织法》规定,居民委员会是居民自我管理、自我教育、自我服务的基层群众性自治组织。新课教学的设计,以育智、育德为目标，用视频带出问题，引领学生认识和了解居委会的含义、性质和作用，初步感知参与民主管理是公民的权利，这有利于培养学生尊法学法守法用法的意识。

3.劳动育人和健康育人：在本课的课程设计中，居民自治的内容通过活动1呈现出来，它以两级设问为向导，带领学生步入民主决策、民主管理、民主监督的情境，适时引导学生积极参与共建幸福生活的劳动实践；活动2联系重庆实际，展开村民自治的内容，对比村委会和居委会的异同，归纳基层民主自治的发展历程，增强学生的政治认同感，坚定他们的道路自信、理论自信、制度自信、文化自信。两个活动层层递进，突破难点，确立育德、育智目标，有利于培养学生的科学精神、责任意识、法治意识和公共参与意识。在巩固练习环节中，本课的设计体现了培养学生的学科思维能力、劳动意识、健康心理的目标意识。

4.审美育人：第三个活动的聚焦、知识体系的构建、课后作业的延伸，通过情境创设，引导学生感知生活美；通过课件和板书设计以及社会实践，引导学生感知中华优秀传统文化美，培育学生的审美感知、审美能力以及公共参与意识。通过课堂呈现，大家都看到了教师收放自如，课堂驾驭能力高，达成了预期的育德、育智、育美、育劳目标。

全息育人的探索与实践，以学科核心素养的培育为主线，顺应社会发展和学生成长的双重变化，大大增强了高中思想政治课堂教学的实效性，使高效课堂从可能向必然迈进。这种课程构建方式，围绕学科核心素养四要素展开，用理论联系实际、以实际论证理论，具有鲜明的学科特色和时代特点，真正做到了思想政治教学与时代发展节拍的具体的、历史的统一。

二、【教学评价案例2】《新民主主义革命的胜利》

表5-7 《新民主主义革命的胜利》教学评价课例分析

<table>
<tr><th colspan="4">《新民主主义革命的胜利》教学评价课例分析</th></tr>
<tr><td>课题</td><td colspan="2">新民主主义革命的胜利</td><td>授课时间</td><td>40分钟</td></tr>
<tr><td>课型</td><td>授新课</td><td colspan="3">总1课时　第1课时</td></tr>
<tr><td>教材及学情分析</td><td colspan="4">《新民主主义革命的胜利》是统编版必修1《只有社会主义才能救中国》第一框的内容。这一课是对前一课《科学社会主义的理论与实践》的继承与延伸，马克思主义理论从指导俄国十月革命到成为中国革命的武器，同时也为社会主义制度在中国的建立奠定了基础。该课讲述了近代中国人民经过各种尝试和斗争，改变其悲惨命运的抗争过程，论证资本主义道路在中国行不通，只有社会主义才能救中国。
高一的学生经过初中历史的学习，对中国近代革命的进程有了大致了解，但是对中国新民主主义革命“新”在何处，以及为什么五四运动是新旧的转折点不太理解，需要进一步对学生进行引导，并拓展深化相关知识。</td></tr>
</table>

续表

<table>
<tr><th colspan="5">《新民主主义革命的胜利》教学评价课例分析</th></tr>
<tr><td>育人目标</td><td colspan="4">1.核心素养：了解近代中国半殖民地半封建社会的基本国情，概括新民主主义革命的历程，明确中国选择社会主义道路的必然性，明确中国共产党的主心骨地位，增强爱国主义信念，勇于担当社会责任。
2.“五育”并举：
(1)学科认知：了解新民主主义革命的进程，明确新旧民主主义革命的区别；明确资本主义在中国行不通，中国选择社会主义的必然性，以及为什么中国革命分两步走。
(2)德性育人：通过学习我国近代探索复兴之路和新民主主义革命的胜利，认同新民主主义革命和中华人民共和国成立的巨大历史意义。
增强社会主义社会代替资本主义社会是历史发展必然趋势的信心，增强对我国社会主义社会制度的认同感，树立道路自信、理论自信、制度自信、文化自信。
理解“中国半殖民地半封建社会的基本国情，决定了中国革命必须分为民主革命和社会主义革命两个步骤”，明确中国人民选择了马克思主义，选择了中国共产党，选择了社会主义道路，是符合中国国情的，是符合我国发展规律的。
通过了解新民主主义革命的历程，树立为实现中华民族伟大复兴而奋斗的理想，勇于担当社会责任，勇于参与社会实践。
(3)审美育人：引导学生结合史实，运用社会发展基本规律分析旧民主主义革命探索没能取得胜利的原因，及新民主主义革命的实施步骤，让学生体会社会发展的规律美、时代发展之美。</td></tr>
<tr><td>学习重难点</td><td colspan="4">教学重点：中华民族的复兴面临的历史任务；中国革命两个步骤的关系。
教学难点：选择复兴之路，走资本主义道路行不通。</td></tr>
<tr><td>教学方法</td><td colspan="4">议题式活动教学法、探究法、讲授法</td></tr>
<tr><td colspan="5">教学过程</td></tr>
<tr><td>环节</td><td>教学内容</td><td>教师活动</td><td>学生活动</td><td>设计意图
（育人点及育人效果预期）</td></tr>
<tr><td>课题导入</td><td>近代中国状况。</td><td>展现中国近代境遇图片，并提问。</td><td>思考问题：近代中国处于怎样的境地？</td><td>引出中国近代史也是一部屈辱抗争史。</td></tr>
<tr><td>新课教学</td><td>新民主主义革命的胜利。
总议题：只有社会主义才能救中国。</td><td>过渡：接下来我们进入今天的学习《新民主主义革命的胜利》，了解中国是如何改变命运的。</td><td>明确只有社会主义才能救中国。</td><td></td></tr>
</table>

续表

《新民主主义革命的胜利》教学评价课例分析				
环节	教学内容	教师活动	学生活动	设计意图 （育人点及育人效果预期）
新课教学	议题1:国弱跌深渊——为什么中国需要自救?	播放有关中国近代屈辱历史的视频。 展现议学活动1: 1.近代中国为什么会跌入深渊? (可从国家性质、经济政治文化等方面分析) 2.中国人民应完成怎样的历史使命?	观看视频。 参与议学活动1:观看视频,了解历史。 小组合作讨论: 1.近代中国为什么会跌入深渊? (可从国家性质、经济政治文化等方面分析) 2.中国人民应完成怎样的历史使命?	育智:了解近代中国半殖民地半封建社会的国情,明确近代中国人民的历史任务。 育美:感悟中国近代人民争取民族独立和人民解放,不断探索和努力的精神美,以及中国历经磨难,越挫越强的发展美。
	议题2:欲渡河无船——资本主义道路为什么行不通?	展现情境: 近代中国仁人志士救亡图存的探索——洋务运动、义和团运动、戊戌变法、辛亥革命。 提问:这些探索结果都怎么样? 以失败告终。	观看感悟情境。 思考:这些救亡图存的探索失败原因何在? 缺乏先进阶级力量的领导;缺乏正确理论指导;脱离群众;不符合中国国情。	育德:资本主义道路在中国行不通,只有社会主义才能救中国。
	议题3:红船迎曙光——为什么只有社会主义才能救中国?	过渡:救亡图存,改变中国命运的尝试失败了,中国究竟何去何从,一直处于迷茫之中,直到俄国十月革命一声炮响,送来了马克思列宁主义。 播放有关新民主主义革命历程的视频。 展现议学活动3。 引导学生进一步思考: 1.为什么新民主革命能够取得胜利? 2.“新”在何处?(从革命主体、过程和结果角度考虑)	·观看视频。 ·参与议学活动3:观看视频,了解历史。 小组合作商议讨论: 1919年五四青年运动是中国从旧民主主义革命到新民主主义革命的转折点,1949年新中国成立,新民主主义革命取得胜利。梳理、概括新民主主义革命的发展历程。 派代表发言,时间为3分钟。	育智:梳理、概括新民主主义革命历程,熟悉新民主主义革命重要历史阶段的地位和意义。 育德:明确只有社会主义才能救中国。 突破本节课的重点难点:1.为什么新民主主义革命能够取得胜利?2.新民主主义革命“新”在何处?

续表

《新民主主义革命的胜利》教学评价课例分析				
环节	教学内容	教师活动	学生活动	设计意图（育人点及育人效果预期）
课堂小结	新民主主义革命的伟大力量：红船精神。	总结升华：红船，高扬马克思主义中国化的风帆，沿着井冈山峰巅、遵义城关、延安宝塔、西柏坡上的灯标远航，乘风破浪，把中国革命、建设、改革的历史串联成一幅劈波斩浪的航行图。	聆听、感悟红船精神：从“南湖画船”到“复兴巨轮”，从全国的“同舟共济”到人类的“诺亚方舟”，在党和国家的前进航程中，中国共产党始终和中国人民风雨同舟。	育德：明确中国共产党从成立最初到现如今，始终和人民在一起。
课堂反馈	学生积极配合，勤于思考探究，发挥了主观能动性。			
作业布置	完成练习册的作业，并预习《社会主义制度在中国的确立》。			
板书设计	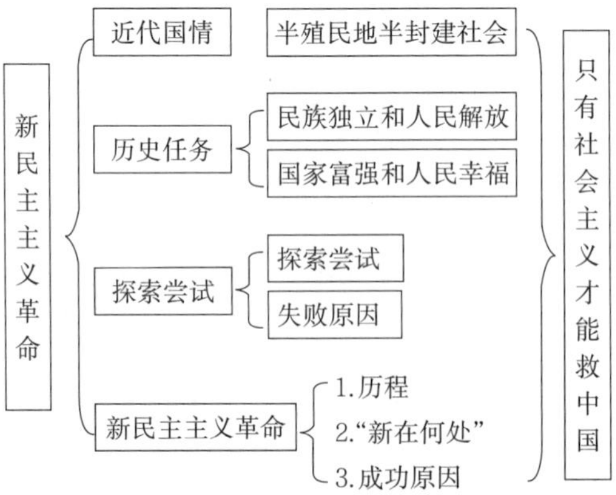			
教学反思	本课教学采用议题活动教学方式，利用多媒体等手段，调动学生积极性，启发学生主动思考，积极回答问题，让学生从新民主主义历程中把握红船精神的内涵和作用，理解中国走上社会主义道路，选择中国共产党的历史必然性，深刻理解只有社会主义才能救中国，领会中国共产党带领中国人民完成民族独立和人民解放，国家富强和人民幸福的任务。			

【教学评价案例2】《新民主主义革命的胜利》

《新民主主义革命的胜利》为统编版必修1第二课第一框的内容。本课教学以立德树人为指引，结合中国新民主主义革命历程，引导学生了解中国共产党带领中国人民完成了实现民族独立和人民解放的历史使命，结束了半殖民地半封建社会的黑暗历史，旨在增强只有社会主义才能救中国的政治认同。全课既紧紧围绕政治认同、科学精神、公共参与等学科核心素养层层推进，又显示了课程设计与课堂教学两方面鲜明的因材施教特色。

我们从全息育人目标实现的角度做简要分析如下：

1.从学科认知目标的达成情况来看：本课形式新颖，活动丰富，有助于学生深化学科认知。新民主主义革命是中国近代陷入半殖民地半封建社会，进入探索救亡图存之路的悲怆历程。本课教学引导学生根据史实，在归纳分析多种尝试终归失败的原因基础上，探究只有社会主义才能救中国这一结论。历史事实证实只有经过新民主主义革命建立人民政权，才能确立社会主义制度，实现中国历史上最为广泛而深刻的社会变革，为当代中国一切发展进步奠定根本的政治前提和制度基础。

2.从德性育人目标的达成情况来看：本课注重价值引领，情感升华，引导学生增强政治认同。青少年阶段是人生的“拔节孕穗期”，最需要精心引导和栽培。上好“拔节孕穗期”的关键课程，要求思想政治学科教师坚定理想信念，坚守中国立场，立足中国大地，守正创新，讲好中国故事，增强“思政课的思想性、理论性和亲和力、针对性”。本课结合中国近代历史，让学生了解中国近代内忧外患的悲惨境地，是因为近代中国经济实力落后，政治体制僵化，文化衰微，并且遭受西方列强的入侵，沦为半殖民地半封建社会。为改变此状，很多仁人志士进行了艰难探索，但是都失败了，没有改变半殖民地半封建社会的现状，资本主义道路在这里行不通，只有社会主义才能救中国。引导学生明确中国选择社会主义道路的必然性，明确中国共产党的主心骨地位，树立正确的国家观、民族观、历史观。

3.从审美育人目标的达成情况来看：本课注重以史为鉴，探究规律，引导学生体会发展之美。通过对中国近代发展历程的探究，深入了解中国近代史是一部屈辱抗争史，是一部奋勇崛起史，了解中华民族历经沧桑而锐气不减，了解中国人民久经磨难而奋勇向前。从而探究中国社会发展的厚重沧桑之美，以史为鉴。同时，引导学生结合史实，运用社会发展基本规律分析旧民主主义革命没能取得胜利的原因，及新民主主义革命的实施步骤，让学生深入体会社会发展的规律美，中国时代发展之美。

4.从劳动育人目标的达成情况来看：本课注重理性涵养，实践养成，引导学生增强参与意识。课程标准指出，思想政治课是活动型学科课程。本次课堂教学通过小组合作，分组探究，了解新民主主义革命历程中每个阶段的地位和意义，让学生通过活动增强合作能力，探究能力、突破重难点，明确中国共产党带领中国人民取得革命胜利是因为经过了艰苦卓绝的斗争与努力，是团结全体人民共同取得的成就。

总之，全课教学从外围向核心逼近，以“为什么只有社会主义才能救中国”这一议题为主线，以“国弱跌深渊、欲渡河无船、红船迎曙光”三个环节开展教学，以“为什么中国需要自救；资本主义道路为什么在中国行不通；为什么只有社会主义才能救中国”三个子议题展开探究。将议题式活动教学贯穿课堂教学始终，模式新颖，层层递进，在尊重学生主体地位的同时，详略得当地破解了教学重难点，潜移默化地进行学科全息育人，真正做到了教学相长，凸显了学科育人特色。

第六章

高中思想政治学科全息育人学科研修

所谓思想政治学科核心素养是指中国学生发展核心素养在思想政治学科的表现，是学生学习思想政治课程之后形成的具有学科素养特点的学业成就，是学生经过思想政治学科的学习后必备的正确价值观、关键能力、必备品格等育人价值的集中体现。因此，教师必须在思想政治学科核心素养的指导下展开高中思想政治学科全息育人学科研修。

第一节 高中思想政治学科全息育人学科研修设计理念

一、学科核心素养引领高中思想政治学科全息育人学科研修

《课程标准》在“课程性质”部分明确指出，高中思想政治课程是落实立德树人根本任务的关键课程，以培育社会主义核心价值观为目的，是帮助学生确立正确的政治方向、提高思想政治学科核心素养、增强社会理解和参与能力的综合性、活动型学科课程。在“基本理念”部分也明确指出，要构建以培育思想政治学科核心素养为主导的活动型学科课程，并建立促进学生思想政治学科核心素养发展的评价机制。因此，在高中思想政治学科全息育人学科研修中，教师必须深度学习思想政治学科核心素养的相关知识，有效地将学科核心素养融入高中思想政治学科全息育人过程中。

高中思想政治学科核心素养与高中思想政治学科全息育人教育目标都具有贯通性。思想政治学科核心素养是培养学生逐步形成包括政治认同、科学精神、法治意识、公共参与的正确价值观、关键能力、必备品格。高中思想政治学科全息育人是要促进学生德智体美劳全面发展，强调以生为本，以德为先。实质上，二者均是为了把学生培养成为一名有信仰、有思想、有尊严、有担当的中国公民。所以，教师必须要以学科核心素养为导向，落实高中思想政治学科全息育人理念，以此开展学科研修活动。

二、围绕学科核心素养，立足课堂把握全息育人学科研修目标

学科研修的目标是更好地促成立德树人根本任务的实现。因此，任何学科研修都

应该基于教师、学生、教学这三个主题来进行。全息育人作为一种全面的、多维的育人方式，更加关注育人目标的达成，因此，在阐述具体的学科研修方式前，有必要围绕三个主题来对教师、课堂、学生这几个育人要素进行研修阐释。

强教必先强师，教师是铸魂育人、立德树人的工程师，是课堂教学的设计者、组织者、引导者，是思想政治教育的教育主体。唯有智慧才能启迪智慧，唯有素养才能培育素养，培育学生的核心素养关键在教师，围绕时代新挑战，提升教师的学科核心素养及胜任力，使之成为可信、可敬、可靠，乐为、敢为、有为的思想政治教师势在必行。

本学科教师担负着围绕学科核心素养开展高中思想政治学科全息育人学科研修的重要任务，是主要的操盘手和中坚力量。因此，教师必须要将时代要求、理论学习与时效提升、实践反思等多方面形成合力，更好地开展高中思想政治学科全息育人学科研修。

教育如果经不起时代检验，就经不起历史检验。当代的高中生是与信息技术相伴而生的，他们获取知识和信息的能力是极强的。所以，教师要将新时代的新发展、新技术、新理念与思想政治教学相融合，遵循思想政治工作规律，遵循教书育人规律，遵循高中生成长规律，因势而化、因时而进、因势而新，主动更新教育教学理念。

（一）树立科学的教学观

思想政治学科是立德树人的关键性课程。因此，教师在教学过程中要明晰课程的定位，统一知识性与价值性，既要重视对马克思主义基本原理、马克思主义中国化等理论知识的传授，又要充分发挥思想政治学科立德树人、铸魂育人的关键作用，尤其是要引导学生正确回应社会杂音，引导学生自觉抵御各种错误思潮，科学甄别各种信息。既要与其他学科协同发挥德育功能，又要体现出学科的理论性、政治性、思想性。因此，教师应该在教学中树立起科学的教学观念。

首先，从主教向主学转变。一方面要以学定教，以教促学。学是教学的出发点和落脚点，教学的中心和重心在学而不在教，教学应该以学来组织、设计、展开。基于学生学习的教学不仅是教学的本质，也是学生形成学科核心素养的必然要求。教师的教学应围绕着学生的思维之困、认识之惑来设计，在教师的组织和引领下，将学生的学贯穿于教学的全过程，将习近平新时代中国特色社会主义思想融入生活、融入教材、融入课堂、融入学生信仰体系。

其次，教师还要积极捕捉、发现、利用学生的经验、感受、创意、见解、问题、困惑，使之成为教学过程的生长点。做到教学内容及素材贴近生活、贴近实际、贴近学生，关注学生的关切点、抓住学生的困惑点、挖掘学生的成长点。挖掘本土特色资源，开发活动课程,引导学生将学科核心素养内化于心、外化于行。利用视频、音频、图片和虚拟现实技术等,帮助学生深入了解本土的民风习俗、历史名人、古迹文物、爱国主义教育基地等,增强学生对优秀地方传统文化的认同,从而自觉地弘扬优秀地方传统文化,培育政治认同和公共参与素养。

最后,要回归教材。教学的终极目的自然是超越和创新,但它的起点和前提是正确理解和掌握教材本身。因此,教师最终还要回归教材,以各章节的育人目标为依据,以教材为根本,融入社会热点及学生的关切点、困惑点,将教材体系转化为教学体系,最后达到学科核心素养培育的教学目标。

(二)以提升理论素养为支撑,实现科学育人

立足于教师自身理论学习的角度,教师要多方面、多途径增加自身的知识储备,为学科研修做好知识积淀。

一方面,教师要学习国家相关政策和法律法规,关注时事政治,了解学科核心素养相关知识,由此增强对国家的政治认同感,树立牢固的法治意识,及客观看待事物的科学精神,领悟公共参与的重要性。

另一方面,教师要深度学习最新的教学、教研成果,更新教育理念。转变传统的知识观,既要坚持以生为本,关注学生的全面发展与终身发展,又要秉持以德为先的理念,真正做到全过程、全方位把握各种育人要素,实现高中思想政治学科全息育人。

(三)以提升教学实效为根本,实现多方融合

教学方法是完成培育学科核心素养教育任务的根本条件。教师要借助新媒体平台,以提升教学效果为根本,实现多种教学方法相融合。

首先,教师要运用线上线下混合式教学方法,激发课堂的活力。课前,教师可以让学生通过在线学习平台进行前置性学习,课堂上师生可以面对面共同探讨学生在线学习中的疑点、难点、重点,使教学在开放民主、教学相长的氛围中进行。

其次,教师要将新媒体技术与传统教学方法相融合,增强思想政治教学的吸引力。利用QQ群、微信群等与学生合作探讨学习内容,创新合作探究法的方式,利用视频、音频、图片、虚拟现实技术等增强教学的直观性和感染力,提升情境体验式教学的成效。

再次,教师要根据学科核心素养养成的内在机制,采用多种方法相融合,层层推进课堂教学。例如:政治认同的形成是一个“认知—认同—践行”的过程,教师要遵循政治认同形成的规律,多种教学方法相融合。在政治认知阶段,教师可以采用讲述法、探究法、导学案教学法等使学生形成对国家的制度、文化、道路和国家机构等的初步认

识，再用情境体验式教学增强学生的情感认同，在政治践行阶段采用实践教学法使学生通过活动践行政治认同。

最后，教师要有针对地选择教学方法，以提升培育学科核心素养的实效。由于政治认同、科学精神、法治意识和公共参与四个要素的内涵和外延各不相同，各自适切的教学方法也有所不同，这就要求教师有所侧重地选择教学方法。例如：认同是一种心理上的情感，培育学生的政治认同可以侧重于运用情境体验式教学，以情育情；参与是一种行动，培育学生的公共参与意识可以侧重于运用实践教学法，实现知行合一。

（四）以课堂反思为突破，提升育人的长效性

立足于教师教学实践角度，教师要从教学实践出发，反思在高中思想政治学科全息育人过程中还存在哪些问题，以问题为导向开展学科研修。

一方面，在教学内容上，教师务必要思考围绕学科核心素养如何有效挖掘、利用各种育人元素，既能凸显学科基本知识点，又能突出价值引领。另一方面，在教学方式上，教师要积极探索素养教学新方法，实现“教学内容活动化”“活动设计内容化”。通过围绕议题，设计活动型高中思想政治学科课程的教学，同时走出教室，引导学生在社会活动中切身体会所学知识，升华情感，在培育学科核心素养的基础上，感悟高中思想政治学科全息育人的魅力，从而更好地开展学科研修，实现育人目标。

（五）以学生获得感为标准，优化教育教学评价方法

新高考、《课程标准》强调，教学评价要将过程性评价与终结性评价相结合，着重评价学生解决情境化问题的经过和结果，反映学生所表现出来的学科核心素养发展水平。而全息育人方式的采用为实现这样的科学评价提供了技术和平台支撑。

首先，依托全息育人理论的育人维度，我们可以利用大数据将过程性评价与终结性评价有效地结合在一起。只有将过程性评价与终结性评价相结合，并进行细化的多维度评价，才能更为客观地评价学生的参与度和学习效果。而过程性评价涉及学生课前搜集获取学习资源的情况、课堂的参与度、与同伴协作学习和自主探究性学习的表现、平时的作业等，这么多维度的评价方式是难以纳入评价体系的，而全息育人评价体系既关注了学生的终极评价，也为过程性评价设定了对应的育人目标与评价标准，从而使过程性评价与终结性评价相结合的评价方法真正得以实现。

其次，全息育人目标的设定具有很好的操作性，如果能借助新媒体将等级性评价和精确评价相结合，教师就能对学生各阶段学科核心素养达到的水平做出准确的判断。在全息育人目标的评价体系下，我们将政治认同、科学精神、法治意识和公共参与

四个学科核心素养划分成多个等级，并进行质性描述，制订水平等级评价标准，再通过新媒体创设问题情境，检测学生运用学科知识去解决情境问题的能力，参照评价标准来对学生的行为进行等级评价，通过设置情境试题，将学生分析问题、解决问题的能力量化成分数，对学生达到的学科核心素养水平进行精确性评价。

再次，利用全息育人目标优化教学评价的过程。教师要通过多种途径，从多种维度与学生沟通交流，及时掌握学生学习的情况，通过反馈结果，及时调整教学策略。

最后，利用全息育人评价方式让多元评价主体参与评价。过去的多元评价大多停留在三维目标层面，落实、细化异常困难，由于评价主体不统一、评价标准不统一、评价量化难计算，多元教学评价大都没办法真正落实。而全息育人评价体系极大地克服了以往三维目标评价的困难，多维而具体的评价系统为那些能够掌握和提供学生在不同情境下学习数据的多方主体共同参与评价活动提供了条件。教师要通过全息育人目标的分点评价，让教师、家长和其他社会力量参与学生的学习过程和学习结果的评价，尤其要注重课堂参与者的相互评价。

总之，将全息育人评价目标引入教学评价，能够提升评价学生的政治认同、科学精神、法治意识和公共参与等核心素养的效度和信度，使评价结果能真实全面地反映学生学科核心素养的发展状况。

三、围绕学科核心素养，构建高中思想政治问题思辨式课堂

高中教学以学生的认知为基础，以问题为线索和导向，让学生在活动、情境中深度思考，教学评一体化，提高学生的政治素养，增强政治认同。教师在课前要求学生深度预习，让学生预习时在课本上进行批注，在作业本上留下知识重点、困惑点、问题等各种学习痕迹，增强学生的探究欲望。针对学生显现的实际问题，结合时政生活的热门话题，以问题为线索和导向，优化学科“问题式”大课堂各种课型模式，结合高中所学，一体化开展课中、课后多方评价，提高课堂实效。

（一）着眼课堂，找准问题，问题即课题

思想政治学科应该直指教学问题，教师应该学会运用反思、怀疑、分析、比对等方法，从教育教学实践、教育教学理论学习等途径中不断发掘问题，通过整理归类不同领域（如课程建设、教材教法、教学管理、教师发展、教学模式、教学评价和学生发展等）的问题，明确选题的方向。要植根于课堂，着眼于教育教学实际，筛选、找准师生最急需解决的关键问题、真问题，并紧紧围绕课堂教学，转化为研究课题。

(二)聚焦过程,强化研究

高中思想政治课堂的问题研究不能急功近利、流于形式,必须求真务实、扎扎实实进行。对于学生发现的问题和课堂真实存在的问题,我们应该学会及时总结与解答,并将生活中的这些问题融入课堂教学之中,反复实验、总结反思、创新改进,直到收获满意的成果。在高中思想政治学科问题研究过程中,不仅要注重整理研究资料,进行集中分类清理,对其可靠性和价值性进行鉴别后编写目录,还要通过归纳分析、变量分析等方法,不断强化问题、提炼成果,以问题指导教学,以问题提升学生的核心素养和关键能力。

第二节　高中思想政治学科全息育人学科研修形式与创新

一、高中思想政治学科全息育人学科研修基本形式

现行的高中思想政治全息育人学科研修形式主要以校本研修为主。校本研修是指以教师所在的学校为基本场所,以促进本校教师、学生和学校的发展为本,以结合本校和教师本人的教育改革实践开展研究性学习为基本方式,以所建立的以教师为主体,包括专业人士和学校领导在内的学习型组织为交流平台,以提高教师的教育行动为直接目标,以提高教师的专业水平和教育质量为根本目的,促进教师自主成长的一种学科研修形式。具体而言,包括以下几种形式:一是基于课堂教学实践的研修方式,即集体备课、示范观摩、听课评课、同课异构、微格教学等;二是基于专家指导培训的研修方式,即专题讲座、案例点评、交流研讨、名师工作室等;三是基于同伴互助共进的研修方式,即以老带新、结对互助、学科教研活动、专题沙龙等;四是基于专业发展成长的研修方式,即实践反思、技能训练、教学竞赛、课题研究、论文撰写等。

二、高中思想政治学科全息育人学科研修模式创新

随着教育改革的深入发展与新一轮科技革命的到来,高中思想政治学科全息育人研修模式实现了在时空方面的有效创新。

一方面是基于校际合作的研修方式——多校联培,即以区域内多所学校为培训联盟,以学科研修共同体为基本培训单位的特殊校本研修模式。该模式坚持"立足实践、合作共赢"的培训理念,以中小学教师专业能力可持续发展为培训目标,以学科教师为基本单位构建研修共同体,整合区域内多所学校资源,以教育教学实践问题为主线展开研修。具体包括项目合作、校际结对、区域联盟等。

另一方面是基于"互联网+教育"的网络研修,这是互联网与学科研修的智慧融合,以互联网为依托开展多形式的学科研修。主要包括以下几种模式:其一,"双对接"混合式课例研修模式,即对接课堂教学、对接校本研修,通过网络平台按照"理论学习—行动导向—参与式体验"三个板块进行线上远程研修与线下课例研修。其二,PSDD教师网络学习模式,即基于问题解决、多元对话的网络学习模式。结合网络大规模研修学习的特点,基于网络专题研讨工作坊建设,将课例研究、课程学习等信息聚合,通过研修专家与学习者在同一网络平台进行跨时空的对话交流,进行智慧碰撞。

三、以问题为导向,整合教育教学内容,细化育人目标

教师要成为课程资源开发利用的主动行动者,主动将学生核心素养转化成"可教"的内容,利用全息育人形式细化课堂育人目标、开发教学资源,实现从课堂教学目标向学生终身成长目标的转变。教师要按照"遵循—跳出—回归"的思路整合教学内容。

第一,要遵循教材,对教材内容进行分解、整合、提炼,梳理和挖掘其蕴含的理论要义,把握教材的重点、难点。教材是培育学生核心素养的源头活水,因此,教师要准确深入地挖掘教材的内涵,充分地学习、领悟、吸收和内化教材的智慧,要挖掘隐藏在思想政治课程教材中培育核心素养的内容,把握教材的灵魂和逻辑体系,深入解读教材内容;以同课异构、连片教研等形式深入挖掘课堂的育人目标,以教研促教学,丰富教学内容,拓展教学范围;善于利用各种网络资源,吸收、借鉴优质的教学设计和教学课件,从中更深刻地理解和把握教材知识点的定位和价值。

第二,要跳出教材,找准教材与社会现实的契合点,与学生关切的连接点。教师要聚焦社会重大及热点问题,释疑解惑,激发学生为我国社会主义建设事业而奋斗的报国志向。在全息育人的背景下,教师引导学生关注实际,搜集中国特色社会主义理论成果,中国特色社会主义经济、政治、文化、社会和生态文明建设的最新进程,全面深化改革新成就等社会热点,尤其是要将习近平新时代中国特色社会主义思想与课堂结合,分解为课堂教学的具体育人目标,让学生在实践中学,在学习中实践,促进学习与实践的相互作用,共同造就适应学生终身发展和社会发展所需要的必备品格和关键能力。

四、落实全息育人目标，实现深度学习

深度学习是指在真实复杂的情境中，学生运用所学的学科知识和跨学科知识，借助常规思维和非常规思维，将所学知识和技能用于解决实际问题，以发展学生的批判思维、创新能力、合作精神和交往技能的认知策略。深度学习的过程是一个不断掌握知识、获得能力、培养素养的过程。核心素养的培育是深度学习的目的指向和价值所在，是形成学生发展核心素养的重要路径。全息育人目标的落实，为学生深度学习提供了目标与方向，有效提高了学生学习和协作的质量，拓展了广度和深度。

首先，全息育人目标的确认，有利于学生利用新媒体搜集各类学习信息，并去粗取精，去伪存真，对这些信息进行批判和创新，形成深度学习的前置性学习素材，这个过程有利于发展学生的批判性思维和创新能力，是深度学习的基础。

其次，清晰的学习目标有助于学生与教师和同伴群体共同讨论、探究学习问题，这个过程有利于培养学生的合作意识，提升其交往技能，实现个体学习向协同合作学习的转变，这是深度学习的重要环节。

最后，全息育人目标有助于师生利用当前的多种学习途径与学习平台，开展混合式学习，形成“在线学习、课堂教学、课外实践相结合”的生态立体学习方式，全息育人目标有助于学生和教师根据自身的现阶段水平和兴趣爱好等，定制个性化的学习方式，化被动学习为主动探索，实现从单一学习向混合式学习转变，这是深度学习的最新形式。

第三节　高中思想政治学科全息育人案例评析

【案例一】重庆市江北中学校思想政治教研组教研活动示范展示活动方案

一、活动背景

思想政治课程全面贯彻党和国家的教育方针，切实落实立德树人的根本任务，坚持育人为本、德育为先，使思想政治教育成为形成和发展社会主义核心价值观的重要途径，为努力培养德智体美劳全面发展的社会主义建设者和接班人贡献了力量。

随着高中新课程改革的深入开展，“培养学生核心素养，为学生的终身发展奠基”的呼声日益高涨，要求教师的教学行为和学生的学习行为都要发生变化。

如何坚持在全息育人教学指导思想的基础上，加强教学方式的创新，培养学生的核心素养，进而配合学校思想政治课程创新基地的建设，是当前我校思想政治教师面临的共同挑战和使命。

二、活动目的

1.通过课堂活动，巧妙地呈现思想政治学科核心素养的基本要素，培养学生的核心素养。

2.学习优秀教师的教学经验，反思总结自己的教学，以切实改进教学方法和教学手段。

3.多维度观察课堂教与学的行为，探讨全息育人的有效模式，提高课堂教学质量。

4.组织参与活动的教师开展研训活动，强化教师的参与意识和研究意识，促进教师专业成长。

三、活动主题

基于全息育人的高中思想政治教学创新能力培养研究。

四、活动时间

2019年3月22日。

五、活动地点

重庆市江北中学校学术报告厅。

六、活动安排

1.课堂观摩。

时间：2019年3月22日下午第一节课。

主讲人：黄志。

课题：《民主管理：共创幸福生活》。

2.课堂评价。

时间：2019年3月22日下午第二、三节课。

主持人：耿向林。

内容：(1)就全息育人与政治核心素养做简要阐述。(2)布置分组任务，教师讨论，完成相关听课要求。

第一小组(高三年级)：教学目标达成情况评价。	责任人：向春
第二小组(高二年级)：教师教学行为评价。	责任人：陈知林。
第三小组(高一年级)：学生学习行为评价。	责任人：何小东。
第四小组(初一年级)：师生互动情况评价。	责任人：周从义。

初高中各小组参加讨论代表(共4组,以高中为主,初、高中教师共同完成相关事宜,加黑为发言者):

初中:**周从义** 吴 云 李 敏 陈 敏

高一:**何小东** 唐属武 **杨国彤**

高二:**陈知林** 华红梅 张 旭

高三:**向 春** 李达军 马迎春

3.教研活动总结:杨国彤。

【案例评析】

话题1:如何确定高中思想政治学科全息育人目标

培养什么人、怎样培养人、为谁培养人,历来是我们党和国家教育的根本性问题。党的十八大报告首次把"立德树人"明确为教育的根本任务,党的十九大报告进一步提出了"落实立德树人根本任务"。我国教育肩负着培养德智体美劳全面发展的社会主义建设者和接班人的重任,这是我们党的教育方针,是我国各级各类学校的共同使命。立德树人,就是要培养一代又一代拥护中国共产党领导、能够服务改革开放和社会主义现代化建设、与民族复兴同向同行、立志为巩固和发展中国特色社会主义奋斗终身的合格建设者和接班人。基于"立德树人"这一根本任务,新一轮普通高中国家课程标准提出了高中思想政治课程的学科核心素养,即政治认同、科学精神、法治意识、公共参与四大核心素养。

为全面贯彻落实立德树人的根本任务,重庆市北碚区率先开展学科全息育人的探索与实践。学科全息育人,是依据立德树人根本任务、社会主义核心价值观、学生发展核心素养、学科核心素养等,以学科课程为基础,挖掘每一堂课的"育人点",建构基于学科认知、德性育人、审美育人、健康育人和劳动育人的育人方法、路径和策略。

让我们从课堂《民主管理:共创幸福生活》入手,以该课课堂呈现为例,探究如何确定高中思想政治学科全息育人目标。

《民主管理:共创幸福生活》是人教版必修3《政治与法治》第二单元第六课第三框基层群众自治制度的内容,本框题旨在通过民主管理与民主决策、民主监督的关系,让学生了解基层群众自治是公民参与政治生活的重要形式。这一堂课,以问题为导向,从外围向核心逼近,通过三个课堂活动的有机串联,引导学生带着预设问题参与课堂活动,帮助学生体验民主管理,感知基层群众自治制度的意义和价值,培养他们参与政治生活的能力。

我们以外科医生的方式,来剖析这堂课育人目标。

1.学科认知:基层群众自治制度是依照宪法和法律,由村(居)民选举的成员组成村(居)民委员会,实行自我管理、自我教育、自我服务、自我监督的制度,是我国的一项基本政治制度。在课堂导入环节,耿老师精选贴近他们的生活实际的视频,确立育美、育德目标,旨在引导学生感知生活,激发他们的公共参与意识,增强他们对社会主义祖国的认同感,坚定他们对社会主义制度的自信。

2.德性育人:《中华人民共和国城市居民委员会组织法》规定,居民委员会是居民自我管理、自我教育、自我服务的基层群众性自治组织。在新课教学的设计中,耿老师以育智、育德为目标,用视频带出问题,引领学生认识和了解居委会的含义、性质和作用,初步感知参与民主管理是公民的权利,这有利于培养学生尊法学法守法用法的意识。

3.劳动育人和健康育人:在耿老师的课程设计中,居民自治的内容通过活动1呈现出来,他以两级设问为向导,带领学生步入民主决策、民主管理、民主监督的情境,适时引导学生积极参与共建幸福生活的劳动实践;活动2联系重庆实际,展开村民自治的内容,对比村委会和居委会的异同,归纳基层民主自治的发展历程,增强学生的政治认同感,坚定他们的道路自信、理论自信、制度自信、文化自信。两个活动层层递进,突破难点,确立育德、育智目标,有利于培养学生的科学精神、责任意识、法治意识和公共参与意识。在巩固练习环节中,耿老师的设计体现了他培养学生的学科思维能力、劳动意识、健康心理的目标意识。

4.审美育人:第3个活动的聚焦、知识体系的构建、课后作业的延伸,通过情境创设,引导学生感知生活美;通过课件和板书设计以及社会实践,引导学生感知中华优秀传统文化美,培育学生的审美感知、审美能力以及公共参与意识。通过课堂呈现,大家都看到了,耿老师收放自如,课堂驾驭能力高,达成了预期的育德、育智、育美、育劳目标。

全息育人的探索与实践,以学科核心素养的培育为主线,顺应社会发展和学生成长的双重变化,大大增强了北碚区高中思想政治课堂教学的实效性,使高效课堂从可能向必然迈进。这种课程构建方式,围绕学科核心素养四要素展开,用理论联系实际,以实际论证理论,具有鲜明的学科特色和时代特点,真正做到了思想政治教学与时代发展节拍的具体的、历史的统一。

【案例二】《改革开放,重庆记忆——伟大的改革开放》研修活动案例评析

表6-1 《改革开放,重庆记忆——伟大的改革开放》研修活动案例评析

《改革开放,重庆记忆——伟大的改革开放》研修活动案例评析			
课题	改革开放,重庆记忆——伟大的改革开放	授课时间	40分钟
课型	新授课	总15课时,第7课时	
教材及学情分析	《课程标准》的基本要求: 1.阐明中国特色社会主义道路、理论、制度、文化是党和人民长期奋斗、创造、积累的重大成就。 2.论证中国特色社会主义是当代中国发展的根本方向,坚定坚持和发展中国特色社会主义的自信。		
	教材分析:《伟大的改革开放》是统编版高中《思想政治》必修1《中国特色社会主义》第三课第一框题,本框以改革开放的实践为主线,主要涉及改革开放的原因、进程、性质、意义、地位等学科知识。教材围绕党的十一届三中全会以来的重要事件节点展开,叙述改革开放的历程,阐明改革开放的伟大意义,明确改革开放是中国发生巨变的法宝,是坚持和发展中国特色社会主义的必由之路。引导学生通过回溯改革开放的历程,感悟其意义,明确改革开放只有进行时,没有完成时。中国特色社会主义是改革开放以来党的全部理论和实践的主题,明确中国特色社会主义是党和人民历经数十年,付出巨大努力取得的重大成就,为第二框的学习打下基础。		
	学情分析:高一学生刚刚步入高中阶段的学习,其求知欲与可塑性较强,自我意识逐步增强,但知识储备、思维方式仍有不足,对很多社会发展问题的认识与思考不够深入和准确,因此需要加强对他们的思维引导,强化其政治认同。他们在初中八年级的历史课、九年级的道德与法治课上,对改革开放的历程和意义已经有了初步的学习,对本框题的内容较为熟悉,但鉴于他们均为“00”后,对改革开放的认识还停留于现象表面,仅将其理解为一个历史事件,所以教师更需要通过学理分析,引导学生更深层次地认识和理解改革开放这一伟大变革,明确改革开放只有进行时,没有完成时,未来更需要他们迎难而上成为深化改革的中坚力量。		
育人目标	1.学科认知:了解党的十一届三中全会以来我国取得的丰硕成果;理解改革开放对中华民族的意义;理解改革开放和中国特色社会主义的关系;树立中国特色社会主义共同理想,坚定“四个自信”。 2.德性育人:通过参与改革开放之重庆记忆的照片展览等活动,明确党的十一届三中全会实现了中华人民共和国成立以来,党的历史上具有深远意义的伟大转折,增强政治认同感;理解改革开放只有进行时,没有完成时,引导学生积极支持参与改革,培养公共参与意识;感知党做出实行改革开放的重大决策符合我国的国情,符合我国发展规律,培育科学精神。 3.劳动育人:学生通过采访,分享家中长辈亲身经历,展示交流改革开放给家庭衣食住行带来的巨大变化,适时引导学生积极支持改革开放,参与共建美好生活的劳动实践,培养学生尊重劳动、崇尚劳动、热爱劳动和爱惜劳动成果的观念。 4.审美育人:通过创设情境,感知历史变革之美;通过课件和板书设计,感知中华优秀传统文化之美;通过活动任务,感知生活变化之美,培育审美感知和审美能力。		

续表

<table>
<tr><th colspan="2">《改革开放,重庆记忆——伟大的改革开放》研修活动案例评析</th></tr>
<tr><td rowspan="2">教学重难点</td><td>教学重点:了解党的十一届三中全会以来的历史进程、主要内容和丰富成果;理解改革开放与中国特色社会主义的关系 。</td></tr>
<tr><td>教学难点:理解改革开放给中国带来的深刻变革和伟大意义;阐释改革开放取得成绩和进步的根本原因。</td></tr>
<tr><td>学法</td><td>自主学习法,合作探究法。</td></tr>
<tr><td>教法</td><td>议题式活动教学法,情境体验式教学。</td></tr>
<tr><td>教学思路</td><td>本课以议题式活动教学为主要方式,围绕议题、情境、活动、任务等主线进行教学。
·议题线:以“改革开放何以伟大”为总议题,设置相应分议题。
·情境线:以“改革开放,重庆记忆”为主题情境,根据重庆改革开放的关键节点,探寻党中央对改革开放的阶段性决策部署,重温重庆改革开放四十余年的记忆。中国各省份生产总值排名—十一届三中全会—改革开放之重庆记忆(改革开放进程展览)—眼中的改革变化——改革新视角。
·任务线:观察中国各省份生产总值快速增加的时期—描述十一届三中全会,理解为什么要改革开放(重大转折)—描述改革开放的历程,制作改革开放历程的照片,并进行展览(关键词句)—对比改革开放前的变化完成填空—对比改革开放前后变化,总结改革开放的伟大意义—从改革先锋事迹追问改革特性,探寻改革精神—展望未来,积极参与改革开放,投身于中国特色社会主义的伟大实践。</td></tr>
<tr><td>学习准备</td><td>自主完成预习,请学生采访家中各年龄段的长辈,谈谈改革开放给我们带来了哪些巨变,收集关于改革开放之重庆记忆的有代表性的照片、故事等。</td></tr>
</table>

<table>
<tr><th colspan="2">教学过程</th></tr>
<tr><td>环节一</td><td>课题导入,揭示总议题。</td></tr>
<tr><td>学习内容</td><td>总议题:改革开放何以伟大。</td></tr>
<tr><td>教师活动</td><td>学生活动</td></tr>
<tr><td>播放1949—2019年中国各省份生产总值排行的视频。
布置活动任务:请同学们观看视频,观察中国各省份生产总值在哪一个时期开始明显增加,并思考原因。
导入:今天我们一起走进“伟大的改革开放”,探寻有关它的记忆。让我们把目光投向第一幅照片,见证改革开放的第一声炮响。
PPT呈现课题:伟大的改革开放。</td><td>观看视频:观察并归纳中国各省份生产总值在哪一个时期开始明显增加,理解改革开放的重要性。
分享:自1978年党的十一届三中全会开始,中国各省份生产总值明显增加。从无到有,从站起来到富起来,这些成就不是从天上掉下来的,而是通过稳步推进的改革发展而来的。每一位生活在这片土地上的中国人都切身感受到了改革开放给我们生活带来的变化。</td></tr>
</table>

续表

《改革开放，重庆记忆——伟大的改革开放》研修活动案例评析	
设计意图	1.育美：感知中国社会历史发展的变革之美。 2.育德：培育制度自信、道路自信的政治认同意识。 3.育智：提升获取和提炼信息的归纳思维能力。
环节二	分议题1：一声惊雷——改革开放为什么是历史转折。
学习内容	改革开放重大决策的重大意义。
教师活动	学生活动
创设情境：播放教师自制视频《伟大转折》，介绍党的十一届三中全会的背景和决策。 设计活动任务：展示图片，观看视频，记录关键信息，总结图片关键句，结合已有知识基础，思考问题。 点拨总结：问题是时代的声音，也是改革的动力。“文化大革命”结束后，在党和国家面临何去何从的重大历史关头，1978年是以转折的年份载入史册的。 拓展补充：重要决定——①提出了正确的政治路线——确定把党和国家工作的重点转移到社会主义现代化建设上来（政治路线指我们国家遵循的最根本、最基本的路线，即国家的工作重点。这是在新的历史条件下，进行中国特色社会主义道路的一种探索）；②确立了正确的组织路线——特别强调民主集中制、集体领导，邓小平同志成为党中央的核心领导；③恢复了党的民主集中制传统，强调社会主义法制；④做出了实行改革开放的重大决策，开启农村改革新进程，强调农业生产。 PPT呈现：党的十一届三中全会的重要决定、意义、影响。	观看视频。 分组活动，由代表总结图片主旨句，结合已有知识基础，思考回答问题： 1.党的十一届三中全会做出了哪些决定？ 2.这些“决定”对我国而言意味着什么？ 自主学习：结合教材的相关链接，理解何为改革开放？ 举例：我国经济改革（从单一公有制到公有制为主体、多种所有制经济共同发展，再到强调市场在资源配置中起决定作用）、政治体制改革（依法治国体制改革）等，都是为适应客观规律做出的自我完善和发展。 分享：改革指对内改革，是社会主义的自我完善。中国的改革，就是中国特色社会主义的自我完善和发展。把国家发展中旧的、不合理的部分改成新的、适应客观情况的。开放是指对外开放。重要决定：1978年12月召开的党的十一届三中全会重新确立了马克思主义的思想路线、政治路线和组织路线（思想路线指人们认识问题的一种方向）。 概括：党的十一届三中全会实现了中华人民共和国成立以来党的历史上具有深远意义的伟大转折，开启了改革开放和社会主义现代化建设新时期。
设计意图	1.育智：了解党的十一届三中全会的背景与决策；领悟党的十一届三中全会的重要意义；培育学科思维，突出强调“做出改革开放重大决策的重大意义”，突出重点。 2.育德：认同改革开放是我国历史上的伟大转折；初步感知改革开放重大决策符合我国国情，培育科学精神。
环节二	分议题2：万蛰醒——改革开放是如何进行的？
学习内容	改革开放的进程。

续表

《改革开放，重庆记忆——伟大的改革开放》研修活动案例评析	
教师活动	学生活动
创设情境：改革开放42周年，某校准备以“改革开放，重庆记忆”为主题，举办改革开放42周年主题照片展览。 设计活动任务：我国改革开放的时间进程。学生分组合作，根据收集的照片、资料和所学知识，按照改革开放的时间线，结合中国改革开放地图，设计照片展览，为每张照片题词、题句。 点拨总结：根据我们已经收集到的改革开放中的重庆的照片，以党的十一届三中全会为起点，一起开启改革开放的记忆。 拓展补充：细化改革开放阶段，可分为四个阶段。 一是探索建立社会主义市场经济体制的阶段（党的十二大、十三大）； 二是1992—2002年建立社会主义市场经济体制的阶段（党的十四大及十四届三中全会）； 三是2002—2012年完善社会主义市场经济体制的阶段（党的十六大及十六届三中全会）； 四是2012年党的十八大召开至今，以经济体制改革为重点的全面深化改革阶段。 全面开放，即以“一带一路”建设为重点，坚持引进来和走出去并重，遵循共商共建共享原则，加强创新能力开放合作，形成陆海内外联动、东西双向互济的开放格局。包括以下六个方面：一是坚持主动开放，把开放作为发展的内在要求，更加积极主动地扩大对外开放；二是坚持双向开放，把引进来与走出去更好结合起来，拓展经济发展空间；三是坚持全面开放，推动形成陆海内外联动、东西双向互济的开放格局；四是坚持公平开放，构建公平竞争的内外资发展环境；五是坚持共赢开放，推动经济全球化朝着普惠共赢的方向发展；六是坚持包容开放，探索求同存异、包容共生的国际发展合作新途径。 PPT呈现：改革开放的进程。 ①以经济改革为视角。 ②以对外开放新格局形成的过程为视角：一是20世纪80年代的对外开放，包括创办经济特区、开放沿海港口城市、设立海南经济特区；二是20世纪90年代的对外开放，包括开发开放上海浦东、开放沿江沿边城市和部分省会城市；三是进入21世纪以来的对外开放，包括实施“走出去”和“引进来”并举战略、加入世界贸易组织等；四是新时代的对外开放，包括设立自由贸易试验区、构建全面开放新格局等。	学生分为三组，小组探究思考相关问题，由代表上台介绍改革开放的三个阶段进程，其他同学适时补充。 第一阶段，改革开放起步阶段：①改革格局：1978年12月，党的十一届三中全会把全党工作的重点转移到社会主义现代化建设上来→党的十一届三中全会后，农村改革率先突破，家庭联产承包责任制得以推行，乡镇企业迅速发展→1982年党的十二大，第一次提出“建设有中国特色的社会主义”→1984年，党的十二届三中全会召开，经济体制改革“计划经济为主，市场调节为辅”，标志着中国改革重点从农村转向城市，企业改革迈出重要步伐。②对外开放格局：1980年，设立深圳、珠海、汕头、厦门四个经济特区，标志着我国对外开放迈出关键步伐→1984年，开放了大连、青岛等14个沿海港口城市→1988年，设立海南省，将其开辟为经济特区→1990年，开发开放上海浦东。至此，我国全方位、多层次、宽领域的对外开放格局基本形成。 第二阶段，改革开放进入一个新阶段（逐步深化阶段）：①标志——1992年邓小平南方谈话和党的十四大，明确建立社会主义市场经济体制的目标。1993年召开党的十四届三中全会，就建立社会主义市场经济体制进行部署，此后围绕社会主义市场经济体制的建立和完善展开。②对外开放格局：2001年，我国成功加入世界贸易组织，标志着我国对外开放进入一个新的阶段。③2003年党的十六届三中全会，围绕完善社会主义市场经济体制进行了部署。 第三阶段，全面深化改革阶段（进入新时代）：①2013年召开的党的十八届三中全会，作出全面深化改革的重要部署，提出要使市场在资源配置中起决定性作用和更好发挥政府作用，全面深化改革取得重大突破。②对外开放新格局：2013年，设立中国（上海）自由贸易试验区。2017年，党的十九大提出形成全面对外开放新格局，中国对外开放进入新的发展阶段。 自主学习：根据“改革开放，重庆记忆”的图片时间顺序，与中国改革开放相链接，了解全面深化改革总体包括五方面的内容：第一，总要求是进一步解放思想（前提）、进一步解放和发展生产力、进一步解放和发展社会活力（后二者是前者的必然结果、重要基础）。第二，总目标是完善和发展中国特色社会主义制度、推进国家治理体系和治理能力现代化。第三，路线图是在全面深化改革总目标统领下，做到“六个紧紧围绕”。第四，重点是经济体制改革。第五，要坚持以经济体制改革为牵引，带动其他领域改革。

续表

《改革开放，重庆记忆——伟大的改革开放》研修活动案例评析	
设计意图	1. 育德：认同改革开放带来的变化；培育法治意识和公共参与意识。 2. 育智：了解党的十一届三中全会以来取得的丰硕成果及改革开放的进程。 3. 育美：感知历史变革之美。
环节三	分议题3：改革开放给中国带来了哪些变化？
学习内容	改革开放的意义。
教师活动	学生活动
创设情境：我眼中的改革变化，并观看相关视频。 设计活动任务：小组合作，代表发言。 (1)谈谈家中长辈(爷爷奶奶、外公外婆等)在那个年代的衣食住行状况。结合自己的家庭变化和视频，回答下列问题。 (2)结合视频与教材中的探究分享，思考我国改革开放取得巨大成就的原因。 (3)改革开放已经给中国已经带来了巨大变化？那是不是已经完成了呢？为什么？ 总结补充：①改革开放取得巨大成就的原因：实践充分证明，改革开放是党和人民大踏步赶上时代的重要法宝，是坚持和发展中国特色社会主义的必由之路，是决定当代中国命运的关键一招，也是决定实现“两个一百年”奋斗目标、实现中华民族伟大复兴的关键一招。②实践发展永无止境，解放思想永无止境，改革开放也永无止境，停顿和倒退没有出路。对外开放是中国的基本国策。当今世界是开放的世界，开放带来进步，封闭必然落后。改革开放只有进行时，没有完成时。 ·PPT呈现：改革开放的意义。	完成活动任务：(1)谈谈家中长辈(爷爷奶奶、外公外婆等)在那个年代的衣食住行状况。结合自己的家庭变化和视频，完成下列填空。 ①中华民族的____________(某个方面)变得越来越____________。 ②中国的 ________________(某个方面)变得越来越____________。 ③中国人民的____________(某个方面)变得越来越____________。 ④中国共产党____________(某个方面)变得越来越____________。 ⑤中国特色社会主义____________(某个方面)变得越来越____________。 分组合作，代表发言，思考回答相关问题。 ①改革开放的意义：1978年以来，中国改革全面推进，对外开放向纵深发展。改革开放极大改变了中国的面貌、中华民族的面貌、中国人民的面貌、中国共产党的面貌。中华民族迎来了从站起来、富起来到强起来的伟大飞跃，中国特色社会主义迎来了从创立、发展到完善的伟大飞跃，中国人民迎来了从温饱不足到小康富裕的伟大飞跃。中华民族正以崭新姿态屹立于世界的东方。
设计意图	1. 育智：感受改革开放带来的巨变；理解改革开放的意义；辨析理解改革开放只有进行时，没有完成时。突破难点。 2. 育德：感受改革开放给人民生活带来的巨大变化，认同国家的改革开放决策，增强“四个自信”；培育公共参与意识。 3. 育劳：培养学生尊重劳动、爱惜劳动成果的意识。 4. 育美：感知生活变化之美。
环节四	议题追问：改革开放谁是主角。
学习内容	学习先锋人物事迹。

续表

<table>
<tr><td colspan="3">《改革开放，重庆记忆——伟大的改革开放》研修活动案例评析</td></tr>
<tr><td colspan="2">教师活动</td><td>学生活动</td></tr>
<tr><td colspan="2">情境：教材中的探究分享，以及重庆先锋人物的生平、事迹（马善祥、冉绍之、戴明盟）。
·活动任务：探究“改革先锋”做出的贡献，从他们身上你看到了怎样的精神？用一个词语概括出来。
·教师总结：人民群众是历史的创造者，更是改革开放伟大奇迹的创造者，是推动改革开放的力量源泉。</td><td>观看重庆先锋人物事迹，选择自己最感兴趣的一位，谈谈他们的贡献以及体现的精神：这些改革先锋身上体现出的敢闯敢试、敢为人先的改革精神是我们珍贵的精神财富。改革先锋是榜样，也是路标，更是激发我们向前的动力。改革开放的推进和成就正是基于这种精神追求和务实奋进取得的。</td></tr>
<tr><td>设计意图</td><td colspan="2">1.育德：领悟改革先锋的模范带头作用，增强学生支持并参与改革开放的责任意识。
2.育智：理解人民群众是历史的创造者；培育学科逻辑思维能力。</td></tr>
<tr><td>环节五</td><td colspan="2">课堂小结与反馈。</td></tr>
<tr><td>学习内容</td><td colspan="2">构建知识体系与巩固练习。</td></tr>
<tr><td colspan="2">教师活动</td><td>学生活动</td></tr>
<tr><td colspan="2">PPT呈现：本课知识结构体系。
补充：对外开放是中国的基本国策。当今世界是开放的世界，开放带来进步，封闭必然落后。改革开放只有进行时，没有完成时。站在新的历史起点上，未来我们的每位同学都将是改革开放的参与者、实践者，希望你们在未来积极投身于中国特色社会主义的伟大实践之中，担负起民族复兴的大任。出示选择题，考查改革开放的时代背景、改革开放的进程和改革开放的意义。</td><td>总结分享：近代以来，中国人民、中华民族经历了诸多磨难，通过一系列的努力奋斗，取得了今天的成就。改革开放是党和人民大踏步赶上时代的重要法宝，是坚持和发展中国特色社会主义的必由之路，是决定当代中国命运的关键一招，也是决定实现“两个一百年”奋斗目标、实现中华民族伟大复兴的关键一招。实践发展永无止境，解放思想永无止境，改革开放也永无止境，停顿和倒退没有出路。
自主完成巩固练习，并相互交流、订正。</td></tr>
<tr><td>设计意图</td><td colspan="2">1.育美：感知中华优秀传统文化美。
2.育德：培育政治认同和公共参与意识。
3.育智：培养学科归纳和推理思维能力。</td></tr>
<tr><td>作业设计</td><td colspan="2">社会实践：根据收集的照片，举办以“改革开放，重庆记忆”为主题的照片墙展览。若条件允许，班级可以制作电子相册，可以利用网络将其分享给长辈，共同感受改革开放给我们带来的变化。</td></tr>
<tr><td>设计意图</td><td colspan="2">1.育智：培养解决实际问题的能力。
2.育德：培育公共参与的意识；培育政治认同。
3.育劳：培育支持和参与改革开放的意识。</td></tr>
<tr><td>板书设计</td><td colspan="2">伟大的改革开放
（一）改革开放的进程
1.时代背景。
2.时间进程：改革进程、开放进程。
（二）改革开放的意义
1.重大意义：三个“伟大飞跃”。
2.结论：改革开放是必由之路。</td></tr>
</table>

案例评析：

本堂课很好地贯彻了新课程标准的理念，对当下的思想政治课堂教学有一定的示范作用。主要有以下显著特色。

1.全息育人凸显，各种育人支架相得益彰。

(1)尽力回归课程教学(育美)。思想政治课堂有独有的教学规律，尤其是政治学模块，需要让学生明确改革开放的正确性，树立学生对我国改革开放的制度自信。本课利用小调查、学生小组活动分析改革开放所取得的成果，回归课堂教学本质，没有进行一般的政治学理论灌输，呈现了学生对改革开放的理解和欣赏，彰显了一定的政治美学。

(2)明确价值导向(育德)。立德树人，培养中国特色社会主义事业合格的建设者和可靠接班人，这是我们思想政治教学的本质所在。在本堂课中，教师积极引导学生对比各省市的地区生产总值增速，引导学生正确看待改革开放的成果，看到改革开放的价值，并凸显这一价值。

(3)涵养核心素养(育智)。本课主要的教学目标是培养学生的公共参与精神，让学生通过建言献策等方式，在参与中加深对政治生活的认知，增进了解。

(4)各类教学手段并举(育体)。本课的教学手段多样，有观看视频、讨论、调查等，在教学中不断开阔学生的视野，比单一手段教学更能加深学生对课堂教学载体多样化的认识，在学习过程中愉悦身心。

2.课程推进井然有序，恰到好处。巧妙架设活动主线，以改革开放的历史成就为议题让学生进行讨论、总结、发言。学生一一道来，很有逻辑性；精心构建活动环节，按照改革开放的历史成就，把活动设置得有条不紊；充分做好活动预案，在教学视频手段无法启用时，能充分发挥教学机智，通过学案引导学生理解教学情境，从中感悟和分析，运用自如，恰到好处。

3.善用教学冲突，凸显教学张力。各种矛盾的性质、维度把握很好。在改革开放遇到的问题环节中，让学生发现问题，并提出解决建议，让学生感受到改革发展的不易，虽有一些矛盾，但都是人民的内部矛盾，所以都在改革开放这一基本国策的设定范畴之内，维度把握得好，课堂教学张力突出，课堂教学语调抑扬顿挫，很有节奏感。

当然，有遗憾才是我们追求完美的理由。在本堂课的教学中，提出几点建议供大家斟酌。一是教学中注意一定的创新，要突出自身特色，“上自己的课”；二是要注重教材一体化分析，如果本课能提及党的领导、民主协商等内容就更完美了；三是注重议题的设置，要更有可讨论性、情境性、切实性；四是要更加注重引导学生对社会的思考，让学生在真切的感知中，正确推论并积极参与实践。

参考文献

[1] 中华人民共和国教育部．普通高中思想政治课程标准：2017年版2020年修订[S]．北京：人民教育出版社，2020．

[2] 韩震，朱明光．普通高中思想政治课程标准（2017年版2020年修订）解读[M]．北京：高等教育出版社，2020．

[3] 钱均鹏，徐荣梅．习近平总书记系列重要讲话精神学习辅导读本[M]．北京：中国言实出版社，2014．

[4] 高青兰，张建文，郑瑜．中学思想政治课教学论[M]．北京：人民出版社，2013．

[5] 胡田庚．新理念思想政治（品德）教学论[M]．2版．北京：北京大学出版社，2014．

[6] 叶澜．教育概论[M]．北京：人民教育出版社，2006．

[7] 刘宗寅，秦荃田．全息教学论原理[M]．济南：山东大学出版社，1990．

[8] 姜连国．课堂合作与生成的艺术[M]．北京：现代教育出版社，2017．

[9] 卢益飞．问题情境创设三策[J]．思想政治课教学，2019(05)：52—53．

[10] 闫冰，许红星．乡土文化融入思想政治课的实践[J]．中学政治教学参考，2020(04)：55—56．

[11] 李军．核心素养背景下高中政治课堂的转型[J]．内蒙古教育，2018(20)：89—90．

[12] 彭丽平．互联网+时代家校共育策略研究与实践[J]．中国教育技术装备，2019(05)：66—67．

[13] 中共中央马克思恩格斯列宁斯大林著作编译局．马克思恩格斯选集：第1卷[M]．北京：人民出版社，2012．

[14] 陶行知．中国教育的觉醒：陶行知文集[M]．北京：群言出版社，2013．

[15] 胡晓红．浅谈中学生素质教育的内容[J]．思想政治课教学，2001(06)：27—28．

[16] 赵伶俐．大美育实验研究[M]．重庆：西南师范大学出版社，1996．

[17] 王强．感知·想象·思维·情感——谈高考政治试题的美感[J]．中学政治教学参考，2004(09)：45—48．

[18] 曾文婕.运筹帷幄:教学设计的方略[M].北京:北京师范大学出版社,2016.

[19] 谢树平.思想政治课教育教学及案例研究[M].上海:上海三联书店,2014.

[20] 鲁洁.道德教育的根本作为:引导生活的建构[J].教育研究,2010,31(06):3-8+29.

[21] 中华人民共和国教育部.普通高中思想政治课程标准:2017年版[M].北京:人民教育出版社,2018.

[22] 王道玲.如何构建"双主共学"卓越课堂[J].读写算,2013(32):71-72.

[23] 孟庆男,马宝娟,谭咏梅.思想政治(品德)课程与教学论[M].北京:北京师范大学出版社,2011.

[24] 刘原,于书江.从"小学科"里走出的"大教师"——记地理特级教师王能智[J].北京教育,2003(04):4-7.

[25] 余文森.核心素养导向的课堂教学[M].上海:上海教育出版社,2017.

[26] 赵汀阳.坏世界研究:作为第一哲学的政治哲学[M].北京:中国人民大学出版社,2009.

[27] 刘庆昌.课堂里的精神空间[J].当代教育与文化,2011,3(06):22-28.

[28] 陈理宣.论知识的结构形式选择与知识的教育形式生成[J].课程·教材·教法,2014,34(11):46-51.

[29] 徐思波."跨界"与教学[J].基础教育课程,2013(Z2):114.

[30] 崔秀梅.课程整合:永远在路上[J].中国民族教育,2016(Z1):30-33.

[31] 姚虎雄.回到常识:再谈"素养为重"[J].人民教育,2014(14):67-69.

[32] 郭晓明,蒋红斌.论知识在教材中的存在方式[J].课程·教材·教法,2004(04):3-7.

[33] 石中英.知识转型与教育改革[M].2版.北京:教育科学出版社,2020.

[34] 杨晓.让"身体"回到教学[J].全球教育展望,2015,44(02):3-10.

[35] D.P.奥苏伯尔;等.教育心理学——认知观点[M].佘星南,宋钧,译.北京:人民教育出版社,1994.

[36] 高彤彤,任新成.多元智能理论与情境教育的发展[J].上海教育科研,2015(03):40-44.

[37] 钟启泉.现代课程论:新版[M].上海:上海教育出版社,2015.

[38] 郭多华,张晓丹.中学思想政治教学技能实训教程[M].北京:科学出版社,2017.

[39] 王道俊,郭文安.关于主体教育思想的思考[J].教育研究,1992(11):31-36+51.

[40] 朱瑛．对新课标实施中几个问题的思考[J]．中小学管理，2003(10)：32-34.

[41] 杜威．杜威教育论著选[M]赵祥麟，王承绪，译．上海：华东师范大学出版社，1981.

[42] 张增田，靳玉乐．论新课程背景下的对话教学[J]．西南师范大学学报(人文社会科学版)，2004，30(05)：77-80.

[43] 郑金洲．案例教学指南[M]．上海：华东师范大学出版社，2000.

[44] 张扬．政治案例教学的三个误区[J]．贵州教育，2007(01)：33-34.

[45] 陈晓东．略谈高中政治新课程实施中的案例教学[J]．中学教学参考，2010(15)：53.

[46] 裴新宁．面向学习者的教学设计[M]．北京：教育科学出版社，2005.

[47] 吴亚萍，王芳．备课的变革[M]．北京：教育科学出版社，2007.

[48] 李政涛．做有生命感的教育者[M]．北京：北京师范大学出版社，2010.

[49] 佐藤学．学校的挑战：创建学习共同体[M]．钟启泉，译．上海：华东师范大学出版社，2010.

[50] 陈善卿．思想政治道德与法治教学论[M]．南京：河海大学出版社，2018.

[51] 吴砥．利用智能技术赋能教学评价创新：谈智慧教育示范区建设如何落地[J]．教育家，2020(10)：52-53.

[52] 王志国，高汝伟．思想政治教学论[M]．南京：南京大学出版社，2018.

[53] 钟启泉．基于核心素养的课程发展：挑战与课题[J]．全球教育展望，2016，45(01)：3-25.

[54] 沈雪春．议题式教学简论[M]．西安：陕西师范大学出版总社，2018.

[55] 杜礼贤．主题式案例教学法在高中政治教学中的应用[J]．广西教育，2016(34)：83-84.

[56] 顾泠沅．教学任务与案例分析[J]．上海教育科研，2001(03)：2-6+36.

[57] 舒尔曼．教师教育中的案例教学法[M]．郅庭瑾，主译．上海：华东师范大学出版社，2007.

[58] 科瓦尔斯基．教育管理案例研究[M].4版．邱超，译．北京：中国人民大学出版社，2006.

[59] 张敏，贾蕊．新课改背景下创新案例教学法：以思想品德课为例[J]．中小学教师培训，2016(07)：33-36.

后记

本书从酝酿到定稿已三年有余的时间。在此期间，有迷惑困惑，有灵光顿悟，更有无尽的苦苦思索与孜孜雕琢。在书稿即将付印之际，我们既释然欣喜又惶恐忐忑。释然欣喜是因为这份艰苦的工作，这段艰难的历程我们走过来了，虽然走得跌跌撞撞，走得辛苦，但终有所获；惶恐忐忑是虽然我们进行了大量的研究、调查、查阅、提炼、整合工作，与有关专家、一线教师、普通高中学生进行了广泛的交流沟通，但仍担心对高中思想政治学科育人的认识，对统编版高中《思想政治》教材内容的育人点的挖掘，对教学实例的设计、反思与点评不到位，不能给读者以明确、清晰的参考借鉴。

本书的编写过程是一个学习理论与实践反思相结合的过程。其间，我们边学、边教、边思、边写，将教学与编书有机交融。在此过程中，我们对教材知识蕴含的育人价值理解愈加深刻，对如何培育思想政治学科核心素养也有了一些思考。基于理论学习、专家指导和课例反思，我们不断遴选、补充、更新。

本书能成形定稿，离不开许多人的关心、关注和帮助。感谢西南大学出版社提供的这次宝贵的合作机会。本书在编撰过程中参考、借鉴了很多专家、学者的一些观点和说法。很多一线高中思想政治教师参与了本书的编撰工作，第一章：王娟、陈纪霖、孙霞，第二章：孙霞、冉红，第三章：肖玲、幸政华，第四章：宾艳、李云敏，第五章：郭用洪、唐贵丽，第六章：耿向林，他们对本书编写工作付出良多。值本书付梓之际，我们谨向他们以及所有指出本书编写的朋友们致以衷心的感谢！

我们深知，对高中思想政治学科育人的探索无止境，本书只是其冰山一角，因水平有限，本书难免有瑕疵之处，尤其是书中对“思想政治学科全息育人的评价机制、教材育人点的梳理”等问题的探索仍在进行中，总体还不够成熟、全面。书中不足之处敬请各位专家、同行雅正，不胜感激！

编者

2024年6月